ŒUVRES
COMPLÈTES
DE CONDILLAC.

TOME X.

A PARIS,

Chez
- GRATIOT, cul-de-sac Pecquay, rue des Blancs-Manteaux.
- HOUEL, rue du Bacq, N°. 940.
- GUILLAUME, rue de l'Eperon, N°. 12.
- POUGIN, rue des Pères, N°. 61.
- GIDE, place St.-Sulpice.

Et A STRASBOURG,
Chez LEVRAULT, libraire.

ŒUVRES
DE CONDILLAC

Revues, corrigées par l'Auteur, imprimées sur ses manuscrits autographes, et augmentées de LA LANGUE DES CALCULS, ouvrage posthume.

COURS D'ÉTUDES
POUR L'INSTRUCTION
DU PRINCE DE PARME.

HISTOIRE ANCIENNE.

TOME II.

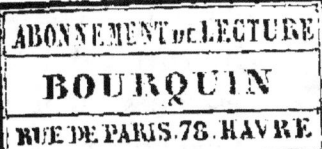

A PARIS,

DE L'IMPRIMERIE DE CH. HOUEL.

AN VI. — 1798. (E. vulg.)

HISTOIRE ANCIENNE.

LIVRE TROISIÈME.

CHAPITRE PREMIER.

Objet de ce livre.

Les premiers philosophes ont regardé autour d'eux, et aussitôt ils ont cru tout comprendre. Il semble que leur première pensée ait été : *nous voyons tout, nous pouvons rendre raison de tout.* Ils voyoient, comme en songe, l'univers se former à leurs yeux : ils rêvoient les principes des choses, leurs essences, leur génération : et ils ne s'éveilloient point.

C'est ainsi, Monseigneur, que les anciens, c'est-à-dire, les premiers ignorans, se sont crus instruits. Malheureusement, parce qu'ils croyoient l'être, on n'a pas douté qu'ils ne le fussent. On a cru, sur leur parole, pouvoir s'instruire d'après eux; et leur

Ignorance et présomption des anciens.

ignorance a été, pendant des siècles, une découverte à faire. Vous verrez les Grecs interroger les Égyptiens, parce que les Égyptiens étoient leurs anciens. Par la même raison, vous verrez les Romains interroger les Grecs, et nous, à notre tour, nous interrogerons les Grecs et les Romains.

Les empires se succèdent, et sous leurs ruines les nations s'ensevelissent : mais les opinions restent. Elles sont de tous les âges : elles ne vieillissent point. Lors même qu'il paroît se faire une révolution dans la façon de penser, souvent cette révolution est moins une opinion nouvelle, qu'une ancienne opinion qui se déguise.

Avant d'avoir rien observé, les philosophes ont entrepris de tout expliquer, se faisant des questions, sans savoir si la solution en étoit possible ou impossible, et se flattant de tout découvrir, lorsqu'ils n'avoient aucun moyen pour faire des recherches, ou même lorsqu'ils ne savoient pas ce qu'ils cherchoient. Curieux uniquement des choses qui n'étoient pas à leur portée, ils combinoient des idées vagues, obscures ou fausses ; ils faisoient des hypothèses ; et, parce qu'ils n'observoient pas, ils reproduisoient continuellement les mêmes opinions, sous de nouvelles formes.

Vous ne serez donc pas étonné, si je vous dis que toutes les opinions des philosophes de l'antiquité sont comme concentrées dans un petit cercle d'idées, où elles se confondent. Aucun d'eux ne s'élance au-delà. Tous sont attirés vers ce centre, en raison de l'ignorance qui les y ramène.

La vraie philosophie ne fait que de naître et c'est l'observation qui a imprimé au génie cette force, qui étend la sphère de nos connoissances. Cependant, quelle que soit cette sphère, elle a des bornes que nous ne pouvons franchir. Moins nés pour la lumière que pour les ténèbres, nous retombons toujours vers ce centre, d'où nous nous sommes écartés. Mais, si nous sommes condamnés à ignorer bien des choses, il est au moins en notre pouvoir d'éviter souvent l'erreur. Accoutumons-nous à ne juger que de ce que nous pouvons véritablement connoître : ignorons le reste sans inquiétude, et avouons notre ignorance.

Il semble que les erreurs de l'esprit hu- *Comment l'étude des opinions des anciens peut être utile.* main méritent peu d'être étudiées. En effet, pourquoi perdre, dans de pareilles recherches, un temps qu'on pourroit employer à acquérir de vraies connoissances ? Cette réflexion, Monseigneur, prouve qu'il faut s'appliquer à cette étude avec beaucoup de réserve. Il ne s'agit pas d'étudier des opinions pour savoir des opinions : rien ne seroit plus frivole. Il les faut étudier, comme un pilote étudie les naufrages de ceux qui ont navigué avant lui.

Les erreurs sont le partage de ceux qui commencent. Si nous avions précédé ceux qui se sont égarés, nous nous serions donc égarés comme eux. Par conséquent nous nous égarerions encore, si aujourd'hui nous avions nous-mêmes à commencer.

Or, lorsqu'on tente une chose, sans avoir aucune connoissance des tentatives des autres, on est dans le même cas que si on étoit le premier à la tenter. On est donc exposé aux mêmes erreurs.

Nous commencerions donc par raisonner mal, si nous raisonnions sans savoir comment on a raisonné avant nous. Nous referions les systêmes qu'on a faits, nous répéterions les absurdités qu'on a dites ; et on les répéteroit d'après nous, jusqu'à ce que quelqu'un ayant observé les routes qui nous auroient engagés d'erreurs en erreurs, apprit enfin à les éviter, et se trouvât dans le chemin des découvertes. C'est ainsi, Monseigneur, que les philosophes modernes se sont éclairés ; et c'en est assez pour vous faire comprendre qu'en vous faisant un tableau des différentes opinions, je vous donnerai, dans l'espace de quelques jours, l'expérience de plusieurs siècles.

D'après tout ce que je viens de dire, vous jugez, Monseigneur, que mon dessein n'est pas de m'appesantir sur des systêmes, qui ne sont que de vieux monumens des premiers efforts de l'esprit humain dans son enfance. Il ne s'agit pas de les développer dans tout leur détail. J'en veux seulement tirer pour vous des leçons utiles. Voilà l'objet que je me propose, et c'est dans cet esprit que vous devez étudier.

CHAPITRE II.

Considérations générales sur les opinions des anciens.

<small>Les premières opinions sont plus anciennes que les monumens qui les auroient pu conserver.</small> ON conçoit que les opinions sont plus anciennes que les monumens qui auroient été propres à les conserver. Il y avoit long-temps que les sociétés civiles étoient formées, lorsque les hommes ont imaginé des moyens pour transmettre leurs pensées d'âge en âge, et cependant les corps de doctrine avoient commencé avec ces sociétés.

Il est même naturel de supposer que les différentes opinions, dont on a fait des corps de doctrine, sont antérieures aux temps où les hommes ont commencé à former des sociétés civiles. Car les premiers législateurs ont moins pensé à créer des opinions, qu'à recueillir, avec quelque choix, celles qu'ils trouvoient établies. C'est dans les conventions tacites qu'ils ont pris les premières lois positives. Or, ces conventions n'étoient que les résultats des opinions qu'on avoit avant la formation des sociétés; et, parmi ces opinions, celles qui avoient prévalu, formoient le corps de doctrine, d'après lequel on se conduisoit.

Vous voyez donc que les premières opinions remontent, pour ainsi dire, aux premières pensées des hommes; et vous jugez encore que les circonstances ont dû les changer et les altérer de bien des manières, long-temps avant qu'on eût des moyens pour les transmettre. Il ne les faudroit donc pas chercher dans les monumens historiques.

Elles ont dû souffrir bien des altérations, lorsque l'unique moyen de les conserver étoit de les confier à la mémoire. Un mot pouvoit être substitué à un autre : il pouvoit, dans différens âges, avoir des acceptions différentes, et dans le même, il pouvoit encore être entendu différemment. Ces inconvéniens, où nous tombons aujourd'hui, devoient être beaucoup plus fréquens dans les siècles où l'on n'écrivoit pas : car, tant que les hommes n'ont pas su écrire, ils n'ont pas su donner au langage cette précision qui écarte toute équivoque et toute obscu-

Causes qui ont altéré de bonne heure les premières opinions.

rité. Ils saisissoient vaguement des idées mal déterminées, des notions trop compliquées; et ils prononçoient les mêmes mots, sans avoir exactement la même façon de penser.

C'est ainsi que les opinions s'altèrent insensiblement, lorsque les mêmes mots les transmettent de génération en génération. Que sera-ce donc, lorsqu'elles passeront par plusieurs langues?

La poësie pouvoit être de quelque secours à la mémoire. On le sentit de bonne heure, et les poëtes ont été par-tout les dépositaires des opinions. Mais ils ne pouvoient qu'abuser de ce dépôt dans ce temps où les esprits, encore grossiers, préféroient le merveilleux au vraisemblable. Ils en abusèrent donc, et les fables se multiplièrent.

L'écriture hiëroglyphique, employée au même effet, avoit les inconvéniens de la poësie, et de plus grands encore. Propre à rendre les idées sensibles, ce n'est que bien imparfaitement qu'elle exprime les idées abstraites: à peine les indique-t-elle. Les signes obscurs, équivoques dont elle se sert, montrent toute autre chose que ce qu'elle dit; et son langage allégorique est un tissu d'énigmes à deviner.

Il est de la nature des allégories de souffrir successivement des interprétations différentes. On peut même assurer que la plus grande marque d'esprit étoit de leur donner des sens détournés, pour les accommoder au besoin qu'on en avoit. L'écriture hiéroglyphique devoit donc contribuer à changer les opinions : mais elle cachoit les changemens, et les opinions paroissoient les mêmes, parce que les signes allégoriques, destinés à les conserver, ne changeoient pas. C'est ainsi qu'après plusieurs siècles, les nations croyoient quelquefois penser comme elles avoient toujours pensé. La doctrine qu'elles enseignoient, étoit l'ouvrage d'une longue suite d'interprètes, et cependant elles l'attribuoient toute entière à un seul auteur.

Il se sera fait dans les corps de doctrine des changemens plus grands et plus subits, lorsque les émigrations des peuples et les révolutions des empires auront mêlé et confondu les opinions comme les nations. On ne peut pas supposer, par exemple, que les

Égyptiens aient conservé invariablement la même façon de penser sous les rois pasteurs, sous les rois d'Éthiopie, sous les Perses et sous les successeurs d'Alexandre. Il est même vraisemblable que bien des opinions faisoient une partie des dépouilles, que Sésostris enleva aux nations vaincues. Les peuples de l'Asie ont aussi pensé différemment dans des temps différens : car les émigrations ont été fréquentes parmi eux, et ils ont été exposés à de grandes révolutions.

Comment les mêmes opinions ont été communes à plusieurs peuples.

Quoiqu'il se soit fait bien des changemens dans les opinions; quoiqu'il ne soit pas possible de les observer dans les siècles où elles ont commencé, il est cependant facile de comprendre comment les mêmes ont quelquefois été communes à plusieurs peuples, qui ne se les communiquoient pas.

Les hommes portent les mêmes jugemens, lorsqu'ils se trouvent dans les mêmes circonstances, avec la même manière de voir. Or les principales circonstances sont au moins les mêmes pour eux, toutes les fois qu'ils ont les mêmes besoins et en même nombre; et ils ont la même manière de voir, toutes les fois qu'également dépourvus d'expérience, ils sont également ignorans. Dans tous les climats, les sociétés se sont donc fait, à leur naissance, à-peu-près les mêmes opinions : car les hommes ayant commencé par-tout avec les mêmes besoins et avec la même ignorance, ils se sont trouvés par-tout dans des circonstances à-peu-près semblables, et avec la même manière de voir.

D'après cette réflexion, vous pouvez prévoir que vous remarquerez dans les opinions anciennes un fonds qui sera à-peu-près le même chez tous les peuples profanes (1). Ce fonds variera avec le temps, parce que les circonstances varieront elles-mêmes : mais les changemens seront successivement analogues les uns aux autres. Les fables qu'on croira, prépareront à croire celles qu'on ne croit pas encore; et on ira par analogie d'opinion en opinion. C'est par cette analogie que les mêmes erreurs se propa-

Analogie par laquelle les hommes vont d'opinion en opinion.

―――――――――――――

(1) On comprendra, sans que je le dise, qu'il ne s'agit point ici du peuple de Dieu. Je ne parle que des peuples qui ont été abandonnés à eux-mêmes.

geront, s'accommoderont de tous les climats, se transplanteront, se grefferont, pour ainsi dire, sur les tiges que chacun produit.

Cette analogie est facile à concevoir, quand on considère, d'une vue générale, l'esprit humain et les jugemens qu'il porte. Mais, si on veut observer en détail les différentes opinions, alors l'analogie est un fil qui nous échappe, parce que nous ne pouvons pas nous représenter successivement toutes les circonstances par où les hommes ont passé. C'est une difficulté de plus à surmonter pour vous rendre compte des opinions des anciens. Heureusement il importe bien moins de savoir précisément l'erreur de tel peuple, ou de tel philosophe, que de savoir comment ce peuple, ou ce philosophe, a pu se tromper. C'est pourquoi, Monseigneur, vous ne devez pas attendre de moi que j'expose exactement toutes les opinions dont j'aurai occasion de parler. Vous devez voir seulement si, d'après la façon de penser que j'attribuerai aux anciens, il ne vous sera pas possible, à vous, de penser mieux. C'est tout le fruit que vous devez retirer de cette étude.

Vous savez qu'en Égypte et en Asie, les arts ne sortoient point des familles qui les cultivoient. Le métier du père étoit un patrimoine pour le fils : la loi le lui assuroit par un privilége exclusif. Il en étoit de même des opinions, qu'on a honorées du nom de philosophie : elles appartenoient aux seules familles sacerdotales qui en avoient le dépôt.

Dans les commencemens des sociétés, il n'y avoit point de doctrine secrète.

Il est vraisemblable qu'originairement les prêtres enseignoient au peuple toute la doctrine dont ils étoient les dépositaires. Je me fonde sur ce que, dans les commencemens des sociétés civiles, cette doctrine n'étoit et ne pouvoit être qu'une collection des opinions que les circonstances ou quelques législateurs, avoient répandues. Elle appartenoit donc à tout le monde : elle étoit l'ouvrage même de la société ; et je ne vois pas comment, ni pourquoi, on auroit imaginé de faire un mystère de quelques-uns des dogmes qu'elle renfermoit.

D'ailleurs, les prêtres ne formoient pas alors un corps séparé du reste des citoyens. Les pères de famille, les chefs du gouvernement, étoient les seuls prêtres. Ils enseignoient le culte public, et les idées qu'ils s'en formoient, ne pouvoient être, dans les commencemens, que des idées communes à tous.

Si dans la suite ils y ont ajouté quelque chose, ils n'en ont pas fait un mystère. Au contraire, flattés d'éclairer leurs concitoyens, ou de passer pour les avoir éclairés, ils ont travaillé à répandre leurs opinions. Tout dépose que, dans l'origine des sociétés, on a cherché la célébrité par cette voie; puisque tous les peuples de l'antiquité ont célébré les citoyens, auxquels ils ont cru devoir leur culte, leurs dogmes, leurs arts; puisque tous ont conservé les noms des hommes qu'ils ont regardés comme leurs maîtres.

<small>Comment l'usage d'une doctrine secrète s'est introduit.</small> Dans la suite les souverains, ne pouvant pas vaquer à tout par eux-mêmes, chargèrent du soin des cérémonies religieuses quelques citoyens qu'ils choisirent à cet effet; et, parce qu'on pensoit qu'une profession ne pouvoit jamais être mieux exercée, que lorsque les fils l'avoient apprise de leurs pères, le sacerdoce devint naturellement le partage des seules familles, auxquelles il

avoit d'abord été confié. C'est alors que les prêtres commencèrent à faire un corps séparé du reste des citoyens.

Tout corps a des intérêts particuliers, qui ne s'accordent pas toujours avec l'intérêt général. Ambitieux de s'agrandir, il cherche la considération, les richesses, la puissance : son utilité est sa suprême loi : c'est encore celle de tous ses membres, parce que tous croient partager les avantages qu'ils lui procurent.

Les différens corps, qui se forment dans un état, attirent donc chacun à eux les avantages qui devroient être communs à toute la société. Cependant le bien général sert de voile à leur ambition : c'est le prétexte de toutes leurs démarches; et ils en imposent d'autant plus facilement, qu'ils s'en imposent peut-être à eux-mêmes : il est possible qu'ils croient que la prospérité publique tient tout-à-fait à la leur; que leur gloire est celle de l'état même, et, que s'ils ne fleurissent pas, rien ne peut fleurir. Ainsi, c'est de la meilleure foi du monde qu'ils sacrifient tout à leur agrandissement.

Tout corps a donc naturellement des secrets, et ces secrets sont les moyens qu'il emploie pour s'agrandir, au préjudice de la société entière. Ils sont d'autant mieux gardés, que les membres eux-mêmes ne savent pas qu'ils en ont, sans avoir formé le projet d'en avoir. Cependant ils se conduisent en conséquence, et c'est ce qu'on appelle en eux l'esprit du corps.

On conçoit que chez les idolâtres les prêtres auront eu de bonne heure des secrets. C'étoit leur intérêt de se prévaloir de la crédulité : ils s'en seront donc prévalus. On ne pourroit pas même toujours les en blâmer : car, dans ces temps où les peuples ne pouvoient être conduits que par des superstitions grossières, c'étoit quelquefois un avantage pour eux d'être trompés.

<small>Époque où l'usage d'une doctrine secrète s'établit plus particulierement.</small> Il y a une époque où les prêtres des idoles, sans l'avoir prévu, ont paru en possession de bien des secrets. C'est lorsque l'usage général de l'écriture alphabétique ne laissa qu'à eux l'intelligence des anciens hiéroglyphes. Alors ils eurent exclusivement le dépôt des sciences. L'écriture alphabétique relégua dans le temple le peu qu'on savoit : elle mit pour long-temps les peuples hors d'état de

s'instruire, et elle commença par retarder les progrès de l'esprit humain, auxquels, dans la suite, elle devoit contribuer.

Comme une vieille tradition déposoit qu'on avoit autrefois écrit, en caractères hiéroglyphiques, toutes les connoissances qu'on vouloit conserver, la prévention pour l'antiquité fit penser que cette écriture renfermoit tout ce qu'on peut savoir. Ce fut donc assez de paroître en avoir l'intelligence, pour paroître instruit.

Alors ce ne fut plus le temps d'acquérir de la considération, en publiant des découvertes. Un moyen plus sûr et plus commode s'offroit à ceux qui passoient pour avoir le dépôt des sciences : c'étoit de faire un mystère de ce qu'ils savoient ou paroissoient savoir. Ainsi, pendant que les prêtres continuoient d'enseigner ouvertement tout ce qui concernoit le culte public, ils réservèrent pour eux des opinions qu'ils ne jugeoient pas à propos de communiquer, et ils furent d'autant plus jaloux de les tenir cachées, qu'ils reconnurent qu'en affectant un grand mystère, ils donnoient de leur savoir une idée avantageuse. Ce ne fut qu'après des épreuves qu'on pût être initié à leurs mystères. Elles étoient si rudes, qu'elles paroissoient devoir ôter toute curiosité; et, lorsqu'on avoit eu le courage de les soutenir, on se trouvoit lié par des sermens si terribles, qu'on n'osoit rien révéler.

Les prêtres d'une grande monarchie ne formoient pas un seul corps, et ne professoient pas exactement la même doctrine. Il y avoit autant de corps de prêtres, et autant de doctrines secrètes, qu'il y avoit de provinces; parce qu'auparavant les provinces avoient eu chacune leurs dieux et leur culte, comme leurs souverains.

Ces corps séparés étoient tous également jaloux de leurs opinions. Ils ne se les communiquoient pas les uns aux autres. La tradition les transmettoit des pères aux fils, comme un dépôt auquel nul étranger ne devoit toucher. C'étoit autant de sectes, qui jouissoient séparément de leurs connoissances ou de leurs préjugés. Elles n'élevoient pas de ces questions qui, en attirant l'attention du public, pouvoient humilier les unes et donner de la célébrité aux autres; et, si elles ne songèrent pas à s'éclairer mutuellement, elles ne songeoient pas plus à se combattre. Il a été un temps où les philosophes, ainsi que les souverains, ne connoissoient pas encore l'ambition des conquêtes.

De toutes ces observations, il faut conclure, 1°. que les doctrines, transmises avec ce mystère, pouvoient varier continuellement, et paroître néanmoins toujours les mêmes, parce que c'étoit toujours les mêmes allégorie, les mêmes symboles, et les mêmes hiéroglyphes

2°. Que les sciences devoient rester à-peu-près dans l'état où elles avoient été portées par ceux qui les avoient cultivées, lorsqu'on les enseignoit sans mystère. En effet, il étoit difficile que l'esprit humain fît des progrès dans ces temps, où les hommes instruits craignoient de se communiquer leurs connoissances. Les murs des temples, où les sciences étoient renfermées, interceptoient nécessairement la lumière.

3°. La dernière conséquence, c'est qu'il étoit impossible de connoître exactement toutes les opinions d'un peuple. Pour avoir été initié, par exemple, dans un temple des Égyptiens, on ne savoit pas les secrets qui restoient cachés dans les autres : et d'ailleurs on ne pouvoit pas s'assurer que les prêtres révélassent toujours à ceux qu'ils initioient, toutes les connoissances qu'ils croyoient avoir acquises.

<small>Nous connoissons mal d'après les Grecs les opinions des anciens.</small>

Vous pouvez juger actuellement, si les Grecs qui sont, pour nous, les dépositaires de toute l'antiquité profane, ont été à portée de bien connoître les opinions des Égyptiens, des Assyriens, des Perses, etc. Cette recherche auroit été moins difficile, qu'ils l'auroient mal faite encore.

Quoiqu'ils aient excellé dans bien des genres, ils avoient peu d'érudition, et encore moins de critique. Superstitieux, crédules, amateurs du merveilleux, ils remplissoient avec des fables les temps qu'ils ignoroient. Si les premiers siècles de leur histoire leur ont été inconnus, malgré tous les motifs qui rendoient pour eux cette recherche si intéressante, quelle a dû être leur ignorance sur tous les autres peuples, qu'ils confondoient sous le nom méprisant de barbares? Ils auroient effacé, s'ils l'avoient pu, jusqu'aux traces qui montroient que les arts et les sciences leur venoient de l'étranger.

D'après cette façon de penser, ils ont toujours ramené tout à eux. Ils ont tout brouillé, tout confondu, jugeant avec prévention de tout ce qui n'étoit pas grec, croyant qu'on tenoit d'eux ce qu'ils tenoient des autres, mêlant leurs fables aux opinions des étrangers, pensant que leurs idées et leurs mœurs devoient se retrouver par-tout, et méprisant les nations où ils ne les trouvoient pas.

C'est par leurs poëtes, par leurs philosophes et par leurs historiens, qu'ils ont connu l'Égypte. Leurs poëtes ne leur en ont donné que des notions confuses, fabuleuses, et ramassées parmi les traditions vulgaires.

Les philosophes grecs avoient, en général, peu de critique : et d'ailleurs ceux qui avoient été initiés aux mystères des Égyptiens, ont affecté eux-mêmes une doctrine secrète.

Quant aux historiens, tels qu'Hérodote, Diodore et Plutarque, ils ne sont pas toujours d'accord. C'est que, s'il y a peu d'hommes qui sachent voir un fait avec toutes ses circonstances, il y en a moins encore qui sachent voir les opinions telles qu'elles sont.

D'ailleurs, cette différence peut encore provenir de ce que ces historiens n'auront pas interrogé les mêmes collèges de prêtres ; ou de ce qu'ayant voyagé en Égypte dans des temps différens, ils n'y auront pas trouvé la même façon de penser. Il y a plus de trois cents ans d'Hérodote à Diodore, et plus d'un siècle de Diodore à Plutarque.

Lorsqu'Hérodote parle des Egyptiens, c'est toujours d'après les prêtres : il ne cite jamais aucun historien. Si l'Égypte en a eu, ce n'est donc que fort tard. Aucun n'est venu jusqu'à nous. Il ne nous reste que quelques fragmens de Manéthon, prêtre qui vivoit sous les deux premiers Ptolémées, et qui a pu écrire environ trois cents ans avant J. C. Mais son histoire paroît n'avoir été qu'un roman, imaginé pour exagérer l'antiquité de sa nation.

Il semble que les Grecs étoient plus à portée de juger des Perses : cependant ils les ont peu connus. On voit même qu'ils ont été peu curieux d'en connoître la façon de penser, puisque, dédaignant d'en apprendre l'histoire, ils ne l'ont, pour ainsi dire, commencée qu'aux conquêtes de Cyrus, et qu'ils ne disent rien d'assuré sur les premières années de ce monarque.

Ils ont fait un cas singulier des philosophes indiens: mais c'est sur le rapport des soldats, qui, à la suite d'Alexandre, n'avoient fait que passer dans les Indes. Callisthène n'y passa pas; il mourut l'année même de cette expédition. Cependant c'est peut-être le seul, dont le témoignage eût été de quelque poids. Pour Anaxarque, on ne sait à quoi il étoit propre : on voit seulement en lui un vil courtisan, qui n'étudioit que les caprices de son maître.

Les Grecs n'ont pas mieux connu les Scythes, dont ils étoient plus voisins. Car ils en disent peu de chose; et cependant ils les louent beaucoup : ce qui est une preuve tout-à-la-fois de l'ignorance et de la prévention avec laquelle ils en ont jugé.

Les Romains nous éclairent encore moins sur les opinions des anciens peuples. Plus faits pour conquérir que pour observer, ils n'ont pas même étudié les nations qu'ils ont conquises. Sans curiosité, sans critique, ils ont répété ce que les Grecs avoient dit. Ils n'ont fait aucune recherche sur les temps

Nous les connoissons moins encore d'après les Romains.

antérieurs à leurs conquêtes; et, parce qu'ils se croyoient les maîtres du monde, ils paroissoient n'avoir pas soupçonné l'existence des pays où leurs armes n'avoient pas pénétré.

C'est par eux que nous aurions pu connoître les Carthaginois, les anciens habitans de l'Espagne, les Gaulois et les Germains : mais ils ne nous en donnent que des notions très-imparfaites. Nous ne saurions même, d'après leurs historiens, nous faire une idée exacte du gouvernement de Carthage.

Quand ils auroient voulu s'instruire des opinions des Gaulois et de celles des Germains, ils ne l'auroient pas pu. César et Tacite l'ont tenté inutilement. C'est que, chez ces peuples, il n'étoit permis d'écrire ni l'histoire ni la doctrine. La tradition s'en conservoit dans des vers qu'on apprenoit par cœur, et il y avoit les plus grandes malédictions contre ceux qui en révéleroient quelque chose aux étrangers.

D'après ces réflexions, vous jugez, Monseigneur, que j'aurai peu de chose à dire sur les opinions de tous ces peuples.

CHAPITRE III.

Pourquoi les progrès de l'esprit humain sont dans quelques genres plus rapides et plus grands, et au contraire plus lents et plus foibles dans d'autres.

Pour rendre raison de ce phénomène, il suffit de considérer les arts et les sciences, d'un côté, par rapport au besoin de faire des découvertes, et de l'autre, par rapport aux moyens de reconnoître les méprises où l'on tombe.

Causes des progrès de l'esprit humain dans les arts qu'il crée et qu'il perfectionne.

L'agriculture est le premier art que les sociétés civiles ont eu besoin de perfectionner. On a donc observé la nature dans ses différentes productions. On a vu, ou cru voir les moyens qui la rendent féconde : on a essayé de la rendre fertile, en la cultivant : on a tenté des expériences.

Des observations mal faites auront, sans doute, fait adopter, comme vraies, des suppositions qui n'avoient pas de fondement. Mais les tentatives, qui n'auront pas réussi, auront fait voir la fausseté des suppositions. Les mauvaises récoltes auront contraint d'abandonner un système pour lequel on étoit prévenu. On se sera instruit par ses fautes ; et les progrès de l'agriculture auront été en proportion du besoin de rendre la terre fertile, et de la facilité de reconnoître les méprises où l'on tomboit.

La perfection de l'agriculture dépend de la connoissance des saisons. Le laboureur est donc dans la nécessité de devenir astronome. Plus il a besoin de connoître le cours des astres, plus il se hâte de le supposer tel qu'il l'imagine, et il commence par faire un faux système. Mais, comme après quelques années, ses hypothèses ne s'accordent pas avec l'ordre des saisons, sa prévention, quelque grande qu'elle soit, ne peut tenir contre une erreur palpable. Il recommence donc ses observations : il fait de nouvelles hypothèses; l'expérience corrige ses méprises; et l'astronomie fait des progrès.

Telle est donc, en général, la méthode que suit l'esprit humain dans les arts qu'il crée et qu'il perfectionne. Il recueille des observations, il fait les hypothèses que ces observations indiquent, et il finit par les expériences qui confirment, ou qui corrigent ses hypothèses.

C'est ainsi que la géométrie, si nécessaire aux arts, à l'astronomie et à la physique, a commencé, et s'est perfectionnée elle-même. Dans la plus grande imperfection, elle avoit au moins l'avantage de n'offrir que des idées sensibles, qui se déterminoient facilement. Sans doute, il arriva souvent qu'on ne les saisit qu'à-peu-près, et qu'on se contenta d'approcher des rapports qu'on cherchoit. Mais, à mesure qu'on voulut perfectionner les arts, on éprouva les inconvéniens d'une géométrie aussi grossière. On chercha donc des méthodes, et on en trouva. Celui qui le premier imagina de mesurer un angle avec un arc de cercle, répandit une grande lumière sur ces sortes de recherches.

D'un côté, l'utilité sentie par le besoin, de l'autre, les méprises aperçues par l'expérience : voilà donc les causes des progrès de l'esprit humain. En effet, vous concevez que les hommes n'étudieront, qu'autant qu'ils sentiront le besoin de s'instruire ; et vous jugez qu'ils ne s'instruiront par l'étude qu'autant qu'ils auront des moyens pour reconnoître leurs méprises. D'après cette seule considération, il est aisé de comprendre que les progrès seront lents dans certains genres, que dans d'autres ils seront rapides, et qu'il en est enfin auxquels on s'appliquera sans succès.

Les progrès de l'art militaire ont dû être lents.

Les progrès de l'art militaire, par exemple, dèvoient être lents, quoique dès les commencemens, les peuples se soient fait un besoin d'être toujours armés. On supposoit que le courage et le nombre décidoient uniquement du sort des combats ; et il étoit d'autant plus naturel de faire cette supposition, que, lorsqu'on ne connoissoit pas encore d'autre règle, l'expérience même paroissoit en assurer la vérité. Comme le vainqueur n'avoit pas cherché à mettre de l'ordre et de la discipline dans ses troupes, le vaincu ne s'appercevoit pas que le défaut d'ordre et de discipline avoit été la cause de sa défaite. On se battoit donc sans avoir occasion de remarquer ses fautes. La guerre paroissoit un jeu de hasard, où l'on pouvoit être heureux après avoir été malheureux; et on se bornoit à l'espérance de vaincre, sans en chercher les moyens.

L'art de gouverner les peuples s'est perfectionné avec la même lenteur ou avec plus encore, et la raison en est la même. Vous avez vu que les sociétés n'ont d'abord eu pour lois, que des usages introduits par les circonstances. On a supposé que ces usages étoient suffisans, et ils ont paru l'être, tant que les sociétés ont eu peu de besoins et peu de vices. L'expérience paroissoit donc confirmer cette supposition. En conséquence, on se prévint pour les coutumes anciennes; et on ne commença à les tenir pour suspectes, que lorsque les désordres, parvenus au comble, forcèrent à remarquer les défauts d'une mauvaise législation.

Ceux de l'art de gouverner devoient être plus lents encore.

Mais la réforme du gouvernement n'étoit prs une chose facile. Combien de choses à combiner pour corriger les anciens abus, et pour en prévenir de nouveaux! quelles connoissances et quelle prévoyance ne demandoit pas une pareille entreprise! Cependant les nouvelles méprises où l'on tomboit, ne pouvoient être reconnues, que lorsque l'expérience forceroit à les remarquer. Alors elles avoient pour elles la coutume, et on les défendoit encore par préjugés. Cette prévention pouvoit aveugler ceux-mêmes qui avoient l'autorité : ou s'ils l'avoient secouée, ils étoient forcés à la respecter dans le public. Ainsi, ne pouvant remédier aux maux qu'ils voyoient, ils se contentoient d'y apporter des palliatifs; et les nouveaux réglemens étoient moins des réformes, que des changemens provisionnels, qui occasionnoient de nouveaux abus. Par-là, les désordres se trouvoient enfin en si grand nombre et si compliqués, que l'expérience, qui les faisoit remarquer, n'indiquoit plus aucun remède, et ôtoit toute espérance de les voir cesser.

Règle pour juger de la lenteur ou de la rapidité de nos progrès dans les arts et dans les sciences. La lenteur ou la rapidité avec laquelle l'expérience nous fait remarquer nos méprises, décide de la lenteur et de la rapidité de nos progrès dans chaque genre d'étude. C'est pourquoi l'art de gouverner se perfectionne plus lentement que l'art militaire, comme l'art militaire se perfectionne lui-même plus lentement que l'agriculture et que l'astronomie. Vous pouvez, d'après cette règle, observer la navigation, la physique, la médecine, en un mot, les arts et les sciences, et vous comprendrez pourquoi nos progrès sont lents ou rapides.

Plus il est difficile aux hommes de connoître leurs méprises, plus ils s'égarent. Alors une erreur est le germe d'une infinité d'autres, et on va par analogie, comme nous l'avons remarqué, d'absurdités en absurdités. Voilà pourquoi les idolâtres ne savent pas ouvrir les yeux sur leurs superstitions : car ce n'est pas ici comme dans l'agriculture et l'astronomie, où l'expérience corrige les erreurs. *Pourquoi les hommes ont tant de peine à ouvrir les yeux sur les superstitions.*

La raison pouvoit élever les hommes à la connoissance d'un seul Dieu : mais ils n'ont pas raisonné. Ils ont craint quelque chose ; et, de tout ce qu'ils ont craint, ils en ont fait autant de divinités.

Dès qu'une fois la crainte a fait plusieurs dieux, elle paroît confirmer qu'il y en a en effet plusieurs. Car, étant toujours la même, elle fait adopter, comme autant de vérités, tous les mensonges qui affermissent dans une première croyance. Ainsi de nouvelles erreurs entretiennent dans des erreurs anciennes ; et on croit à toutes avec d'autant plus de confiance, qu'on croit à un plus grand nombre.

Cependant les superstitions sont enseignées par les ministres des autels : les chefs du gouvernement les font servir à leurs vues : les législateurs font parler les dieux ; et les philosophes accommodent leurs opinions à des préjugés qu'ils n'osent combattre, qu'ils ne savent pas détruire, et partagent quelquefois. Ainsi la superstition, la législation et la philosophie ne sont plus qu'un corps de doctrine, où les erreurs en grand nombre, confondues avec un petit nombre de vérités, enveloppent de ténèbres les nations, qui paroissent d'ailleurs s'éclairer.

Principale cause des égaremens des philosophes. Il suffit de considérer la philosophie à son origine, pour juger qu'elle devoit être des siècles avant de faire des progrès. Les philosophes ont mal commencé, et l'analogie les a conduits d'erreurs en erreurs bien plus rapidement qu'elle ne nous conduit aujourd'hui de vérités en vérités.

Leur premier et principal objet a été

d'expliquer l'origine et la génération de tout ce qui existe. Mais ils ne pouvoient pas observer cette origine et cette génération. Ils ne la pouvoient donc pas découvrir.

Quelle conduite ont-ils donc tenue dans cette recherche? Ils ont raisonné d'après les préjugés reçus : ils ont essayé de se faire des idées moins communes : ils ont dit des absurdités plus ingénieuses : ils se sont perdus dans des abstractions : enfin ils ont expliqué la génération de l'univers d'après la génération, mal observée, de quelques effets.

Voilà les seuls matériaux dont ils faisoient usage. Cependant, comme l'observation ne leur avoit rien appris, l'expérience ne pouvoit ni confirmer ce qu'ils croyoient savoir, ni leur faire remarquer les erreurs où ils tomboient. Il leur étoit donc impossible de faire un pas en avant.

J'entends par philosophie, la connoissance de la nature, dans les choses qui sont à notre portée. Or les choses sont à notre portée par l'observation : nous observons, par exemple, le cours des astres, et nous le connoissons.

Elles sont encore à notre portée par l'analogie, parce que parmi les phénomènes que nous ne pouvons pas observer, il y en a, dont nous pouvons juger d'après ceux que nous observons. Nous jugeons, par exemple, que la terre a une double révolution, parce que nous observons cette double révolution dans d'autres planètes.

Ainsi, comme avec l'œil nu, notre vue ne s'étend pas aussi loin qu'avec l'œil aidé d'un télescope, de même avec l'observation seule, notre connaissance ne s'étend pas aussi loin, qu'avec l'observation aidée de l'analogie.

L'analogie est donc en quelque sorte à l'observation, ce qu'un télescope est à l'œil.

Par conséquent, autant il nous est impossible de voir ce qui est au-delà de la portée du télescope, autant il nous est impossible de connoître ce qui est au-delà de la portée de l'analogie. En un mot, l'observation et l'analogie déterminent l'étendue de nos connoissances, comme nos yeux et nos télescopes déterminent l'étendue de notre vue.

Voilà ce que les anciens philosophes ne paroissent pas avoir su. Persuadés qu'ils étoient faits pour pénétrer dans tous les secrets de la nature, il croyoient voir jusqu'aux choses qui échappent à l'observation et à l'analogie. Les obstacles ne les arrêtoient pas, ils les irritoient au contraire; et plus il leur étoit impossible de les surmonter, plus ils redoubloient leurs efforts, parce qu'ils ne se doutoient pas de leur impuissance. Ils ramassoient des préjugés, ils hasardoient des notions vagues, il renouveloient de vieilles opinions, ils les présentoient avec de nouvelles subtilités, il faisoient, en un mot, de mauvais systêmes.

Ces systêmes se répandoient avec le même fanatisme que les superstitions des idolâtres, parce qu'ils n'étoient pas moins inintelligibles. Ce sont des erreurs qui se transplantoient dans tous les climats : elles couvroient la terre, et elles paroissoient ne laisser point de place à la vérité, comme autrefois les forêts n'en laissoient point à l'agriculture.

Mais il étoit plus difficile d'abattre les

erreurs que les forêts, parce que les philosophes étoient plus faits pour multiplier les préjugés que pour les détruire. C'est d'un pied timide, qu'ils approchoient eux-mêmes des idoles. Soit crainte, soit aveuglement, ils les encensoient; et, se faisant une étude de concilier leurs opinions avec celles du vulgaire, ils paroissoient souvent aussi superstitieux que le peuple.

Tels ont été en général ces hommes de génie, si célèbres dans tous les siècles. Vous le voyez, Monseigneur, toute leur conduite démontre la foiblesse de l'esprit humain. Quand vous les comparerez avec douze pêcheurs ignorans, qui, renversant l'empire de l'idolâtrie, élèvent sur ses ruines un autel que rien ne peut ébranler, alors rempli de respect, vous rendrez grace au Dieu qui vous éclaire : et plus vous réfléchirez sur ce contraste, plus vous sentirez la divinité de la religion dans laquelle vous êtes né. C'est à moi à vous faciliter cette comparaison, en mettant sous vos yeux les superstitions des idolâtres et les absurdités de leurs philosophes.

Quand j'aurai exposé le peu qu'on sait des opinions des peuples les plus anciens, je m'arrêterai sur les Grecs dont la philosophie est plus connue.

CHAPITRE IV.

Des opinions des Chaldéens (1).

<small>les Chaldéens se faisoient de la divinité.</small> Les Chaldéens reconnoissoient un Dieu suprême, une ame du monde, qu'ils adoroient sous le nom de *Baal*.

Cet être habitoit des lieux inaccessibles aux mortels : mais il étoit sorti de lui des esprits de différens ordres, pour présider aux différentes parties de l'univers, et pour lui porter nos hommages.

En conséquence, ces médiateurs devenoient l'objet du culte. On devoit le leur adresser dans les parties du monde qu'ils gouvernoient : on devoit donc adorer le soleil, la lune, la terre, etc.

On remarque dans cette doctrine, l'idée confuse d'un premier principe : mais on y

---

(1) C'est d'après l'histoire de la philosophie de M. Brucker, que j'exposerai les opinions des peuples et des philosophes.

retrouve aussi le culte idolâtre, tel que l'ignorance l'avoit introduit. Ce culte ayant été une fois reçu, on ne songeoit pas à le révoquer en doute. C'est un préjugé auquel tous les philosophes payens ont en général accommodé leurs opinions, soit qu'ils le partageassent, soit qu'il n'osassent pas le combattre.

Quelle que soit notre curiosité, le desir de lire dans l'avenir n'a pas été le motif qui a porté à observer les astres : car, lorsqu'on ne les avoit pas encore observés, il n'étoit pas naturel qu'on leur supposât différentes influences, suivant leurs différens aspects. {Comment on a imaginé qu'on pouvoit lire l'avenir dans les astres.}

Mais, puisqu'on les adoroit, c'étoit une conséquence qu'on fût frappé, lorsqu'ils offroient des phénomènes auxquels on ne s'étoit pas attendu. Une éclipse de lune ou de soleil, par exemple, devoit faire craindre le courroux de ces divinités, et sembloit, par conséquent, présager quelque malheur.

Or, quand les astronomes connurent assez les révolutions célestes pour pouvoir prédire de pareils phénomènes, on jugea que, puisqu'ils prévoyoient les éclipses, qu'on regardoit comme les signes du courroux des dieux, ils pouvoient prévoir les maux dont ce courroux menaçoit.

Dès qu'on reconnut que les cieux leur manifestoient l'avenir en quelque chose, on conclut qu'ils le leur manifestoient en tout. La crainte avoit persuadé que les événemens malheureux pouvoient être prédits ; l'espérance persuada que les événemens heureux devoient l'être encore. On fut donc curieux de tout prévoir.

Si on ne voyoit pas comment ces prédictions seroient possibles, on ne voyoit pas non plus pourquoi elles ne le seroient pas ; et c'en fut assez pour croire à toutes. Les peuples, toujours curieux par crainte ou par espérance, étoient trop ignorans pour n'être pas crédules.

<small>Les peuples en cela se sont trompés, avant qu'on ait pensé à les tromper.</small> Cette crédulité a précédé l'imposture, qui en a abusé. Lorsqu'on a commencé à juger qu'on pouvoit lire l'avenir dans les cieux, ce n'est pas que les astronomes eussent formé le projet de le persuader, c'est que les peuples s'étoient portés d'eux-mêmes à le croire. Mais ce préjugé étant une fois établi, les astronomes s'en sont prévalus, et ils ont entretenu une erreur qui tournoit à leur avantage.

Les peuples se sont donc trompés eux-mêmes avant qu'on ait pensé à les tromper; et on n'a été imposteur avec dessein de l'être, que parce qu'on vit qu'on l'étoit sans en avoir formé le dessein. C'est ainsi que les astronòmes, qui n'observoient d'abord les astres que pour en connoître le cours, se sont trouvés dans le cas de les observer pour tout prévoir : et se sont faits astrologues, parce qu'on vouloit qu'ils le fussent. Voilà, autant que je puis le conjeturer, comment l'astrologie a commencé chez les Chaldéens et chez d'autres peuples de l'antiquité.

De l'astrologie naquirent d'autres superstitions. On ne douta point que les astrologues n'eussent un commerce intime avec les intelligences célestes : ils en parurent donc les confidens et les ministres. Alors on jugea que, s'ils lisoient dans les astres, ils devoient lire encore dans toutes les choses qu'on regardoit comme autant de signes de la volonté des dieux ; et bientôt on crut qu'ayant tant de connoissances, ils devoient avoir la nature entière à leur disposition. Ils lurent donc dans les songes, dans le vol des oiseaux, dans les entrailles des victimes;

Superstitions qui sont nées de l'astrologie.

ils firent des enchantemens, des évocations : en un mot, ils se virent forcés à être devins, augures et magiciens.

Je conjecture néanmoins que la magie n'a pris naissance, qu'après qu'on a eu perdu l'intelligence des hiéroglyphes. Les caractères hiéroglyphiques étant alors devenus des signes mystérieux, on aura oublié qu'ils n'étoient dans l'origine que des symboles ; et, parce qu'on voyoit confusément qu'ils conservoient quelque rapport avec les choses qu'ils avoient signifiées, on aura jugé qu'ils étoient propres à les produire. On imagina, par exemple, qu'on évoqueroit les esprits, si on employoit d'une certaine manière les caractères qui en avoient été le symbole.

Les Chaldéens croyoient le monde éternel. Au reste, on ne peut considérer ces choses que dans leur origine. Elles sont si vagues, si confuses, et elles ont souffert tant de variations, qu'il n'est pas possible d'en suivre les progrès ; et il seroit d'ailleurs bien inutile de chercher en quoi consistoit plus particulièrement la magie des Chaldéens.

Nous ne savons pas ce qu'ils pensoient sur la nature du monde. Leur doctrine est à cet égard, enveloppée d'allégories qu'on ne peut pénétrer. On voit seulement qu'ils le croyoient éternel.

On nomme Zoroastre celui qu'ils regardoient comme l'auteur de toutes leurs opinions. Mais la plupart des noms anciens sont moins des noms propres, que des titres qui désignoient différentes professions. Zoroastre, par exemple, signifie observateur des astres. Il est donc vraisemblable que ce nom a été commun à plusieurs astronomes, et que si dans la suite il a passé pour un nom propre, c'est qu'il aura cessé d'être pris pour un titre. D'ailleurs ce seroit sans fondement qu'on attribueroit à un seul homme toute la doctrine des Chaldéens : formée peu-à-peu, suivant les circonstances, elle a été l'ouvrage du temps et de la crédulité des peuples.

Ils regardoient Zoroastre comme l'auteur de toutes leurs opinions.

Les philosophes Chaldéens se nommoient mages. Ils jouissoient à la cour d'une grande considération, parce que, dans le vrai, les desirs des princes étoient souvent les astres qu'ils consultoient.

CHAPITRE V.

Des opinions des Égyptiens.

<small>Les Égyptiens ont cultivé l'astronomie et la géométrie avec quelque succès.</small> Les Grecs, encore ignorans, se sont exagéré le savoir des Égyptiens; et cette prévention qu'ils ont prise, lorsqu'ils jugeoient mal encore, ils l'ont conservée, lorsqu'ils pouvoient mieux juger. C'est avec ces exagérations que la réputation des Égyptiens est venue jusqu'à nous. Il n'est plus possible aujourd'hui de l'apprécier.

Si on voit, dans leurs opinions, les plus grandes absurdités, on y démêle cependant des vues qui supposent plusieurs découvertes. Avant que les Grecs eussent des philosophes, les Égyptiens avoient des astronomes, qui plaçoient le soleil au centre du monde. Or un système, qui choque si fort les apparences, ne paroît avoir été indiqué que par une suite d'observations bien faites.

Aux ouvrages qu'ils ont faits, on peut

aussi conjecturer qu'ils ont cultivé la géométrie avec quelque succès. Ils auroient été de bien médiocres géomètres, s'ils n'avoient su que ce que Thalès et Pythagore paroissent avoir appris d'eux. Mais ces deux philosophes ont-ils consulté ce que l'Égypte avoit de plus habile ? est-il sûr qu'on leur eût fait part de tout ce qu'on savoit en ce genre ? ne leur a-t-on caché aucune des méthodes dont on faisoit usage ?

L'astronomie et la géométrie sont au reste les seules sciences où les Égyptiens paroissent avoir fait des progrès. Peut-être en auroient-ils fait de plus grands, s'ils avoient continué de les cultiver : mais ils les négligèrent de bonne heure, pour s'appliquer uniquement à l'étude de la théologie.

La théologie vulgaire n'étoit chez eux qu'un ramas de superstitions ridicules : et, parce qu'ils y étoient fort attachés, ils ont passé chez les payens pour le peuple le plus religieux. Ils adoroient des astres, des hommes et des animaux. Nous avons expliqué ailleurs l'origine de ces différens cultes.

La théologie secrète reconnoissoit un

Idées que les Égyptiens se faisoient des dieux.

esprit universel, qui résidoit plus particulièrement dans les cieux. Étoit-ce une substance spirituelle, ou une matière subtile répandue dans toute la nature? Les Égyptiens ne le savoient peut-être pas eux-mêmes. Il est vraisemblable qu'ils ne cherchoient pas à se rendre raison de ce qu'ils entendoient par est esprit universel, et qu'ils n'avoient, à ce sujet, que des idées fort grossières.

Les divinités qui habitoient les astres, étoient des parcelles de cet esprit universel. Elles descendoient quelquefois sur la terre: elles s'y montroient sous une forme humaine: elles vivoient, elles mouroient, et elles remontoient aux cieux. Tels ont été Osiris et Isis. Frère et sœur, mari et femme, ils gouvernèrent l'Égypte, ils enseignèrent les arts, et ils retournèrent, l'un dans le soleil et l'autre dans la lune.

D'autres divinités, d'un ordre inférieur, étoient encore des parcelles de cet esprit. On les nommoit génies. Elles se plaisoient surtout dans les statues qu'on leur élevoit, elles s'attachoient à la fortune des grands hommes, et leurs apparitions étoient le sujet de bien des fables.

Il étoit de la nature de toutes ces divi- *Des ames humaines étoient, selon eux, des parcelles de l'esprit universel. La métempsycose.*
nités de se rejoindre à l'esprit universel,
dont elles étoient des parcelles. Les ames
humaines avoient la même origine : mais,
bien moins parfaites, elles ne retournoient
à cet esprit qu'après avoir été purgées ; et,
pour cela, elles passoient successivement
par différens corps. Celles qui avoient été
justes, étoient assujetties à un plus petit
nombre de transmigrations : les autres pouvoient errer pendant trois mille ans d'un
animal dans un autre. C'est ce qu'on nommoit la métempsycose.

Les Égyptiens avoient donc quelque idée *Ils avoient une idée vague de l'immortalité de l'ame.*
de l'immortalité de l'ame, ainsi que des
peines et des récompenses après cette vie.
Cependant la religion n'enseignoit rien de
précis sur ces dogmes, parce qu'eux-même
ils n'avoient à cet égard que des idées bien
confuses.

Entendoient-ils seulement par cette immortalité, que l'ame n'est pas anéantie, ou
vouloient-ils dire qu'elle conserve après la
mort le sentiment de la personnalité ? C'est
sans doute ce qu'ils n'ont jamais songé à
mettre en question. L'immortalité néan-

moins emporte ces deux choses : car, si au milieu des transmigrations, l'ame ne sent pas qu'elle est toujours la même, sa personnalité changera d'une transmigration à l'autre, et à chaque corps qu'elle animera, elle sera une personne différente.

<small>Usage contraire à l'opinion de la métempsycose.</small> Quoique l'opinion de la métempsycose fût généralement répandue parmi les Égyptiens, ils avoient cependant un usage qui paroissoit la combattre : car lorsqu'un homme étoit jugé avoir vécu sans reproches, on prioit les dieux de le recevoir parmi eux ; et, au lieu de le pleurer, on se réjouissoit du bonheur dont il alloit jouir. Mais on trouve de pareilles contradictions chez tous les peuples : elles sont un effet des circonstances, qui, sans qu'on le remarque, introduisent, d'âge en âge, des usages et des opinions contradictoires.

<small>Trois principes des choses, suivant les Égyptiens.</small> Les Égyptiens admettoient trois principes des choses. Le premier, qu'ils disoient actif, étoit l'esprit universel, l'ame du monde, le Dieu suprême, qui donne la forme à l'univers et à chacune de ses parties. Le second étoit la matière, qu'ils supposoient éternelle. Le troisième, la nature même de

la matière, qui, par son imperfection, met obstacle au bien que le principe actif veut produire. Ils expliquoient cette doctrine par des allégories; donnant au premier principe le nom d'Osiris, au second celui d'Isis, et au troisième celui de Typhon. Le monde, disoient-ils, est né du mariage d'Isis et d'Osiris : il finira, il se reproduira. Mais il est inutile d'entrer dans de pareils détails.

Les philosophes Égyptiens ont été astrologues et magiciens. On demande s'ils ont tiré ces superstitions de Chaldée, ou si les Chaldéens les ont tirées d'Égypte. J'aimerois autant qu'on demandât si l'Euphrate vient du Nil, ou le Nil de l'Euphrate. Comme les Égyptiens n'ont pas eu besoin des leçons des Chaldéens pour devenir astronomes et géomètres, ils n'en ont pas eu besoin pour devenir astrologues et magiciens. Les mêmes erreurs et les mêmes découvertes ont pu commencer également chez ces deux peuples. *Les philosophes égyptiens ont été astrologues et magiciens.*

Les Égyptiens ont, comme les autres nations, attribué à un seul homme toutes leurs opinions et toutes leurs connoissances. Ils nommoient Thoot, Taaut ou Theut, celui *Thoot passoit pour avoir tout enseigné aux Égyptiens.*

qui passoit chez eux pour l'inventeur de la religion, des lois, des arts et des sciences. Les Grecs assuroient la même chose de leur Hermès, et les Romains de leur Mercure. Ceux-là dirent donc Thoot, c'est Hermès ; et ceux-ci, Thoot, c'est Mercure.

On a dit encore que Thoot étoit Moyse, parce qu'une vieille tradition le faisoit naître du Nil, lui donnoit une verge, et lui attribuoit des prodiges. Il y en a enfin qui ont cru reconnoître en lui Joseph, Hénoch ou Adam. Ce qu'il y a de vrai, c'est qu'il y a eu plusieurs Thoots, comme plusieurs Zoroastres.

Un d'eux avoit donné des lois à l'Égypte, lorsqu'une inondation du Nil et un tremblement de terre, qui arrivèrent en même temps, renversèrent les colonnes sur lesquelles les lois avoient été écrites, les ensévelirent, et firent périr une partie des habitans.

Ceux qui purent échapper, ayant repeuplé l'Égypte, on chercha les anciennes colonnes dont il restoit quelque souvenir : on les déterra, et un nouveau Thoot les ayant expliquées, l'Égypte recouvra sa religion, ses lois et ses arts. C'est ce Thoot que les Égyptiens ont nommé Trismégiste, c'est-à-dire, trois fois grand : ils lui attribuèrent dans la suite jusqu'à vingt mille ouvrages.

CHAPITRE VI.

Des opinions des Perses.

<small>Les Perses ont pris les opinions des Chaldéens, et les ont défigurées.</small>

Comme les Barbares prennent les mœurs des nations policées qu'ils subjuguent, ils en prennent aussi les opinions : mais ils les prennent sans abandonner tout-à-fait leurs préjugés, et par conséquent, ils les défigurent.

Les Perses, dont nous ne savons rien avant Cyrus, auront donc pris les opinions des Chaldéens; et ils les auront d'autant plus altérées, que vraisemblablement il n'étoit pas possible aux Chaldéens mêmes d'en donner des idées précises.

A l'exemple des Chaldéens, les Perses nommèrent mages, les hommes qui avoient chez eux le dépôt des sciences, et ces mages reconnurent également un Zoroastre pour chef. Cette conformité, qui fait voir que les mêmes noms ont passé d'un peuple à l'autre, suffit pour faire conjecturer que les opinions ont passé avec les noms, et qu'elles ont été les mêmes à-peu-près chez tous deux. On ne sait pas, au reste, quelle est l'étymologie du mot mage.

Les mages admettoient deux princi- *Les mages admettoient deux principes opposés.* pes : l'un du bien et de la lumière, Oromaze ; l'autre du mal et des ténèbres, Arimane.

Ils regardoient le feu comme l'ame du monde. En conséquence, ils avoient un feu sacré, qu'ils conservoient avec soin ; et ils rendoient un culte au soleil, qu'ils adoroient sous le nom de Mithras, et qu'ils représentoient sous la figure d'un homme armé, fort, robuste et terrassant une bête féroce. Le soleil étoit, selon eux, un médiateur entre les deux principes.

Telle étoit en général leur doctrine, lors- *Système d'émanations de Zoroastre.* qu'un nouveau Zoroastre, qui parut sous Darius, père de Xerxès, détruisit le culte des astres et celui des idoles. Il accommoda néanmoins son langage aux opinions reçues, et parut les combattre avec quelque ménagement.

Persuadé que rien ne se fait de rien, il admit un principe éternel, qu'il disoit être un feu très-pur, très-actif et très-intelligent, et dont le soleil ne lui paroissoit qu'une image grossière.

De ce feu éternel et pur, il faisoit émaner tout ce qui existe. Mais tout n'en émanoit pas immédiatement, il se représentoit une suite d'émanations ; et il voyoit naître les choses les unes des autres.

Dans cette suite d'émanations, il appercevoit comme une dégradation de lumière : le feu, très-pur et très-actif dans sa source, perdoit de sa pureté et de son activité, à mesure qu'il s'en éloignoit.

Les choses qui émanoient immédiatement, participoient donc davantage à la nature du premier principe ; et c'étoient-là les plus parfaites. Dans les autres, les perfections de ce principe s'affoiblissoient par degrés d'une émanation à l'autre : par conséquent, elles ne se retrouvoient plus dans les choses qui terminoient la suite des émanations.

Pour se rapprocher des idées vulgaires, Zoroastre donna le nom de Mithras à ce feu, qu'il regardoit comme le principe de tout : il dit que Mithras avoit engendré

Oromaze et Arimane, et que par eux il avoit formé le monde.

Oromaze émanoit immédiatement de Mithras. Par conséquent, plus parfait, il étoit la source des esprits, dont la nature, qui est un feu pur et actif, produit tout ce qu'il y a de bien dans l'univers.

Arimane n'émanoit que de loin. Moins pur, moins actif, il avoit donc moins de perfections. Ce n'étoit pas un esprit, c'étoit la matière même. Nécessairement imparfait, il produisoit tous les maux.

Ces deux principes, étant par leur nature opposés l'un à l'autre, se combattoient continuellement. Oromaze tendoit à redevenir ce feu pur, ce Mithras qui l'avoit engendré; et il faisoit tous ses efforts pour y ramener toutes choses : Arimane au contraire tendoit à rester ce qu'il étoit, et à réduire tout à la matière.

Dans ce combat, la matière, toujours agitée, se purifioit insensiblement. Elle devoit donc peu-à-peu se dépouiller de sa nature imparfaite et ténébreuse, redevenir par degrés plus lumineuse, et se retrouver enfin tout-à-fait semblable à Mithras. Alors

Arimane étoit vaincu, anéanti; et tout rentroit dans le premier principe d'où tout étoit émané. Mais tout devoit encore en émaner et y retourner : et c'est ainsi que par une suite de révolutions, l'univers se reproduisoit et s'anéantissoit tour-à-tour.

Ce système ne signifie rien. Vous voyez, Monseigneur, que cette émanation, dont Zoroastre croyoit se faire une idée, n'est que l'expression figurée d'une chose qu'il ne concevoit pas et qu'il ne pouvoit pas concevoir. En effet, lorsque dans le dessein d'expliquer comment tout vient d'un premier principe, il disoit que tout en émane, c'étoit dans le vrai ne dire autre chose, sinon que tout en vient. Il ne disoit que ce que tout le monde sait : mais il ne parloit pas comme tout le monde, et souvent c'en est assez pour paroître philosophe.

Il a été une source d'erreurs. Si ce système d'émanations n'avoit duré qu'autant que Zoroastre, il auroit été inutile de vous le faire connoître. Mais il a survécu à ce philosophe : il a eu des partisans pendant plusieurs siècles, il a pris bien des formes différentes, et il a été la source de plusieurs erreurs dont quelques-unes passeront jusqu'à nous.

CHAPITRE VII.

Des opinions des Indiens.

Vous savez que dans les Indes, les peuples Castes de Brachmanes. sont divisés par castes, et que ces castes ne s'allient jamais les unes aux autres, parce que celles des premiers ordres méprisent celles des derniers, qui se vengent de ce mépris par la haine. Or celles des Brachmanes ou Bramines est regardée comme la première de toutes. Elle doit cet avantage aux connoissances dont elle paroit dépositaire, et à l'opinion qu'elle a donnée de son origine. Elle vient du dieu Birama, que nous nommons *Brama*.

Les Brachmanes disent que Dieu est Les Brachmanes admettent un système d'émanations et n'ont de Dieu qu'une idée confuse. une lumière pure et intellectuelle, et de cette lumière ils font émaner Buddas et Bacchus. Buddas est adoré à la Chine et au Japon sous le nom de *Sommonokhodom*, et à Siam sous celui de *Xaca*.

Les ames, selon eux, émanent aussi de

cette lumière : elles n'en sont que des parcelles, qui s'en sont détachées, et qui s'y rejoindront. Voilà à-peu-près tout ce que nous savons du système d'émanations qu'ils ont imaginé.

Ils reconnoissent que Dieu voit tout, gouverne tout, conserve tout : mais ils en parlent avec des expressions figurées, qui n'en donnent que des idées confuses ou contradictoires. Il est l'ame du monde, disent-ils : les étoiles sont ses yeux : il n'est pas corporel, et cependant le monde est par rapport à lui comme un vêtement.

Ils regardent le soleil comme le symbole de la divinité, et à ce titre, ils lui rendent un culte. On rapporte qu'ils s'exerçoient à fixer les yeux sur cet astre, et que ceux qui pouvoient le suivre depuis son lever jusqu'à son coucher, passoient pour être parvenus au plus haut degré de sagesse.

Leur manière de vivre. Les Grecs, qui ont peu étudié les opinions des Brachmanes, en ont mieux observé la manière de vivre. Ils les ont nommé gymnosophistes, c'est-à-dire, philosophes nus, et ils les ont représentés vivant loin du commerce des hommes, dans les bois, dans les antres, ne buvant point de vin, ne mangeant point d'animaux, n'ayant pour lits que des peaux étendues à terre, méprisant la vie, la douleur, et se donnant la mort, lorsqu'ils arrivoient à la vieillesse.

Avec cette façon de penser, ils se croyoient sages, libres, sans maîtres et au-dessus des rois. Alexandre leur ayant mandé de venir à lui, ils répondirent : *qu'il vienne à nous, s'il a quelque chose à nous dire.* Un deux, Calanus, se rendit seul aux ordres de ce conquérant, et devint par-là méprisable aux yeux des autres. Peu après, âgé de quatre-vingt-trois ans, il monta sur un bûcher, et se brûla.

La vie austère des Brachmanes, les connoissances qu'on leur supposoit, et le mépris de la mort leur attiroient la considération du peuple. On s'empressoit à leur donner l'hospitalité ; on étoit jaloux d'en avoir chez soi : ils avoient un accès facile chez les grands : ils pénétroient même dans les appartemens des femmes.

Ils avoient une grande considération.

Ils passoient pour avoir un commerce intime avec la divinité, et on croyoit que

Ils passoient pour avoir l'avenir.

l'avenir se manifestoit à eux. Ils avoient même à ce sujet une conduite assez adroite. Regardant les événemens particuliers comme des choses minutieuses, sur lesquelles il ne leur convenoit pas de prodiguer le don de prophétie, il se contentoient de prédire les événemens généraux, qui en effet sont plus faciles à prévoir, et avec lesquels les prédictions s'accordent toujours, pour peu qu'elles aient été faites d'une manière vague, équivoque et obscure.

Les gymnosophistes étoient ou des fanatiques de bonne foi, ou des ambitieux, qui, abusant de la crédulité des peuples, méprisoient le monde en apparence, afin d'être plus surs d'y jouer un rôle.

CHAPITRE VIII.

Des opinions des Scythes et de celles des Celtes.

PAR la Scythie les Grecs entendoient les régions septentrionales de l'Asie et de l'Europe, et quelquefois seulement celles de l'Asie.

<small>En quoi consistoient les vertus des Scythes.</small>

Selon eux, les peuples de ces contrées ont été par la nature ce que les autres n'avoient pu devenir par l'étude. C'est que la nature, qui donne aux Barbares moins de besoins, leur donne aussi moins de vices; au lieu que les nations policées ont plus de vices, parce qu'elles s'étudient à multiplier leurs besoins.

Les Scythes ont donc été ce qu'ils devoient être. La nature n'avoit pas fait d'eux ce que l'art avoit fait des Grecs, parce qu'elle ne pouvoit pas leur donner le luxe. Comme ils habitoient des pays qui, sans être cultivés, fournissoient abondamment à leur subsistance, ils n'ont pas senti la nécessité de partager les terres. Presque tous les biens étoient en commun : or, dès qu'ils possédoient moins de choses en propriété, ils avoient aussi moins d'occasions d'êtres injustes. Voilà les vertus des Scythes : elles consistoient dans l'absence de plusieurs vices qu'ils ne pouvoient pas connoître, et vraisemblablement elles excluoient aussi bien des vertus sociales.

<small>Leurs législateurs.</small> Il n'est pas vrai d'ailleurs, que la nature seule les ait fait ce qu'ils étoient, puisqu'ils ont eu des législateurs. Zamolxis, entre autres, leur persuada qu'ils ne sortoient de cette vie que pour aller dans une meilleure. C'est par-là que, les formant à une vie dure, pauvre et courageuse, il leur apprit à mépriser la mort, à voir sans regrets celle de leurs parens et de leurs amis, ou même à s'en réjouir. Il fut dans la suite regardé comme un dieu, et on lui immoloit de temps en temps des hommes choisis au sort : c'étoient, disoit-on, des ambassadeurs qu'on lui envoyoit. Quelques-uns l'ont fait esclave et disciple de Pythagore, mais sans fondement : il

paroît avoir été antérieur à ce philosophe.

Dicénée, contemporain de César et d'Auguste, fut un autre législateur qui contribua beaucoup à donner aux Scythes des mœurs plus douces. Il étoit instruit dans la philosophie des Grecs.

Parmi les hommes instruits que la Scythie a produit on remarque sur-tout Anacharsis et Toxaris, tous deux contemporains de Solon. Nous avons vu le premier juger sainement des lois des Athéniens. Il retourna dans sa patrie, où il eut l'imprudence de vouloir introduire les lois et la religion des Grecs. Mais le roi lui en fit un crime, et le fit périr.

Anacharsis et Toxaris.

Quant à Toxaris, il se fixa parmi les Athéniens. Il exerça la médecine avec tant de succès, qu'ils lui élevèrent un tombeau après sa mort, et se persuadèrent que sa statue guérissoit les malades.

La Scythie a sur-tout donné naissance à des devins et à des magiciens. Abaris est un des plus célèbres. Il avoit reçu d'Apollon, dont il étoit prêtre, une flèche sur laquelle il voyageoit dans les airs, parcourant le monde, rendant des oracles, faisant des

Les Scythes avoient des devins et des magiciens.

prédictions et guérissant les malades par sa parole. Il vint à Athènes où il s'attira l'admiration de tous les Grecs. Vous pouvez juger quelles étoient les opinions d'un peuple qui avoit de pareils magiciens.

<small>Les peuples compris sous le nom de Celtes ont eu dans tous les temps à peu-près les mêmes usages et les mêmes opinions.</small> Si nous n'avions égard qu'aux temps où les Celtes se sont fait connoître pour la première fois, ils seroient postérieurs aux nations dont nous avons parlé. Mais je renvoie indistinctement tous les Barbares à l'époque la plus reculée du monde, parce que dans quelque siècle qu'on les découvre, ils ne sont guères que ce qu'ils ont été, lorsqu'ils commençoient.

Sous le nom de Celtes, on a compris les Gaulois, les Germains, les Bretons, les Thraces, les Sarmates, les Gètes, les Daces, les Illyriens, etc. Il paroît que tous ces peuples ont eu une même langue, et par conséquent une même origine et une même façon de penser.

Leurs usages et leurs opinions auront pû souffrir quelques changemens, lorsqu'il leur sera arrivé de se diviser en différentes nations, qui auront eu peu de communication entre elles; ou lorsque, par des émigrations et par des guerres, ils se seront mêlés et confondus avec d'autres peuples. Mais ces changemens auront été, pour le fon l, bien peu considérables tant que les révolutions, qui les auront occasionnés, auront laissé subsister la même barbarie. Nous pouvons donc juger des Celtes les plus anciens, par les Celtes que les Romains nous ont fait connoître. Je ne parlerai que des Gaulois et des Germains.

Il y avoit trois ordres parmi les Gaulois: les Druides, les chevaliers et le peuple. Ministres de la religion, les Druides prétendoient remonter à la plus haute antiquité. Ils avoient le dépôt des lois : ils en étoient les interprètes : ils jugeoient avec une autorité qu'ils ne tenoient que des dieux : ils étoient proprement législateurs. *Puissance des Druides.*

Ceux qui ne se soumettoient pas à leurs décisions, étoient déclarés impies. Exclus de la participation aux choses sacrées, ils perdoient jusqu'aux droits de citoyen. Le peuple les avoit en horreur : on les fuyoit : on n'osoit leur parler.

Les Druides étoient donc à bien des égards les maitres de la nation. Leur personne étoit sacrée : ils jouissoient des plus grands privilèges : ils s'étoient exemptés de tout impôt : et quoique, chez un peuple guerrier, la gloire des armes pût contribuer à la puissance, ils n'étoient point dans l'usage d'aller à la guerre, bien assurés que la superstition leur soumettroit toujours le vainqueur.

Leur chef avoit sur eux une autorité souveraine. Il étoit ordinairement élu; mais parce qu'une pareille place étoit trop importante pour n'être pas ambitionnée, on la recherchoit par toutes sortes de voies, et quelquefois par les armes. Ainsi les Druides, qui ne s'armoient jamais pour la patrie, armoient les uns contre les autres, et suscitoient des guerres civiles. Ils avoient sous eux des devins pour présider au culte, des Bardes pour mettre en vers les événemens dont on vouloit conserver la mémoire, des femmes qui se mêloient de prédire l'avenir.

Les Druides tenoient dans les forêts leurs écoles et leurs assemblées religieuses.

C'est dans les lieux les plus secrets des forêts que les Druides enseignoient leur doctrine, plus secrète encore. Le chêne qu'ils nommoient déru, et d'où ils avoient pris leur nom, étoit pour eux l'arbre le plus sacré, et c'est sous son ombre qu'ils tenoient leurs écoles et leurs assemblées religieuses.

On ne sait pas les absurdités qu'ils débitoient. Ils se piquoient de connoître le cours des astres, la nature des dieux, celle des choses. Il paroît qu'ils ont été astrologues, qu'ils ont eu plusieurs sortes de divination, et qu'ils croyoient à la métempsycose. Ils ne faisoient aucun usage de l'écriture, quoiqu'ils la connussent. Toute leur doctrine étoit en dépôt dans la mémoire. Pour en être instruit, il falloit être admis à leurs leçons. Ils ne la confioient qu'aux disciples qu'ils avoient long-temps éprouvés : et, quoiqu'il fallût se résoudre à passer parmi eux quelquefois jusqu'à vingt ans dans les forêts, il y avoit à leurs écoles un concours aussi grand, qu'ils le vouloient permettre. Il n'est pas étonnant qu'on ambitionnât d'entrer dans un corps, qui avoit la plus grande considération et la plus grande puissance.

On ne sait pas quelle étoit leur doctrine.

Quelque gloire que les chevaliers eussent acquise par les armes, ils plioient eux-

Les chevaliers soumis aux Druides, asservissoient le peuple.

mêmes sous le joug des Druides. Mais ils s'en dédommageoient sur le peuple, qu'ils tenoient dans l'asservissement. Ils étoient dans l'usage de se faire des clients ; et, sous ce nom, ils se faisoient des esclaves. C'étoient proprement des tyrans, et les Gaulois n'étoient libres qu'en opinion.

Les mages étoient chez les Germains, les mêmes que chez les Gaulois.

Chez les Germains, les ministres de la religion avoient la même autorité que chez les Gaulois. Comme les Druides, ils étoient les seuls juges : eux seuls avoient le droit d'infliger des peines, et ils jugeoient au nom des dieux.

C'est aussi dans les forêts, et avec le même mystère, qu'ils formoient leurs disciples. Ils avoient également des poëtes, des devins et des devineresses. Celles-ci sur-tout réussissoient parmi eux ; car ils étoient persuadés qu'il y a quelque chose de plus saint, de plus divin et de plus prophétique dans les femmes que dans les hommes. Ils ont adoré des devins, et encore plus souvent des devineresses. Velléda, entre autres, a été l'objet de leur culte.

Les Gaulois et les Germains n'avoient ni temples ni idoles.

Les Gaulois et les Germains n'avoient point de temples ni d'idoles. Leurs autels étoient des monceaux de pierres, élevés au milieu des bois, et la plus grosse pierre leur paroissoit la plus propre à rendre des oracles. C'est là qu'ils faisoient couler le sang des victimes. Ils cherchoient l'avenir jusques dans les entrailles des hommes. Ils immoloient des captifs, des criminels, et, à ce défaut, des citoyens innocens, si on peut donner le nom de citoyen à ces barbares. Ils croyoient que la divinité se plaît sur-tout dans les plus grandes parties de l'univers, le soleil, la lune, les forêts, et principalement les forêts de chêne. De-là, on peut conjecturer qu'ils regardoient Dieu comme l'ame du monde, et qu'ils l'ont en quelque sorte divisé en une multitude d'esprits. Ces opinions ont pu naître parmi eux, comme parmi les Chaldéens.

Les ministres de la religion paroissent seuls avoir cru à la métempsycose. Les autres étoient persuadés qu'ils ne sortoient de cette vie, que pour passer à une meilleure. C'est pourquoi aucun peuple n'a moins craint la mort que les Gaulois et les Germains. Ils se félicitoient d'aller à des combats : ils envioient le sort de ceux qui

<small>Ils croyoient ne sortir de cette vie que pour aller à une meilleure.</small>

y restoient, et ils en célébroient le trépas avec des réjouissances.

Tels ont été en général les Germains et les Gaulois; et nous pouvons conjecturer que tous les Celtes ont eu à-peu-près les mêmes opinions et les mêmes usages.

CHAPITRE IX.

Des causes qui ont avancé ou retardé les arts et les sciences dans leurs progrès.

Nous avons remarqué que les hommes ne réussissent dans leurs études, qu'autant que l'expérience les avertit de leurs méprises : et cette observation suffit pour expliquer comment ils créent et perfectionnent promptement plusieurs arts, et comment il y a des sciences qu'ils cultivent inutilement pendant des siècles.

<small>Combien il importe de considérer les causes qui ont avancé les progrès de l'esprit humain et celles qui les ont retardés.</small>

Mais pourquoi, en Égypte et en Asie, les arts, après avoir fait des progrès, ont-ils cessé d'en faire? Pourquoi, transportés en Grèce, y fleurissent-ils plus qu'ailleurs ? Pourquoi l'industrie s'arrête-t-elle dans un climat? Pourquoi dans un autre prend-elle l'essor?

Doués d'abord de l'esprit d'invention, les peuples d'orient en sont tout-à-coup dépourvus. Non seulement ils n'inventent plus, ils paroissent même incapables de perfectionner ce qu'ils ont inventé ; et, s'ils ne font que dégrossir les arts les plus nécessaires, ils étudient les sciences avec moins de fruit encore, et ne laissent sous ce nom que des opinions absurdes.

Les Grecs perfectionnent les arts qui leur viennent d'Égypte et de Phénicie : ils en créent de nouveaux ; et, aux talens qu'ils montrent dans bien des genres, on croiroit que rien ne doit échapper à leur sagacité. Cependant les sciences restent imparfaites : plusieurs siècles passeront avant qu'elles fassent des progrès considérables ; et, lorsqu'elles en feront, ils seront rapides.

Je me propose de chercher dans ce chapitre les causes de ces phénomènes. Il s'agit de savoir comment notre raison, en contraste avec elle-même, est tout-à-la-fois sublime et imbécille.

Ce n'est pas ici, Monseigneur, une question de pure spéculation. La raison n'est jamais retardée dans ses progrès, que par les vices du gouvernement. Par conséquent, si vous voulez avoir la gloire de contribuer avec connoissance aux progrès de l'esprit humain, il faut que vous observiez dans les siècles passés les causes qui les ont avancés, et celles qui les ont retardés.

A l'origine des sociétés, tous les citoyens étoient également laboureurs et soldats. Les arts, qui commençoient à peine, appartenoient à tout le monde, et on ne pouvoit pas encore distinguer différentes professions.

Dans l'ignorance générale où l'on étoit, les découvertes devenoient nécessaires. Le besoin en déterminoit le prix : ceux à qui on les devoit, acquéroient de la considération dans le public, et les recherches utiles devenoient un objet d'émulation pour tous les citoyens.

Dans l'origine la liberté et la considération contribuèrent aux progrès des arts.

Comme alors on ne jugeoit des choses que par l'utilité, aucun art nécessaire n'étoit méprisé. Tous étoient en quelque sorte égaux, comme les citoyens. Personne ne s'arrogeoit encore le privilège exclusif d'en cultiver quelques-uns, et chacun pouvoit s'appliquer à celui pour lequel il se croyoit du talent.

Les arts nécessaires étant libres et considérés, firent des progrès rapides dès les commencemens. C'est pourquoi ils fleurirent de bonne heure chez les Assyriens et chez les Égyptiens. Mais, lorsque dans la suite, on cessa de leur accorder la même liberté et la même considération, alors ils cessèrent aussi de faire des progrès. Cherchons les circonstances qui amenèrent cette révolution.

Comment s'établit l'usage des professions héréditaires et exclusives.

Dans les commencemens, les arts n'étoient pas en grand nombre : on n'en faisoit qu'un de plusieurs, parce qu'on savoit peu de chose de chacun. Le même homme, par exemple, labouroit son champ, faisoit les instrumens dont il avoit besoin, et construisoit sa cabane. Tout cela se faisoit si grossièrement, qu'il falloit peu de temps pour apprendre à le faire.

Des choses si grossièrement faites étoient de peu d'utilité. Le besoin excita l'industrie. On perfectionna ce qu'on avoit inventé : on inventa de nouveau. On cultiva mieux la terre : on eut de meilleurs instrumens : on bâtit des maisons plus commodes.

Alors, pour exceller dans ces choses, il fallut y être exercé. Le même homme ne put donc pas s'appliquer à toutes également; et les arts, qui se distinguèrent en plusieurs espèces, distribuèrent les citoyens en plusieurs classes.

Cette distribution ayant été faite, les enfans furent élevés dans le métier de leurs pères, et les professions devinrent naturellement héréditaires.

Or, comme on jugeoit de ce qui se devoit faire, par ce qui se faisoit, les professions, héréditaires par l'usage, le furent bientôt par la loi. Le partage des arts se fit à-peu près comme le partage des terres. En vivant d'un métier, on parut renoncer à vivre de tout autre, et chaque famille, jalouse de celui qu'elle exerçoit, crut avoir le privilège exclusif de l'exercer.

Comment les loix autorisèrent cet usage.

L'usage des professions héréditaires et exclusives s'établit de plus en plus, et fut enfin regardé comme une loi fondamentale. Deux causes concoururent à cet abus.

La première, c'est qu'il y a dans chaque art des procédés qui ne sont bien connus que de ceux qui le cultivent. Celui qui a inventé ces procédés, ou qui les a perfectionnés, les regarde comme autant de secrets qui sont à lui, et qu'on ne peut lui dérober sans lui faire une sorte d'injustice. Cette opinion ayant été reçue, comme un principe qui parut fondé, on jugea que les familles n'avoient pas le droit d'exercer les métiers les unes des autres, et que par conséquent, chacune avoit le privilège exclusif d'exercer celui qu'elle s'étoit approprié.

La seconde cause de cet abus fut l'encouragement même que le gouvernement voulut donner à l'industrie. On jugea qu'elle seroit excitée, si les inventeurs jouissoient seuls du fruit de leurs découvertes. En conséquence, la loi leur accorda l'exercice exclusif des arts qu'ils avoient créés ou perfectionnés; et l'usage faisant passer aux enfans tout ce que les pères avoient eu en propre, les privilèges exclusifs restèrent à perpétuité dans les familles qui les avoient obtenus.

Il suffisoit pour l'encouragement, que ces privilèges fussent assurés aux inventeurs;

et quelquefois, peut-être, à leurs descendans, pour un certain nombre de générations. Mais la politique, peu prévoyante, toléra l'usage qui les rendoit perpétuels ; et, après l'avoir toléré, elle en fit une loi.

Elle ne manqua pas de raisons spécieuses pour autoriser cet abus. On put penser qu'on feroit mieux ce qu'on auroit toujours vu faire, et ce à quoi on seroit uniquement exercé dès l'enfance ; que les pères seroient les meilleurs maîtres pour les enfans ; que chaque famille prendroit plus d'intérêt aux progrès d'un art qu'elle exerceroit seule ; que les observations et les expériences se multiplieroient comme les générations, et que, par conséquent, les arts feroient continuellement de nouveaux progrès.

Telles sont les raisons pour lesquelles on crut ne devoir jamais permettre au fils d'embrasser une autre profession que celle de son père. Ce défaut de liberté devoit tôt ou tard nuire aux arts ; mais on ne le prévit pas, parce que dans les commencemens la considération qu'on leur accordoit, suffisoit seule pour les encourager.

Ce défaut de liberté a nui aux arts, lorsque les professions moins lucratives ont cessé d'être considérées.

Tant que les sociétés civiles ont été

pauvres, il y a une sorte d'égalité entre les citoyens ; et cette égalité a fait accorder à-peu-près la même estime à toutes les professions : au moins on n'en méprisoit aucune. Il n'est pas naturel que des hommes qui se croient égaux, méprisent réciproquement les métiers qu'ils exercent et qu'ils jugent utiles. Ils seront plutôt jaloux les uns des autres, et cette jalousie contribueroit aux progrès des arts. Les inconvéniens, qui pouvoient naître du défaut de liberté, étoient donc compensés par l'estime accordée à toutes les professions.

Quand les richesses eurent amené l'inégalité, et que le citoyen ne fut considéré qu'autant qu'il étoit riche, les professions ne furent en honneur, qu'à proportion qu'elles furent plus lucratives. Les plus utiles tombèrent dans le mépris, parce qu'elles n'enrichissoient pas ceux qui les exerçoient ; et l'avilissement devint le partage des familles qui ne les purent pas quitter. Dès-lors, il n'y eut plus d'encouragement, et les arts cessèrent de faire des progrès.

Une autre cause contribuoit encore à les

retarder ; c'est que les nations, bien loin de se communiquer leurs découvertes, n'eurent entre elles aucun commerce de lumières : elles se cachèrent mutuellement ce qu'elles croyoient savoir. On auroit dit qu'elles avoient chacune séparément le privilège exclusif d'être instruites.

Dans ces circonstances il eût fallu rendre la liberté aux arts, et permettre à chaque citoyen d'exercer celui pour lequel il se croiroit plus de talent. Puisque l'estime publique avoit cessé d'entretenir l'émulation, l'espérance de passer à une profession plus relevée, étoit seule capable de faire exceller dans une profession avilie. Mais l'usage contraire, consacré par le temps, s'opposoit à une pareille réforme, et la loi continua de défendre au fils tout autre métier que selui de son père.

Alors ceux qui se trouvèrent dans les professions qui procuroient des richesses, ne songèrent pas à acquérir des lumières, dont ils n'avoient pas besoin pour être considérés, et ceux qui se trouvèrent dans les professions condamnées à rester pauvres, n'y songèrent pas davantage, parce qu'ils se voyoient méprisés sans pouvoir jamais cesser de l'être.

Les arts n'ont donc fait des progrès, qu'autant qu'ils ont été libres et considérés; et ils n'en ont plus fait, lorsqu'on ne leur a plus accordé la même liberté et la même considération. Il suffit de les observer sous ces deux points de vue, pour comprendre comment les nations de l'orient les ont d'abord cultivés avec succès, et comment dans la suite, elles ont été incapables de les perfectionner.

<small>Les sciences ont fait peu de progrès chez les Assyriens et chez les Égyptiens, parce qu'ils le ont cultivés dans les temps où les professions étoient héréditaires et exclusives.</small>

Dans l'origine des sociétés civiles, les hommes ont eu besoin de quelques connoissances en astronomie et en géométrie: ils les auront donc acquises. Mais ils n'auront pas porté leur curiosité plus loin. Par conséquent, ce sera fort tard, qu'ils auront étudié tout ce qu'on a depuis nommé sciences : ce sera dans un temps où les professions étoient devenues héréditaires et exclusives.

Les sciences ont donc commencé dans les circonstances où les arts ont cessé de faire des progrès. Elles n'en devoient donc pas faire, ou du moins elles n'en pouvoient faire que fort peu.

En effet, il n'étoit pas libre à tout le monde de les étudier; et ceux à qui on en laissoit le dépôt, n'avoient aucun intérêt à les perfectionner. Estimés, parce qu'on les croyoit instruits, ils bornoient toute leur étude à entretenir l'opinion qu'on avoit d'eux; et, pour entretenir cette opinion, ils n'avoient pas besoin de s'instruire; il leur suffisoit de faire un mystère des connoissances qu'on leur supposoit. Voilà pourquoi les nations de l'orient ont à peine commencé les sciences.

L'Europe seroit aujourd'hui aussi ignorante, ou même elle seroit à peine sortie de la barbarie, si les professions avoient continué d'être héréditaires et exclusives. Il nous reste donc à rechercher les circonstances où les arts et les sciences ont recouvré leur première liberté et leur première considération. C'est ici que les Grecs font une époque dans l'histoire de l'esprit humain.

Comment les arts et les sciences ont recouvré chez les Grecs leur première liberté et leur première considération.

Les différentes colonies, qui se sont établies dans la Grèce, n'ont pas pu imaginer de réserver pour elles les arts qu'elles apportoient. C'est en les communiquant indistinctement, qu'elles pouvoient s'attirer l'estime et la confiance des Barbares qu'elles vouloient policer. Elles les ont donc communiqués à tous ceux qui désiroient de s'instruire. Par conséquent chacun put les cultiver à son choix; et les professions furent libres.

Elles le furent encore, lorsque les peuples, ayant conspiré contre les tyrans, voulurent se gouverner eux-mêmes. Alors il fallut perfectionner les arts qui étoient déjà connus : il en fallut créer de nouveaux : les citoyens s'y portèrent à l'envi. Une découverte, bien loin de n'appartenir qu'à celui qui l'avoit faite, ouvrit une nouvelle carrière à tous ; et l'industrie, libre et sans entraves, fut encouragée par l'estime qu'on accordoit aux talens.

Lorsque, dans un gouvernement démocratique, un pareil usage s'est une fois établi, il devient une loi qui ne peut plus s'abolir : car les citoyens, qui veulent être libres en tout, ne souffriront pas qu'on gêne leur industrie.

Les arts seront donc toujours libres : ils seront encore tous considérés ; parce qu'ils sont tous cultivés indistinctement par des hommes qui se croient égaux.

Si la Grèce n'eût formé qu'une monarchie, le monarque n'eût pas manqué d'accorder des privilèges exclusifs. Alors il en eût été des Grecs comme des autres peuples, et l'abus des professions héréditaires et exclusives eût duré autant que la monarchie.

C'est donc à la démocratie des Grecs que nous devons les arts. Vous pouvez comprendre par-là, combien l'esprit humain doit à ce gouvernement, quelque vicieux d'ailleurs qu'il puisse être.

Toutes les professions étoient libres, lorsque les Grecs commencèrent à être curieux des sciences. Les sciences furent donc à tous ceux qui les voulurent étudier. Il y a deux raisons qui ne permirent pas aux prêtres grecs de les interdire au peuple.

Premièrement, c'est que le sacerdoce eut le sort des autres professions. Il ne fut point héréditaire : aucune famille n'y put prétendre exclusivement. Les citoyens étoient trop jaloux de leur liberté, pour confier à perpétuité une puissance dont on pouvoit abuser. Il est vrai qu'à Éléusis le chef du temple devoit être pris dans la famille des Eumolpides, qui passoient pour avoir institué les fêtes de Cérès : mais il ne lui étoit pas permis de se marier.

En second lieu, les ministres de la religion n'avoient pas le dépôt des sciences. Ils ne passoient pas pour savans ; ils ne se donnoient pas même pour tels. Leur unique fonction étoit de présider au culte, auquel ils ne pouvoient rien changer, et que les lois régloient seules.

<small>Pourquoi les ministres des idoles ont eu chez les Grecs moins d'autorité que chez les Assyriens et chez les Égyptiens.</small> Ces usages sont si différens de ceux que nous avons vus chez les Assyriens et chez les Egyptiens, qu'il me paroît curieux d'observer les circonstances qui les ont introduits.

Par la manière dont s'établirent les oracles de la Grèce, les prêtres se virent privés de la principale fonction du sacerdoce, je veux dire du don de prophétie : à Delphes ce fut à une fille qu'on accorda le droit exclusif de monter sur le trépied : et on fit ce choix, parce qu'il semble, dit Diodore de Sicile, que le don de prophétie ait été de tout temps un attribut des vierges. Cette façon de penser est bien étrange : mais il est heureux pour les Grecs que la superstition ait commencé de la sorte parmi eux, et qu'elle ait confié le sacerdoce à des vierges plutôt qu'à des pères de famille.

Ce n'est pas qu'il n'y eût à Delphes des hommes pour desservir le temple : il y en avoit par-tout où il s'étoit introduit quelque dieu et quelque culte. Ils faisoient les sacrificces, les prières, ils recueilloient les paroles que laissoit échapper la vierge prophète : mais cette vierge étoit le principal personnage.

Comme le culte des différentes divinités s'établit dans des temps différens, et surtout dans des temps où les petits états de la Grèce avoient peu de communication entre eux, il n'avoit pas été possible aux ministres des idoles de se concerter, pour prendre sur les peuples l'empire que la superstition paroissoit leur offrir. Chacun s'appliqua donc séparément à s'accréditer dans son canton. Les circonstances ne les ayant pas unis, ils ne prévirent pas les avantages qu'ils pourroient retirer de leur union. Ils ne pensèrent jamais à faire un corps, et ils étoient en si petit nombre dans chaque république, qu'aucun législateur n'a imaginé de faire pour eux une classe particulière.

On ne pourroit pas même prouver, d'après les guerres sacrées, que le sacerdoce eût beaucoup d'influence dans les affaires civiles. Car ce n'étoient pas les ministres de Delphes, qui ordonnoient de prendre les armes, c'étoit le corps des Amphictyons; et ce corps, comme nous l'avons vu, étoit composé des députés des villes qui avoient droit d'amphictyonat.

Il ne faudroit pas juger, d'après les mystères d'Éléusis, que les sciences étoient en dépôt dans les temples. Premièrement, les ministres de Cérès n'étoient pas les seuls dépositaires des secrets de cette déesse : en second lieu, il n'y avoit proprement que les étrangers à qui il n'étoit pas permis de les communiquer : enfin ces mystères n'étoient pas des sciences, puisque les initiés alloient chercher des connoissances ailleurs. Les Grecs n'auroient pas, comme les Égyptiens, souffert une doctrine secrète.

D'après ces considérations, on voit comment les Grecs ont pu perfectionner les arts qui leur ont été apportés, et comment ils ont été capables d'en créer de nouveaux. Mais pourquoi les sciences ne leur doivent-elles pas également ? Pourquoi sont-elles après eux restées pendant plusieurs siècles dans un état informe ? et comment ont-elles pu, de notre âge, faire tout-à-coup des progrès extraordinaires ?

La première de ces questions se résoudra d'elle-même, lorsque nous observerons les philosophes grecs : les deux autres ne peuvent pas se résoudre encore.

CHAPITRE X.

Observations sur la manière dont les hommes ont distribué les arts et les sciences en plusieurs classes.

<small>Les distributions des objets de nos études en différens arts et en différentes sciences ont été mal faites.</small>

Nous ferions des progrès rapides dans les arts et dans les sciences, si nous savions toujours distribuer avec ordre les objets de nos études. Mais cette distribution supposeroit des connoissances. Nous avons donc commencé par tout confondre; et les choses que nous avions à étudier, ont été pour nous un chaos à débrouiller.

Les hasards, les observations, la réflexion, le temps ont en partie débrouillé ce chaos, et nous avons mis quelque ordre dans nos recherches. Mais, n'étant pas capables de saisir tout-à-coup le plus avantageux, nous avons fait, comme en tâtonnant, des distributions arbitraires, qui, quoiqu'utiles à certains égards, devoient arrêter notre esprit dans ses progrès. Nous nous sommes donc trouvés dans des chemins sans issues. Pour mieux juger de la conduite que nous avons à tenir, il importe d'observer ces égaremens. Or les Grecs nous en fournissent l'occasion.

Vous vous souvenez, Monseigneur, du temps où vous n'aviez aucune idée des différens objets dont l'esprit humain peut s'occuper. Vous ne saviez pas s'il n'y a qu'une science, ou s'il y en a plusieurs : vous ne saviez pas même ce que c'est qu'une science. Voilà où en ont été les Grecs.

Les arts et les sciences, dans leur premier état, n'ont été que des collections informes.

J'entends par science un corps systématique d'observations et de raisonnemens.

Pour former une science, il faut donc rassembler toutes les connoissances que nous acquérons sur une matière ; et il faut encore les distribuer dans un ordre, où elles soient toutes principes ou conséquences les unes des autres.

On a été long-temps avant d'avoir beaucoup d'observations : on a été long-temps avant de savoir raisonner sur les observations qu'on avoit faites : et, lorsqu'on a eu des observations et des raisonnemens, on a été long-temps avant de savoir les distribuer dans un ordre systématique.

Cependant on acquéroit des connoissances ; et, pour éviter la confusion, on en faisoit différentes collections, suivant la différence des objets qu'on avoit étudiés. Ces collections informes sont le premier état des arts et des sciences.

<small>Il a été un temps où les Grecs ne sentoient pas la nécessité de faire de pareilles collections.</small> Il a même été un temps où les Grecs étoient trop ignorans, pour avoir besoin de faire de pareilles collections. Comme ils avoient peu de connoissances, ils n'en faisoient qu'une masse dans laquelle ils ne distinguoient ni genres ni espèces. Ils confondoient, par exemple, sous un seul nom, la poésie, l'éloquence, la musique, l'histoire, la morale, la politique, la religion, la philosophie. Voyons comment ils ont d'abord confondu toutes ces choses, et comment, dans la suite, ils en ont fait différentes collections.

<small>Comment l'éloquence, la poésie, la musique, l'histoire, la religion etc., n'ont été qu'un seul art ou qu'une seule science.</small> L'éloquence n'est que l'art de toucher, d'émouvoir, d'intéresser. Je n'ajoute pas de persuader, car quiconque touche, persuade.

Or, si vous vous représentez des hommes ignorans et grossiers, tels qu'ont été les Grecs, vous jugez que ce n'est ni par la précision, ni par la justesse des idées, qu'on les touchera. Ce sont leurs sens et leur imagination qu'il faudra remuer. On s'appliquera donc beaucoup plus au mécanisme du langage, qu'au choix des idées et des expressions. On observera les effets de certaines mesures, de certaines cadences : on s'étudiera à les ramener : on y assujettira le discours. Par conséquent, on ne fera de l'éloquence, de la musique et de la poésie, qu'un seul et même art.

Cet art eut pour objet de célébrer les dieux, les héros, de conserver la mémoire des événemens, des usages, des opinions, des préjugés, des fables, des connoissances. Il comprenoit donc tout ce qu'on a depuis distingué sous les noms d'histoire, religion, morale, politique, philosophie ; et les mêmes écrivains, qui étoient déjà poëtes ; orateurs et musiciens, étoient encore historiens, théologiens, philosophes. En un mot, il n'y avoit qu'un seul art, qu'une seule science, et qu'une seule sorte d'écrivains.

Cet art fit des progrès rapides dans une langue naturellement harmonieuse. Il en

<small>Comment cet art fit des progrès.</small>

fit d'autant plus, que les Grecs, extrêmement sensibles à l'harmonie, ne trouvoient point de figures trop fortes, lorsqu'ils vouloient parler des écrivains qui se distinguoient. Orphée, qui rend sociables les Odrysiens, est un dieu qui se fait suivre des rochers, devenus sensibles à ses sons; et, si Amphion persuade aux Thébains d'environner de murs leur ville, les pierres animées par sa lyre, se meuvent et s'arrangent d'elles-mêmes.

Plus la poësie parut avoir de charmes, plus elle en devint susceptible. On observa tous les jours mieux les tours auxquels elle les devoit : on l'assujettit à des règles moins arbitraires : elle parut seule mériter d'être cultivée ; et la prose, en usage dans le discours familier, fut regardée comme un langage grossier, formé de constructions sans choix. On étoit si éloigné de prévoir les agrémens dont elle seroit susceptible, que les orateurs ont été long-temps dans la nécessité d'être poëtes. Il paroît que les lois de Lycurgue ont été écrites en vers, puisque ce législateur leur donna la forme des oracles. Ce fut aussi en vers que Dracon donna les siennes, et que Solon harangua souvent les Athéniens.

L'orateur étant poëte et musicien, il est vraisemblable que le chant et la poésie, peu capables pendant long-temps de produire séparément quelque effet, n'ont réussi qu'autant qu'on les aura réunis pour concourir à la même expression. Cet usage n'aura permis que fort tard de les regarder comme deux arts; et on ne les aura séparés, que lorsqu'on aura eu remarqué qu'ils pouvoient faire séparément de nouveaux progrès. Il ne faut donc pas s'étonner, s'il a été un temps, où, dans quelque genre qu'on écrivît, il étoit aussi nécessaire d'être musicien que d'être poëte; et si, chez les Grecs, le mot de musicien a signifié un homme versé dans toutes les sciences.

Plus la poésie se perfectionna, plus il fut difficile d'être poëte; et ce ne fut qu'alors, qu'on fut tenté d'écrire en prose. Mais on en forma le projet long-temps avant d'oser l'exécuter, parce qu'un usage immémorial étoit un préjugé difficile à détruire. Les plus anciens prosateurs, Phérécide de

On a commencé à écrire en prose lorsque la poésie a eu fait des progrès.

Scyros et Cadmus de Milet, sont postérieurs à Homère d'environ quatre cents ans.

La versification, depuis qu'on l'avoit assujettie à des règles plus sévères, étoit une grande contrainte pour les orateurs, obligés de parler souvent sans s'être préparés. Ils prirent sans doute des licences, et ils s'affranchirent peu-à-peu des règles qui les gênoient. Mais ils conservèrent d'ailleurs les tours poétiques, et peut-être plus que les philosophes, parce qu'ils sentirent davantage la nécessité d'émouvoir et d'intéresser. Aristote dit que les premiers orateurs ont imité le langage des poëtes.

Comment on distingua différens genres de poëmes et différentes espèces de sciences. Le mécanisme de la versification, lorsqu'il étoit commun à tous les genres, avoit sur-tout contribué à les confondre tous avec la poésie. On ne les confondit plus, lorsque quelques écrivains eurent renoncé à ce mécanisme; et, comme on distingua l'art d'écrire en prose de l'art d'écrire en vers, on distingua aussi les différens genres dans lesquels on écrivoit.

Mais on n'apprit à faire ces distinctions, que lorsqu'on eut des écrivains dans chaque genre. Or les poëtes ne pensèrent pas d'abord à distinguer des poëmes de différentes espèces. Ils ne pensèrent qu'à plaire; et chacun employant à cet effet des moyens différens, suivant ses talens et son génie, ils créèrent, sans l'avoir projeté, ces espèces qu'on ne connoissoit pas avant eux, et que leurs écrits, qui en devinrent les modèles, apprirent à distinguer. De même les philosophes n'imaginèrent pas de classer les objets de la nature, afin de les étudier avec plus d'ordre : ils étudièrent par curiosité ; et chacun se portant naturellement à des études différentes, ils distinguèrent peu-à-peu plusieurs sciences, et on les distingua d'après eux.

Vous voyez que ces distinctions ont été faites sans plan, comme par hasard, et que par conséquent, elles ne peuvent manquer d'être fort défectueuses. On les adoptera cependant, parce qu'on ne connoîtra rien de mieux, et bientôt on ne se permettra plus de les examiner. Mais, parce qu'il ne sera pas possible de s'en faire des idées précises, on disputera sur l'essence de chaque poëme, sur l'objet de chaque science : on

Pourquoi ces distinctions étoient défectueuses.

élevera des questions frivoles, des disputes de mots : et les sciences seront long-temps avant d'être véritablement sciences, c'est-à-dire, avant d'être des corps systématiques d'observations et de raisonnemens.

CHAPITRE XI.

Des poëtes grecs avant la guerre de Troye.

AVANT la guerre de Troye, la Grèce a eu plusieurs poëtes célèbres, dont il ne reste aucun ouvrage. Linus de Chalcide est le plus ancien. Il eut pour disciples Orphée et Thamiris, tous deux de Thrace. Orphée fut le maître de Musée, athénien, qui transmit ses talens à son fils Eumolpe. Enfin Argos a produit Amphion et Mélampus.

<small>Plusieurs de ces poëtes ont voyagé en Égypte.</small>

Plusieurs de ces poëtes passent pour avoir voyagé en Égypte : tels sont Orphée, Musée et Mélampus. On le peut même conjecturer sur ce que la tradition a conservé de leur doctrine. Ils avoient pour les allégories le même goût que les Égyptiens : ils faisoient passer par des épreuves ceux qu'ils admettoient à leurs mystères, et toute leur doctrine n'étoit qu'un ramas de fables sur la généalogie des dieux et sur la formation du monde.

<small>Doctrine d'Orphée.</small> Dans la doctrine d'Orphée, si on en croit ceux qui se sont donnés pour ses disciples, Dieu est tout, et tout est Dieu. Chaque chose participe à la divinité, en est une partie, et il y a proprement une infinité de dieux : ce sont des génies, des démons, des esprits répandus par-tout. Eux seuls doivent être l'objet de notre culte : car le Dieu suprême est trop au-dessus de nous, pour lui adresser nos vœux. De toute éternité, cet être n'est qu'une même chose avec le chaos. Le monde en est émané : il sera détruit par le feu : il retournera à son premier principe, et un autre monde naîtra par une nouvelle émanation. Les hommes auront l'avantage de rentrer plutôt dans le sein de la divinité, lorsqu'ils auront moins négligé les lustrations propres à se purifier ; et ces purifications étoient vraisemblablement le principal objet des mystères.

Ces opinions ressemblent si fort à celles que j'ai déjà exposées, que je me répéterois trop, si j'entrois dans de plus grands détails.

On attribue à Orphée d'avoir pensé que les planètes sont habitées. Si c'est avec fondement, il faut que les Égyptiens aient pensé la même chose avant lui. Cette conjecture suppose qu'on a été conduit par les observations, à juger que la terre est elle-même une planète. Or il n'est pas vraisemblable qu'avant la guerre de Troye, la Thrace ait eu des astronomes capables de faire de pareilles observations.

Je ne m'arrêterai pas sur chacun des poëtes des temps fabuleux : on ne peut pas juger d'eux d'après leur célébrité. Il est vraisemblable qu'ils ont été inférieurs à leur réputation, puisque long-temps après eux, la Grèce étoit encore toute barbare.

Tous nos poëtes ont été inférieurs à leur réputation.

Si les ouvrages de nos anciens poëtes n'étoient pas venus jusqu'à nous, nous les croirions de grands hommes sur la réputation qu'ils ont eue. Il y en a même plusieurs que nous ne lisons point, et que nous disons être excellens. Nous l'avons oui dire à nos pères, et nous aimons mieux le croire, que d'en juger par nous-mêmes. Voilà vraisemblablement ce qui est arrivé aux Grecs. Chez eux la célébrité d'un écrivain étoit d'autant plus assurée, que ses ouvrages étoient extrêmement rares.

CHAPITRE XII.

Des poëtes, des rapsodes et des sophistes, après la guerre de Troye.

LONG-TEMPS après la guerre de Troye, il n'étoit pas commun aux Grecs de savoir lire, et d'ailleurs les manuscrits étoient chers et fort rares. C'est pourquoi les poëtes, qui vouloient se faire connoître, récitoient eux-mêmes leurs poëmes dans les places ou dans les jeux publics. Ils alloient de ville en ville. Souvent ils renonçoient à leur patrie, et aux biens qu'ils pouvoient avoir reçus de leurs pères : mais ils trouvoient de quoi se dédommager dans les applaudissemens et dans la libéralité des peuples.

<small>Les poëtes étoient dans l'usage de réciter leurs vers devant le peuple.</small>

Avec beaucoup de crédulité et peu de critique, ils mettoient en vers les fables, les opinions et les traditions populaires. Ils n'avoient d'autres règles que de choisir les sujets, qu'ils jugeoient devoir être agréables à des auditeurs aussi crédules qu'eux.

<small>Dans quel esprit ils écrivoient.</small>

Ils célébroient la puissance et les bienfaits des dieux de chaque pays : ils chantoient l'histoire fabuleuse des villes : ils exagéroient les vertus et les talens des héros; et les Grecs qu'on entretenoit de ce qu'ils vouloient être, croyoient apprendre ce qu'ils étoient. Ces mensonges avoient leur utilité : ils élevoient l'ame : ils portoient aux grandes choses. Ils s'accréditèrent donc d'autant plus, que les magistrats sentirent combien il étoit important de les autoriser.

<small>Les poëtes devinrent les théologiens du paganisme.</small>

Depuis la guerre de Troye, la Grèce fut barbare, ou à-peu-près, jusqu'à Solon. Mais, dans cet intervalle, l'Asie mineure, déjà florissante, cultiva les lettres avec succès. Le gouvernement leur étoit également favorable, dans cette province et dans la Grèce proprement dite. C'étoit le même amour de la liberté, le même éloignement pour toute espèce de servitude, et la même superstition. Comme toutes ces causes ouvroient une libre carrière à l'imagination, il ne fut pas possible de la contenir dans des bornes. Au contraire les fables qu'on croyoit, autorisoient à en feindre de tout aussi croyables; et il arriva que ce fut assez d'avoir le talent de la poésie, pour avoir le droit de hasarder des fictions sur les dieux, sur le culte, sur le dogme. Les poëtes devinrent donc naturellement les théologiens du paganisme. Autant ces superstitions contribuoient aux progrès de la poésie, autant ceux de la vraie philosophie devoient être retardés.

C'est dans l'Asie mineure qu'est né Homère, le plus ancien poëte depuis la guerre de Troye. Les deux poëmes que nous avons de lui, sont des romans, où nous trouvons des usages de son temps, de la mythologie et des événemens historiques. Quelques-uns les ont pris pour des allégories dans lesquelles ce poëte, qui, selon eux, n'ignoroit rien, a renfermé les plus sublimes connoissances. Mais, au jugement des connoisseurs, ce qu'il y a de plus sublime dans ses ouvrages, c'est le style et l'invention. Il vivoit environ mille ans avant J. C. La supériorité de ses talens prouve que la poésie étoit de son temps fort cultivée, et qu'elle lui dut ses plus grands progrès. *Homère.*

Hésiode, qui naquit en Béotie, vraisemblablement cent ans après Homère, est *Hésiode.*

encore un poëte célèbre. Nous avons de lui deux poëmes : l'un intitulé *les œuvres et les jours* ; et l'autre *la théologonie*. Dans le premier il donne des préceptes sur l'agriculture : c'est le plus estimé. Dans le second, il traite, à l'exemple des Barbares et d'après des principes semblables, de la génération des dieux et de la formation de l'univers : deux choses, qui, selon les anciens, n'en étoient qu'une. Cet ouvrage est fort obscur, et a fort exercé les savans.

Les rapsodes récitent les poëmes connus.
L'empressement des peuples pour les ouvrages célèbres donna naissance aux rapsodes. C'étoient des hommes qui, n'ayant pas le talent de la poésie, s'appliquèrent à réciter les poëmes connus. Ils voyageoient comme les poëtes, et comme eux ils furent accueillis. La déclamation, qui jusqu'alors n'avoit été avec la poésie qu'un seul et même art, devint sous eux un art particulier.

Ils en deviennent les interprètes, et on les nomme sophistes.
L'intelligence des poëtes leur étoit nécessaire. Ils en firent donc une étude particulière, et devenus leurs interprètes, ils ajoutèrent à leur première profession, celle de les expliquer à la jeunesse, et d'instruire dans les sciences que les poëtes avoient

enseignées. On les nomma sophistes ou sages, parce qu'ils cultivoient sur-tout la morale, qu'on regardoit alors comme la science principale. Solon est le premier Athénien à qui ce titre ait été donné, quoiqu'avant ce législateur les colonies de l'Asie en eussent déjà fait usage.

Chez la plupart des peuples, la législation est l'ouvrage du temps et du hasard, plutôt que de l'expérience et de la réflexion. Chez les Grecs, c'étoit l'ouvrage des meilleurs esprits, qui s'occupoient à former la science du gouvernement. Le titre de sage qu'on leur a donné, montre l'opinion qu'on avoit d'eux, et retrace le caractère de ces siècles où les Grecs, amoureux de la liberté, demandoient des lois. C'est la considération accordée aux sophistes qui a produit des législateurs, tels que Lycurgue, Solon, Zaléucus, Charondas, etc. (1) *La considération accordée aux sophistes produit des législateurs.*

L'estime publique, qui avoit encouragé l'étude du gouvernement, encouragea de *Circonstances où la Grèce produit des talens de toute espèce.*

―――――――

(1) Zaléucus a été législateur des Locriens, peuple d'Italie ; et Charondas l'a été de Catane et de plusieurs autres villes de Sicile et d'Italie.

nouvelles études, lorsque l'état florissant des républiques fit sentir de nouveaux besoins. Quand les Grecs crurent avoir assuré leur tranquillité, ils voulurent se procurer d'autres avantages. En conséquence ils recherchèrent tous les agrémens de la vie, et c'est alors que la Grèce produisit des talens de toute espèce.

Un événement précipita cette révolution. Je veux parler de la conquête de la Lydie par Cyrus. C'est sur-tout à cette époque que les Lettres se réfugièrent chez les Athéniens, où Pisistrate appela les savans, que Crésus avoit auparavant rassemblés à sa cour. Voilà le siècle où la poésie dramatique commença, où brillèrent les Anacréon, les Pindare, etc. Mais, pour juger des poëtes, il les faut lire. Je reviens aux sophistes.

Sophistes célèbres. Nous avons remarqué que chez les Grecs les sciences appartenoient au public. Les sophistes enseignèrent donc sans mystère. Ils ouvrirent leurs écoles à Athènes, et c'est-là que se formèrent les hommes les plus illustres, Miltiade, Aristide, Thémistocle, Cimon, Périclès, etc. Parmi ces sophistes on compte deux femmes célèbres de Milet, Thargélie et Aspasie. La première conquit en quelque sorte la Grèce, dans la vue d'en faciliter la conquête à Xerxès. Il semble qu'on ne pouvoit échapper ni aux charmes de sa figure, ni à ceux de son esprit. Quatorze de ses amans l'épousèrent sucessivement : le dernier fut le roi de Thessalie, et elle vécut trente ans sur le trône. Aspasie n'eut ni moins d'esprit ni moins de beauté. Socrate ne dédaigna pas de prendre de ses leçons; et Périclès, qui fut aussi son disciple, répudia sa femme pour l'épouser.

Dans les commencemens l'éloquence faisoit partie de la science du gouvernement, et on ne savoit pas encore la considérer comme un art particulier. C'étoit un talent dont on ne rendoit pas raison, ou même une inspiration divine : car la divinité paroissoit le dénouement naturel de tout ce qu'on ne comprenoit pas.

Les Sophistes enseignèrent la rhétorique et la grammaire.

Dans la suite, les sophistes en firent une étude particulière. Ils observèrent les discours qu'on regardoit comme des modèles: ils tâchèrent d'en démêler l'artifice, et ils donnèrent des règles pour les imiter. Le recueil de ces règles est ce qu'on a nommé rhétorique.

Ce nouveau genre d'étude rendit les sophistes plus célèbres que jamais, et on accourut de toutes parts à leurs leçons. Vous concevez avec quelle passion l'éloquence devoit être étudiée dans des républiques, telles que celles de la Grèce.

De la rhétorique naquit la grammaire, lorsqu'on sentit la nécessité de remonter aux élémens du langage. Ce nouvel art eut pour objet le caratère des langues, la nature des mots, et l'usage qu'on en doit faire.

Ces études étoient utiles, et l'auroient été davantage, si elles eussent été mieux faites. Mais les sophistes, qui s'occupoient plus du mécanisme du discours que du fond des idées, s'égarèrent dans des définitions vagues, dans des questions frivoles, dans des distinctions subtiles; et ils finirent par se faire mépriser.

CHAPITRE XIII.

Des sept sages.

On dit, Monseigneur, que des pêcheurs ayant vendu ce qui se trouveroit dans leurs filets, il s'y trouva un trépied d'or, qu'ils refusèrent de délivrer; que l'oracle de Delphes, qui fut consulté, ordonna de le donner au plus sage, et que les Milésiens, chez qui cette contestation s'étoit élevée, le portèrent à Thalès. Celui-ci le remit à Bias, Bias à Pittacus; ainsi, de main en main, il passa jusqu'à Solon, qui, regardant Apollon comme la sagesse même, crut devoir le consacrer à ce dieu. Dans le vrai, on ne sait pas ce qui a donné occasion de compter sept sages. Vous connoissez Solon : nous parlerons bientôt de Thalès. On sait peu de chose des cinq autres, dont je vais parler.
_{Fable sur ce qui a donné occasion de compter sept sages.}

Chilon de Sparte, homme juste et magistrat éclairé, fut éphore. Il s'est fait connoître par des maximes, qui étoient l'expression
_{Chilon.}

de la vertu, et par des mœurs qui s'accordoient avec ces maximes. C'est lui qui fit graver au temple de Delphes : *connois-toi toi-même.*

Pittacus. Pittacus de Mitylène, ville de l'île de Lesbos, acquit une si grande considération par son courage, ses lumières et ses vertus, que ses concitoyens lui offrirent la couronne. Il l'accepta, donna des lois à sa patrie, établit l'ordre, assura la tranquillité; et jugeant que Mitylène n'avoit plus besoin de souverain, il abdiqua.

Bias. Bias, de Priène, ville d'Ionie, a été mis au nombre de ceux qui ont le mieux servi leur patrie. Tous les anciens en parlent avec les plus grands éloges. De son temps la vertu et la science tenoient lieu de richesses, parce que les peuples, occupés des soins du gouvernement, sentoient le prix des lumières. C'est pourquoi, Priène étant assiégée, Bias qui fut forcé de se retirer avec ses concitoyens, n'emporta aucun de ses effets. Mais sa sagesse lui restoit, et il dit à ceux qui étoient étonnés de sa conduite : *je porte tout avec moi.*

Cléobule. Cléobule, de Linde, ville de Rhodes,

comptoit Hercule parmi ses ayeux. Il joignit à la beauté et à la force du corps, la beauté et la force de l'ame. Il gouverna sa patrie avec beaucoup de sagesse, et se distingua sur-tout dans la morale. Une de ses maximes étoit qu'il faut faire du bien à ses amis, pour se les conserver, et à ses ennemis pour les acquérir : maxime supérieure à une de celles de Bias, qui disoit qu'il faut aimer comme si on devoit haïr un jour. Il se plaisoit à proposer des questions, sous le voile de l'énigme, à l'exemple des orientaux, chez qui il avoit voyagé. Il a eu une fille célèbre : on la nommoit Eumélide, ou Cléobuline du nom de son père.

Périandre est le septième des sept sages de la Grèce. Les historiens l'ont représenté comme un monstre : mais Hérodote, qui est le plus ancien, n'a écrit que deux cents ans après. Il a pu ramasser sans choix des bruits répandus par la haine des Grecs pour tous les souverains. Il est certain que Périandre a gouverné les Corinthiens avec sagesse : d'ailleurs c'est un préjugé pour lui d'avoir été mis au nombre des sages.

Périandre.

On demande ce que les Grecs ont enten- *Ce que les Grecs entendoient par sages.*

du par ce titre. On répondra aisément, si on considère que dans ce siècle on ne s'est occupé que de morale et de législation, que ces hommes célèbres ont été dans leur patrie, ou magistrats ou législateurs, et qu'ils se sont principalement appliqués aux choses du gouvernement.

<small>Ésope.</small>

Ésope vivoit dans ce même siècle : mais rien n'est moins connu que les circonstances de sa vie. Il n'est pas même sûr qu'il soit l'auteur des fables que nous avons sous son nom. Nous savons seulement qu'il s'est distingué dans ce genre, et qu'il a été esclave.

<small>Les sept sages ont écrit en vers.</small>

Par quelques fragmens qui restent des ouvrages des sept sages, on voit qu'ils ont écrit en vers, conformément à l'usage de leur siècle.

CHAPITRE XIV.

De la secte Ionique.

ENFIN nous voici parvenus à ce qu'on a nommé plus particulièrement philosophie. Thalès, quelque temps avant Pythagore, en jeta les premiers fondemens. Il établit son école à Milet, sa patrie, et fut le chef de la secte Ionique. Il naquit la première année de la trente-cinquième olympiade, 640 ans avant J. C. *(Thalès chef de la secte Ionique.)*

Ne vous attendez pas, Monseigneur, à des connoissances profondes. La morale est la seule partie que les anciens philosophes ont bien traitée. D'ailleurs, ils étoient peu géomètres, peu astronomes, et point du tout physiciens.

Thalès, comme tous les autres sages, s'appliqua d'abord à l'étude des lois: il donna même de bons conseils aux Ioniens. Bientôt après, s'éloignant des affaires pour se livrer à la philosophie, il voyagea en Asie *(Il a été chez les Grecs le premier géomètre et le premier astronome.)*

et en Égypte, et revint, dit-on, avec de grandes connoissances : du moins elles paroissoient telles aux Grecs.

On rapporte, à ce sujet, des choses qu'il n'est pas possible de concilier. On veut, par exemple que les prêtres de Memphis aient enseigné la géométrie à Thalès, et qu'il leur ait appris à mesurer la hauteur d'une pyramide, en leur faisant voir que cette hauteur et celle d'un bâton qu'il planta perpendiculairement, sont entre elles comme les longueurs des ombres. On ajoute même que le disciple étonna beaucoup ses maîtres.

Les Grecs étoient prévenus pour les étrangers qui avoient cultivé la philosophie avant eux. Cependant ils auroient bien voulu ne leur rien devoir; c'est cette façon de penser qui leur a fait dire que leurs philosophes avoient donné des leçons à ceux-mêmes dont ils avoient été les disciples. Ce qu'il y a de vrai, c'est que Thalès est le premier qui ait enseigné la géométrie aux Grecs ; et il se peut encore qu'il soit devenu plus grand géomètre que les prêtres de Memphis. Il cultiva aussi l'astronomie avec succès. Il traça quelques-uns des cercles de la sphère:

il observa le premier la petite ourse : et c'est de lui que la Grèce apprit qu'on pouvoit prédire les éclipses.

Thalès plaçoit la terre au centre du mon- *Ses connoissances sur la sphère.*
de. Il la croyoit sphérique. Il a pensé que les étoiles ne sont pas d'une autre substance. Il a su que la lune n'éclaire que parce qu'elle réfléchit les rayons du soleil ; et il a représenté les mouvemens célestes dans une sphère dont il fut l'inventeur.

Selon lui, l'eau est le premier principe *Ses principes sur la génération des choses sont peu connus.*
de tout. Susceptible d'une infinité de formes, elle devient la matière des corps les plus opposés. Peut-être la nommoit-il ame du monde, ou Dieu. Il paroît, au moins, qu'il ne reconnoissoit pas d'autre cause première. Quelques philosophes Indiens avoient déjà eu la même pensée.

Il est difficile de s'assurer des opinions de Thalès, parce qu'il n'a point écrit. Aucun de ses ouvrages, au moins, n'est venu jusqu'à nous. D'ailleurs, on peut conjecturer qu'à l'exemple des Barbares, il a fait usage d'une doctrine secrète, craignant de répandre trop ouvertement des opinions, dont les Grecs auroient été choqués, parce qu'ils n'y auroient pas retrouvé leurs fables. Il mourut aux jeux olympiques, la cinquante-huitième olympiade, accablé par la chaleur et par la vieillesse.

Anaximandre, disciple de Thalès.

Anaximandre, son disciple, étoit aussi de Milet. Il enseigna sans voile, et il exposa sa doctrine dans des ouvrages qu'il publia lui-même.

Selon lui, l'infini est le principe et la fin de tout. Tout en vient, tout y retourne. Des mondes naissent sans nombre, pour se détruire, et pour se reproduire. Ainsi tout change dans l'infini, mais l'infini lui-même ne change point : il est immuable.

Ce philosophe est le premier des Grecs qui ait tracé des cartes géographiques et des cadrans solaires. On a même dit qu'il est le premier qui ait connu l'obliquité de l'écliptique ; ce qui ne peut être, puisque Thalès avoit prédit des éclipses. L'opinion la plus singulière d'Anaximandre est d'avoir pensé qu'originairement les hommes ont été poissons.

Anaximène, disciple d'Anaximandre.

Anaximène, son concitoyen, son ami et son disciple, paroît n'avoir été que l'interprète de ses opinions. Il a dit que par l'infini, qui est le principe de tout, il faut entendre l'air ; et que l'air est Dieu, ou plutôt plusieurs dieux. Lorsqu'il devient fort rare, il s'élève à la plus haute région, et produit le feu : moins rare, il se tient plus bas, et forme les nuages : moins rare encore, c'est l'eau, et enfin c'est la terre.

Je n'oserai néanmoins assurer que ce soient-là ses opinions. Ce qu'on lui fait dire sur la physique est d'autant plus suspect, qu'on lui attribue sur l'astronomie des absurdités qu'il ne peut avoir dites. Il a pensé, dit-on, que la terre est une surface plane, soutenue par l'air ; que le ciel est une voûte de crystal, où les étoiles sont clouées ; que le soleil est une grande roue, pleine de feu ; que c'est par une ouverture que la lumière s'échappe ; que si elle se bouche, il y a éclipse ; que la lune est de même une roue ; que l'ouverture, qui augmente et diminue, en explique les différentes phases ; et que le soleil, la lune et les astres, tournent autour de la terre, sans passer par-dessous. Il n'est pas possible qu'un philosophe d'une secte qui prédisoit les éclipses, ait dit ces absurdités. Mais les opinions de cette secte ont été défigurées par les sectes qui sont venues après elle.

<small>Anaxagore.</small> Anaxagore de Clasomène, ville d'Ionie, transporta l'école d'Anaximène à Athènes. Il y enseignoit depuis trente ans, lorsqu'ayant été accusé d'impiété, il se retira à Lampsaque, où il mourut. Il semble que l'amitié de Périclès, qui avoit été son disciple, auroit dû le protéger. Elle fut néanmoins la cause de la persécution qui s'éleva contre lui : car on ne l'accusa que pour rendre suspect la façon de penser de Périclès.

Son impiété fut d'avoir, sur la divinité, des opinions plus saines qu'aucun de ceux qui l'avoient précédé. Persuadé que la matière ne sauroit se mouvoir, ni s'arranger d'elle-même, il reconnut pour premier principe un esprit intelligent et absolument immatériel. Il ne lui manquoit que de découvrir la création.

Il pensoit, au contraire, que la matière existe de toute éternité, et on lui attribue même d'avoir dit qu'elle renferme des parties élémentaires de toute espèce; des particules d'or, d'argent, d'os, de chair, etc.;

que tout cela existoit confusément, sans mouvement et sans vie ; que Dieu ayant mu ce chaos, les élémens s'étoient combinés avec ordre ; que les parties similaires s'étoient rapprochées ; et qu'il s'étoit formé des corps de différens genres, parce qu'il y avoit différentes espèces d'élémens.

Il a pensé que la lune est habitée, que les comètes sont des planètes, et que l'arc-en-ciel est produit par la réfraction des rayons du soleil. Cependant ces deux dernières opinions ne pouvoient être de son tems que les conjectures d'un homme d'esprit : il ne paroît pas qu'on eût assez d'observations pour les prouver.

Il jugeoit le soleil plus grand que le Péloponèse. Mais on ne peut pas croire qu'il ait dit que les étoiles sont des pierres que le mouvement rapide de l'éther a enlevées de dessus la terre, et a portées dans la région de feu. Peut-être a-t-il pensé qu'elles sont des corps pesans, retenus dans leurs orbites par la force qui les leur fait décrire ; et les sophistes auront jeté du ridicule sur une opinion qu'ils ne comprenoient pas.

Il eut deux successeurs dans son école, <small>Fin de la secte Ionique.</small>

et tous deux ses disciples : Diogène d'Apollonie, et Archélaüs de Milet. Celui-ci fut le dernier : car Socrate, qu'il eut l'honneur d'instruire, fit une révolution dans la philosophie.

CHAPITRE XV.

De la secte Italique ou Pythago-rique.

PYTHAGORE est le chef de la secte, nommée d'abord Italique, de l'Italie où il enseigna, et ensuite Pythagorique. On ne sait exactement ni le lieu ni le temps de sa naissance. L'opinion la plus vraisemblable est qu'il est né à Samos, entre la quarante-troisième et la cinquante-deuxième olympiade, c'est-à-dire, entre 608 et 572 ans avant J. C. {.sidenote: Voyages de Pythagore.}

Il alla en Égypte, où Amasis, qui accueilloit les Grecs, le fit initier aux mystères : et parce que ses partisans ont voulu qu'il eût voyagé dans tous les lieux où les sciences passoient pour être cultivées, on a dit, contre toute vraisemblance, qu'il a été à Babylone, et qu'il a pénétré jusques dans les Indes.

Quoi qu'il en soit, la considération qu'il crut avoir acquise par ses voyages, ne lui procura pas les succès qu'il s'étoit promis, et l'école qu'il ouvrit à Samos fut peu fréquentée. Forcé donc à voyager encore, il parcourut la Grèce, s'arrêtant sur-tout dans les lieux où il y avoit des oracles, et se faisant initier par-tout. C'est alors qu'au lieu de se dire sage, il se dit seulement philosophe, c'est-à-dire, amoureux de la sagesse. On prétend que s'étant montré aux jeux olympiques, il fut admiré de toute la Grèce ; et qu'on le regarda même comme un homme divin, parce qu'il avoit une cuisse d'or.

Il transporte son école dans la grande Grèce.

Précédé par sa réputation, il revint à Samos; et, pour s'assurer de plus grands succès, il entreprit de faire croire qu'il conversoit avec les dieux. Dans cette vue, il se retiroit souvent dans un antre. Il faut cependant que cette fraude lui ait peu réussi, puisqu'il transporta son école dans la grande Grèce. C'est là qu'il eut des succès, qu'on a sans doute fort exagérés. Il rétablit la liberté dans les villes : il détruisit le luxe : il réforma les mœurs : et les tyrans, qui l'écoutoient, renonçoient d'eux-mêmes à la tyrannie.

Sa vie a été écrite avec peu de vérité.

Nous avons deux vies de Pythagore : l'une écrite par Porphyre, dans le troisième siècle de notre ère; et l'autre par Jamblique, dans le quatrième. On ne voit pas où ils ont puisé ; on voit seulement qu'ils veulent opposer ce philosophe à Jésus-Christ. C'est pourquoi ils lui attribuent une grande sagesse, des lumières extraordinaires et des miracles. Il est évident que ces deux écrivains sont deux imposteurs. C'eût été aux Pythagoriciens à nous conserver l'histoire de leur chef : mais ils ne l'ont pas fait, parce que tant que cette secte a subsisté, elle n'a rien écrit.

Phérécide de Scyros, qui a écrit le premier en prose, et dont l'exemple a été suivi lentement, a été le premier maître de Pythagore. Il n'a cependant point fait de secte, et le peu qui reste de ses écrits, est tout-à-fait énigmatique. *Pythagore a eu pour premier maître Phérécide de Scyros.*

Quant à Pythagore, il avoit, à l'exemple des Égyptiens, une doctrine publique et une doctrine secrète. La première avoit pour objet la morale. Il l'enseignoit dans les temples, ou dans des écoles ouvertes à tout le monde. Il réservoit la seconde pour des disciples dont il avoit étudié l'esprit et le caractère. Ce n'étoit qu'après les avoir éprouvés pendant deux, trois, quatre, cinq ans *Il avoit une double doctrine.*

de silence, qu'il levoit enfin un voile, qui vraisemblablement ne leur avoit pas, jusques-là, caché des choses bien importantes.

Manière de vivre des Pythagoriciens.

Les Pythagoriciens vivoient tous dans une même maison, avec leurs femmes et leurs enfans. Les biens étoient en commun; et, si quelqu'un d'eux vouloit se retirer, on lui rendoit ce qu'il avoit apporté, ou même au-delà : mais on le regardoit comme mort.

Chaque heure de la journée avoit ses occupations marquées. Il falloit sortir du lit assez tôt pour adorer le soleil levant, après s'être rappelé ce qu'on avoit dit, entendu, vu et fait la veille. Chacun ensuite se promenoit séparément dans des lieux retirés. Après cet exercice, qu'on croyoit nécessaire pour recueillir les esprits, on se réunissoit dans les écoles, et le temps de l'étude étant fini, on s'exerçoit à la lutte, à la course, à la danse, etc. Tout cela conduisoit jusqu'au dîner, qui étoit très-frugal et sans vin.

La seconde partie de la journée commençoit par les affaires domestiques ou étrangères. Ensuite c'étoient successivement une promenade, deux à deux, ou trois à trois, des bains, des sacrifices, un souper qui finissoit avant le coucher du soleil, une lecture commune, une exhortation faite par un ancien. Enfin, chacun repassoit toute sa journée, et on alloit au lit.

Les Pythagoriciens croyant la musique propre à corriger les passions, en faisoient un grand usage. Ils en avoient de deux espèces : l'une pour le matin, afin de réveiller l'esprit ; l'autre pour le soir, afin de le relâcher des spéculations de la journée. *Usage qu'ils faisoient de la musique.*

Le préjugé de la métempsycose leur faisoit une loi de s'abstenir de viande et de poisson. Cependant ils mangeoient des victimes, persuadés qu'aucune ame humaine ne se trouve dans les animaux qu'on immole. *Ils ne mangoient d'ordinaire ni viande ni poisson.*

Cette secte puissante, par l'union de ses membres, l'étoit encore par le crédit qu'elle avoit dans les républiques. Elle ne pouvoit donc manquer de soulever, tôt ou tard, contre elle, des peuples libres, à qui elle se rendoit suspecte par le mystère de sa doctrine, et par son ambition à se mêler sans détour dans les affaires du gouvernement. Elle les souleva donc. Cette révolution arriva vers les temps de Philippe et d'Alexandre : *Ruine de leur secte.*

et, ce qui prouve combien les Pythagoriciens étoient dangereux, c'est qu'après avoir occasionné de grands troubles, leur ruine entraîna la ruine de plusieurs villes.

<small>Époque où ils commencent à écrire.</small>

Dispersés, sans asyle, forcés même à se cacher jusques dans les déserts de l'Égypte, les Pythagoriciens jugèrent que leur doctrine se perdroit infailliblement, s'ils s'opiniâtroient dans l'usage de ne point écrire. Ils commencèrent donc à écrire : mais ce fut d'une manière fort énigmatique, afin que leurs dogmes ne se répandissent pas hors de leur secte.

<small>Hommes illustres parmi les Pythagoriciens.</small>

Il y a eu quelques hommes célèbres dans cette secte, entre autres, Empédocle, poëte, orateur et médecin, qui florissoit 444 ans avant J. C. Il fit une étude particulière des lois; et, ayant contribué à rétablir l'égalité et la liberté dans Agrigente, sa patrie, il refusa la couronne qui lui fut offerte. En reconnoissance, les Agrigentins lui élèverent une statue. Ils firent aussi le même honneur au Pythagoricien Épicharme, poëte célèbre, qui introduisit le premier la comédie en Sicile, et qui composa plusieurs pièces, d'où Plaute a beaucoup emprunté.

Un autre philosophe de cette secte est Timée, de Locres, ville d'Italie. Il passa pour très-savant : il eut part au gouvernement dans sa patrie, et il fit des ouvrages qui vinrent à la connoissance de Platon, son contemporain.

Architas, de Tarente, est encore mis au nombre des plus illustres. On le représente comme un grand magistrat, comme un grand général, et on loue beaucoup sa science et ses mœurs. Il a aussi écrit. C'est de lui qu'Aristote a tiré ses cathégories.

Architas eut pour disciple Philolaüs, qui laissa plusieurs ouvrages, et qui vendit à Platon les livres des Pythagoriciens. Platon y puisa tout ce qu'il crut deviner. Aristote, Speusipe et Xénocrate y fouillèrent aussi : et on n'a laissé à Pythagore que ce qu'on a pu tourner en ridicule.

Enfin Eudoxe de Cnide, autre disciple d'Architas, donna des lois aux villes de Cnide et de Milet, et se fit un grand nom dans la Grèce. Il pourroit cependant passer pour disciple de Platon, dont il fréquenta l'école.

Les Pythagoriciens ont cru le mouvement *Opinions des pythagoriciens en astronomie.*

de la terre, les antipodes, les révolutions périodiques des comètes, les planètes habitées, et les étoiles autant de soleils, autour desquels roulent d'autres planètes. On est d'abord étonné de trouver, dans l'enfance de la philosophie, des vérités qui depuis ont été ignorées ou combattues. Mais, si la philosophie commençoit parmi les Grecs, l'observation étoit ancienne en Égypte, où ils avoient voyagé; et il est vraisemblable que ces vérités, qu'ils en avoient rapportées, n'étoient pour eux que des opinions qu'ils ne savoient pas prouver, parce qu'ils ne les devoient pas à leurs propres observations. S'ils avoient été capables de s'en assurer en observant eux-mêmes, ils ne les auroient jamais oubliées.

Leurs opinions sur Dieu et sur le monde. Sur Dieu et sur le monde, ils n'ont dit que des absurdités, pareilles à celles que j'ai déjà exposées.

Quoiqu'ils parlent de Dieu comme d'un esprit, ils n'ont point d'idée d'une substance spirituelle. Ce n'est qu'une matière plus subtile, un éther, un feu répandu par-tout, qui meut tout, et qu'ils appellent par cette raison l'ame du monde. De-là, tout émane plus ou moins immédiatement, et, en conséquence, il y a des êtres plus parfaits les uns que les autres. L'air est rempli d'esprits de différens ordres. Les astres sont autant de divinités. Le Dieu suprême habite le firmament; la circonférence du monde est tout l'espace au-delà de la lune. Là, il agit seul, et par cette raison tout y est bien réglé, et l'est d'une manière stable. Mais au-dessous règnent les vicissitudes et le désordre, parce que tout s'y fait par des esprits qui participent plus de la matière, par des hommes qui participent peu de la divinité, et par la fortune, c'est-à-dire, par l'action aveugle des corps.

Il seroit difficile de comprendre comment les Pythagoriciens, ayant les connoissances astronomiques que je viens de rapporter, ont pu mettre une si grande différence entre ce qui se passe au-dessus de la lune, et ce qui se passe au-dessous. C'est ce qui me fait penser que ces connoissances n'étoient pour eux que des opinions dont ils ne savoient pas donner la preuve. Les Égyptiens avoient entretenu Pythagore de leur système sur le monde, et vraisemblablement ils ne lui avoient pas communiqué les observations sur lesquelles ils le fondoient.

Idée fausse qu'ils se faisoient de la sagesse.

Si on demande aux Pythagoriciens ce qu'ils entendent par sagesse ; c'est, répondent-ils, la science des êtres, c'est-à-dire, la science de ce qui est immuable, la science des idées universelles. Car ils croient qu'il n'y a point de connoissance de ce qui change ; que les corps, considérés en particulier, ne sont pas des êtres ; et que le corps en général doit être seul l'objet de l'étude du sage.

Pour s'élever à cette sagesse sublime, il faut que l'ame se dégage de la matière, qu'elle devienne insensible aux impressions de toute espèce, qu'elle se soustraie à l'empire des passions, qu'elle rentre en elle-même, qu'elle y vive uniquement, et qu'elle se dérobe à tout ce qui l'environne. Par-là, elle s'élevera aux choses immuables, éternelles, divines : elle remontera à son principe, deviendra semblable aux dieux, deviendra dieu.

Les Pythagoriciens n'étoient que des enthousiastes.

Vous voyez, Monseigneur, que les Pythagoriciens n'étoient que des enthousiastes ; et cela devoit être. Leur chef dont l'imagination étoit contagieuse, n'avoit rien oublié pour échauffer des esprits, qu'il savoit, sans doute, bien choisir. Habitation en commun, renoncement à toute propriété, exercice superstitieux, silence, mystère, flétrissures répandues sur ceux qui se degoûtoient de leurs engagemens, voilà les moyens qu'il avoit employés. Après avoir écouté, pendant des années, un homme annoncé comme un dieu, étoit-il possible de soupçonner qu'on n'avoit rien appris? C'étoit assez, sans doute, qu'un seul devînt enthousiaste, pour que tous les autres le devinssent bientôt. Aussi, parmi les Pythagoriciens, *il a dit*, étoit la grande raison de croire. Mais ce mot suffiroit seul pour prouver que ni le chef ni les disciples ne savoient raisonner. Je vois, d'un côté, un imposteur ambitieux de se faire un nom, et de l'autre, des enthousiastes imbécilles.

Il est vrai qu'il est sorti de cette école des hommes très-propres au gouvernement de leur république : ce qui peut faire juger qu'à cet égard, Pythagore avoit réellement des connoissances ; mais elles ne faisoient pas partie de sa doctrine secrète, qui est seule l'objet de ma critique. D'ailleurs il faut reconnoître que l'enthousiasme, auquel on se formoit dans cette secte, pouvoit produire de grands hommes, quand il se tournoit vers des objets utiles.

Abus que Pythagore fit de la géométrie.

Ce que ce philosophe fit de mieux, fut de contribuer, comme Thalès, à répandre le goût des mathématiques. Mais il abusa de cette science, lorsqu'il voulut expliquer par la génération des nombres la génération de tout ce qui existe. L'ame fut un nombre qui se meut de lui-même. Dieu fut la monade première, ou l'unité d'où tout émane. En un mot, les propriétés des nombres expliquèrent les propriétés des choses. Toute cette doctrine est fort obscure, et il y a apparence que, quand on l'entendroit, on ne sauroit rien.

Heureuse application qu'il fit des nombres à la musique.

Pythagore fit une heureuse application des nombres à la musique, lorsqu'il s'en servit pour déterminer, entre les tons, des rapports que l'oreille n'apprécie qu'imparfaitement. Il eut occasion de faire cette découverte un jour que, passant devant la boutique d'un serrurier, il remarqua des consonnances produites par des marteaux qui frappoient sur l'enclume. Il entra, et jugea que la variété des tons venoit de la différente masse des marteaux. De retour chez lui, il tendit des cordes de même grosseur et de même longueur, il suspendit différens poids à l'extrémité de chacune, et après quelques tentatives, il exprima par des nombres les rapports des tons.

Mais, parce qu'il falloit que ce philosophe dît des choses extraordinaires, il imagina de pareils rapports entre les astres. En conséquence il conclut que les cieux font, par leur mouvement, un concert parfait, et il assura même l'entendre. C'est ainsi qu'il disoit se souvenir d'avoir été successivement Céthalide, fils de Mercure, Euphorbe, Hermotime, et Pyrrhus, pêcheur de Delos. *Il a imaginé que les corps célestes font un concert.*

Persuadé que le merveilleux est fait pour réussir, il ne se faisoit point un scrupule d'abuser de la crédulité des peuples. Étant à Crotone, il s'enferma dans un souterrain, recommandant à sa mère de répandre le bruit de sa mort, et de tenir un journal de tout ce qui se passeroit. *Il abusoit de la crédulité.*

Quelque temps après il reparut avec un visage pâle et défiguré : il assembla le peuple : il dit ce qu'il avoit vu aux enfers : il raconta ce qui étoit arrivé aux Crotoniates, depuis sa prétendue mort : et on ne douta point qu'il ne revînt en effet de l'autre monde, puisqu'il savoit ce qui s'étoit passé dans celui-ci. Les Crotoniates accoururent donc à ses leçons avec un nouvel empressement. Ils y menèrent même leurs femmes : car Pythagore en recevoit volontiers parmi ses disciples. Elles sont propres à prendre de l'enthousiasme, et elles sont encore plus propres à le répandre.

 Tel a été Pythagore. Je l'ai, sur-tout, représenté par sa conduite, parce qu'elle fait connoître l'esprit de son siècle, et je me suis d'autant moins étendu sur ses opinions, que nous les retrouverons dans des philosophes, qui sont venus après lui.

CHAPITRE XVI.

De la secte Éléatique.

XÉNOPHANE est le chef de la secte Éléatique. Il naquit à Colophon, 550 années avant J. C. peu après la mort de Solon, et lorsque Pisistrate usurpoit la tyrannie pour la seconde fois. C'est le temps où florissoit Anaximandre, successeur de Thalès. Il vécut près de cent ans.

Xénophane, chef de la secte Éléatique.

Il fut banni pour avoir dit, dans un poëme, qu'il est absurde de penser, avec les poëtes Homère et Hésiode, que les dieux naissent, comme de penser qu'ils meurent, parce que dans l'un et l'autre cas, il est également vrai qu'ils n'existeroient pas toujours. Il se retira en Sicile, où manquant de tout, il fut réduit à réciter ses vers au peuple. Il ne nous reste que quelques fragmens de ses poëmes.

Sa secte fut nommée Éléatique, parce qu'elle dut, sur-tout, sa célébrité à Par-

Pourquoi cette secte a été nommée Éléatique.

ménide, à Zénon et à Leucippe, tous trois d'Élée, ville fondée en Italie par les Phocéens, lorsqu'ils abandonnèrent leur patrie pour se soustraire à la domination de Cyrus.

<small>Tout le système de Xénophane, de Parménide et de Zénon n'est qu'une notion abstraite qu'ils ont réalisée.</small> Ces philosophes s'exprimoient d'une manière obscure et symbolique, et toute leur doctrine n'est qu'une méthaphysique très-subtile, qu'ils n'entendoient pas eux-mêmes.

Jusqu'à Xénophane, tout ce qu'on avoit imaginé sur la cosmogonie, pouvoit se réduire à trois systêmes. Dans l'un, la matière se meut et s'arrange d'elle-même: dans l'autre, il n'y a qu'un premier principe d'où tout émane : dans le troisième, il y a deux principes, la matière qui est par elle-même sans action, et une ame universelle qui lui donne le mouvement.

Xénophane, voyant qu'aucun de ces systêmes n'expliquoit la génération des choses, imagina de dire qu'il n'y a point de génération.

Rien ne se fait de rien, dit-il, avec tous les philosophes. Donc rien ne commence, rien ne finit, rien ne change.

Donc il n'y a proprement ni naissance, ni altération, ni mort. Il n'y a donc point de mouvement. Le monde est donc nécessairement immuable. Par conséquent, les sens, qui le présentent changeant, ne nous offrent que des phénomènes, des apparences: ils ne sauroient pénétrer dans la réalité des choses, ils ne sont propres qu'à nous jeter dans l'erreur. Tel est le système de Xénophane. Cherchons comment il l'a pu concevoir.

Quelque changement qu'on fasse d'un jour à l'autre à l'ordre de vos livres, je puis dire que votre bibliothèque est la même, tant qu'on n'ajoute et qu'on ne retranche rien. Mais alors j'entends seulement par bibliothèque, la collection d'un certain nombre de livres, et je fais abstraction de tout arrangement. Je dirai également que le monde est immuable, si faisant abstraction de ce qui arrive à chaque être en particulier, je n'entends par ce mot *monde* que la collection de tout ce qui existe. Mais cette collection n'est pas un être: ce n'est qu'une notion abstraite, une simple dénomination qui comprend la totalité des êtres.

Or cette notion abstraite, Xénophane, et après lui, Parménide et Zénon, la réalisèrent. En conséquence, ils dirent que le monde est un, éternel, infini, toujours semblable à lui-même, immuable; que c'est-là Dieu, l'être proprement dit, le seul être; et que, dans le vrai, les choses particulières ne sont pas des êtres. C'est ainsi que ces mauvais métaphysiciens ôtèrent la réalité aux seules choses qui en ont, c'est-à-dire, aux choses particulières, pour la transporter toute à une notion abstraite, qui n'en peut avoir. C'est à-peu-près comme si je disois que votre bibliothèque est quelque chose, et que vos livres ne sont rien. Telle a été leur manière de raisonner.

Comme ils n'admettoient que l'être universel, ils ne connoissoient aussi que des vérités universelles. Ils disoient, comme les Pythagoriciens, que puisque les choses particulières changent continuellement, nous n'en saurions avoir aucune connoissance, mais ils abusoient du mot connoissance, ou plutôt ils n'y attachoient point d'idées. Certainement rien n'a été plus changeant que les philosophes : nous les connoissons cependant, au moins par les absurdités qu'ils ont dites. Je n'en dirai pas davantage : il y a des opinions, Monseigneur, qui ne méritent pas une critique sérieuse.

Tous les philosophes croyoient à la divination, sur ce principe que la divinité est répandue dans toute les parties du monde. Xénophane la rejeta le premier, parce que, selon lui, Dieu n'est pas dans les parties, mais dans l'être unique et universel. *Pourquoi Xénophane rejetoit la divination.*

Qu'est-ce donc que cet être ? Zénon, encore plus subtil que Xénophane, répond qu'il n'est ni fini, ni infini, ni mobile, ni immobile, ni être, ni non-être. On ne sait ce qu'il veut dire. *Comment Zénon expliquoit l'être unique.*

Dans le point de vue où les anciens ont considéré la physique, il ne leur a pas été possible de faire un pas en avant. Vous en comprendrez la raison, si vous observez comment ils ont commencé. *Par la manière dont les anciens philosophes ont commencé, ils ne pouvoient pas penser à faire des observations.*

Voulant expliquer comment tout se fait, ils ont établi pour principe que rien ne se fait de rien. Dès-lors il a fallu conclure que tout est fait de toute éternité, ou que toutes les choses étoient dans une chose d'où elles sont émanées, ou qu'elles étoient toutes confondues dans un chaos, qui s'est développé, soit par lui-même, soit par l'action d'une ame universelle, ou qu'enfin rien ne se fait. C'est à quoi se réduisent les opinions des philosophes anciens. Vous voyez qu'ils ont commencé par former un nœud, qu'il ne leur étoit pas possible de dénouer.

Si, au lieu de vouloir expliquer la génération des choses, ils s'étoient bornés à observer ce qu'elles sont, ils auroient pu faire des découvertes. Mais ils n'ont pas été capables d'une conduite aussi sage. Il semble même que la secte Éléatique ait pris des précautions pour s'en écarter. En effet, il ne peut pas venir à l'esprit de faire des observations, quand on établit que les sens ne sont propres qu'à jeter dans l'erreur, et que les choses particulières ne sauroient être l'objet de nos connoissances. Des principes si absurdes ne pouvoient se défendre que par d'autres absurdités.

Système des atomes de Leucippe et de Démocrite. On se dégoûta donc de cette philosophie; et Leucippe, disciple de Zénon, en introduisit une toute différente. Il fut suivi de Démocrite d'Abdère, qui eut pour disciple, Protagoras aussi d'Abdère, et Diagoras de Mélos.

Au lieu d'un seul être, ces philosophes en admettoient une infinité, qu'ils regardoient comme les élémens des choses, et qu'ils nommoient atomes.

De toute éternité, ces atomes sont mus dans un espace immense, où ils laissent entre eux des vides. Ils se heurtent, se réfléchissent, s'accrochent et se combinent d'une infinité de manières. De-là, des mondes en nombre infini. Là, ils commencent; ici, ils se détruisent : les uns croissent, les autres décroissent; il y en a de semblables, il y en a de différens; et les choses varient suivant l'ordre, la disposition et la figure des atomes.

Or, disoit Démocrite, il n'y a proprement de réalité que dans les atomes et dans le vide; et les choses sensibles ne sont pas des êtres, ce ne sont que des collections. Cependant nous n'appercevons que les choses sensibles, nous n'appercevons pas les atomes : nous n'appercevons donc pas la réalité des choses. Il n'y a donc point de vérité pour nous : ce qu'il exprimoit en

Démocrite disoit qu'il n'y a point de vérité pour nous;

disant que la vérité est au fond du puits. Ce philosophe auroit été bien embarrassé, si on lui eût fait remarquer que ses atomes, tout indivisibles qu'il les supposoit, n'étoient eux-mêmes que des collections. Car alors où auroit-il mis la réalité des choses ?

<small>Et Protagoras au contraire, que nos sens sont la règle de la vérité.</small> Protagoras, son disciple, raisonnoit différemment. La raison, disoit-il, de l'impression que les choses font sur nous, est dans la matière même. Donc les choses sont ce qu'elles nous paroissent. Ce que chacun de nous apperçoit, est réel; ce que personne n'apperçoit, n'est rien. Ainsi nos sens sont la règle de la vérité. Nous sommes même tous également fondés à soutenir des opinions contraires, et à juger que les choses changent toutes les fois que nous sommes affectés différemment. Car, ajoutoit-il, la matière est dans un mouvement continuel, et la disposition des atomes n'est pas deux instans la même. Il n'y a donc de réalité et de vérité que dans nos sensations.

Il est démontré, Monseigneur, que nous ne connoissons pas la nature des êtres : mais il l'est aussi que nous connoissons plusieurs des rapports qu'ils ont à nous. Si les anciens avoient su faire cette distinction, ils se seroient épargné beaucoup de mauvais raisonnemens : ils auroient du moins su quel devoit être l'objet de leurs recherches.

Le systême des atomes est plus ancien qu'il ne paroît : car, dans le vrai, tous les autres s'y réduisent. Dans tous, on retrouve des atomes, qui sont principes ou élémens de tout ce qui existe.

<small>Tous les systêmes des anciens se réduisent à celui des atomes.</small>

En effet, tous ces philosophes ont été forcés d'imaginer une matière préexistante, puisqu'ils établissent tous que rien ne se fait de rien. Les uns conçoivent cette matière comme un seul principe; d'autres veulent qu'elle en renferme deux, ou davantage, ou même une infinité.

Quoique ceux qui n'admettent qu'un principe, l'appellent Dieu; ce Dieu cependant n'est qu'une matière très-subtile, un feu très-pur. Or les parties de ce feu sont certainement de petits corps ou des atomes; et par conséquent le feu est moins un principe qu'un élément dont les parties, semblables par leur nature, produisent toutes choses en se transformant, et en se combinant d'une infinité de manières.

Il y avoit un système qui s'accommodoit mieux à l'imagination du grand nombre, et qui par cette raison a été plus général : c'est celui d'une matière informe, mue par un feu qui se répand dans toutes ses parties. Dans ce système, il y a en apparence deux principes, le chaos et Dieu, et cependant il n'y en a véritablement qu'un qui est la matière. Si la matière est grossière, elle ne sauroit se mouvoir d'elle-même ; si elle est subtile, elle se meut par sa nature, elle communique le mouvement ; et ses parties, qui sont des élémens de tout, sont proprement des atomes.

Au feu, l'eau a été substituée par Thalès ; l'air, par ses disciples. Il y en aura qui supposeront quatre élémens, le feu, l'air, l'eau et la terre ; et nous avons vu qu'Anaxagore en reconnoissoit d'autant d'espèces, qu'il remarquoit de corps d'espèces différentes.

On retrouve donc les atomes dans tous les systêmes, puisque dans tous on retrouve des corpuscules élémentaires. Mais, avant

Leucippe, on avoit donné aux atomes des qualités analogues à celles des choses, au lieu que ce philosophe ne leur donna que du mouvement et différentes figures. Son système différoit encore des autres, en ce qu'il admettoit le vide, qui, depuis Thalès, paroissoit banni de la philosophie.

Vous voyez, Monseigneur, que tous ces philosophes n'ont fait que combiner une matière préexistante, à laquelle ils ont donné différens noms; que chacun d'eux a eu raison d'être mécontent de ce qui avoit été dit, et qu'aucun cependant n'a eu rien de mieux à substituer : c'est le fruit de leur obstination à vouloir développer les premiers principes des choses.

Comme aucune de ces opinions ne portoit la lumière avec elle, il n'étoit pas possible de s'attacher toujours scrupuleusement à la secte qu'on embrassoit. On étoit tenté d'innover, et on croyoit trouver la vérité, toutes les fois qu'on changeoit quelque chose aux systèmes déjà faits. C'est pourquoi il y a des philosophes qui paroissent n'appartenir à aucune secte. Tel est, entre autres, Héraclite, qu'on dit s'être

Il y a des philosophes qui paroissent n'appartenir à aucune secte. Tel est Héraclite.

instruit par sa seule méditation, et qui cependant a fréquenté les écoles de Xénophane et d'Hypase pythagoricien. Il paroît avoir préféré les opinions de Pythagore; il a affecté la même obscurité, et il a regardé le feu comme principe de tout. Il a écrit en prose : je le remarque, parce que l'usage n'en étoit pas encore général. Il florissoit 500 ans avant J. C.

Héraclite étoit d'Éphèse. Il eût pu jouer un rôle dans sa patrie, mais il refusa la magistrature; et un jour que les Éphésiens le surprirent jouant aux osselets, il leur dit qu'il aimoit mieux jouer avec des enfans, que de gouverner des citoyens corrompus. Il se distinguoit sur-tout par le mépris et la haine qu'il conçut contre le genre humain, et il se retira dans des montagnes, pour vivre loin de toute société. On a dit qu'il pleuroit toujours, comme on a dit que Démocrite ne cessoit de rire; et, ce qui a pu donner lieu à ce conte, c'est que, méprisant également les hommes, l'un faisoit des sujets de plaisanterie des mêmes choses dont l'autre se courrouçoit.

Après avoir eu part au gouvernement,

Démocrite s'éloigna de bonne heure des affaires. Il voyagea dans tous les lieux où l'on alloit chercher des connoissances; et ensuite il vécut dans la retraite, afin de vaquer tout entier à la philosophie. On a même dit qu'il s'aveugla, pour éviter toute distraction; ce qui ne peut être vrai, puisque l'anatomie fut une de ses principales études. Il a été contemporain d'Anaxagore, d'Archelaüs, de Socrate, de Parménide, de Zénon et de Protagoras. On croit qu'il a vécu plus de cent ans.

Protagoras, disciple de Démocrite, s'est plus livré à l'éloquence qu'à la philosophie. Quoique fort subtil et peu solide il a eu la gloire de donner des lois aux Thuriens. C'est le premier philosophe qui a enseigné pour de l'argent.

Enfin Anaxarque, qu'on met parmi les philosophes de la secte Éléatique, n'est guère connu que parce qu'il a suivi Alexandre. C'est cet homme qui eut l'impudence de dire à ce conquérant : *ne savez-vous pas que les actions des rois sont toujours justes?*

CHAPITRE XVII.

De Socrate.

Naissance de Socrate.

Dans la soixante-dix-septième olympiade, 469 ans avant J. C., naquit à Athènes, de Sophronisque, sculpteur, et de Phénarète, sage-femme, Socrate, le plus savant des Grecs, le plus vertueux et le plus modeste, Monseigneur. Vous voyez que sa naissance n'est pas illustre. Son nom ne remonte pas dans les siècles passés, mais il perce dans les siècles à venir. Voilà la différence qu'il y a entre un grand homme et un grand, entre Socrate et ce que vous êtes aujourd'hui.

Ses Vertus.

Socrate fréquenta l'école d'Anaxagore, et après le départ de ce philosophe, celle d'Archélaüs et de quelques autres qui avoient de la réputation. Je vous ai déjà dit qu'il fut un des disciples d'Aspasie. D'ailleurs, il ne voyagea point hors de la Grèce. Il reconnut de bonne heure combien il étoit inutile d'aller mendier des connoissances chez des barbares. Il vit ce que d'autres en avoient rapporté, et il chercha la philosophie en lui-même. Les meilleurs juges de l'antiquité l'ont reconnu pour l'homme de son siècle, qui avoit le plus de lumières en tous genres, le plus d'éloquence, de justesse, de sagacité, d'équité. Sénateur dans un âge avancé, lorsqu'Athènes étoit assujettie à des tyrans, il se conduisit avec l'intrépidité d'un citoyen vertueux qui ne craint pas la mort. Dans sa jeunesse, il avoit donné des preuves d'une rare valeur. En un mot, il avoit toutes les qualités qui le pouvoient rendre utile à sa patrie : mais il vécut précisément dans cet âge où nous avons vu que le mérite étoit écarté des charges de la république ; et Athènes, qu'il éclairoit, ne fut pas assez heureuse pour qu'il la gouvernât.

Engagé par les circonstances à se livrer tout entier à la philosophie, il y fit une révolution, que je me propose de vous faire connoître. Dans ce dessein, il est nécessaire de tracer d'abord un tableau de l'état où étoient les sciences, s'il est permis de donner ce nom aux opinions qui partageoient les Grecs.

De son temps les Grecs étoient prévenus pour le savoir des barbares.

Il n'y avoit, pour les Grecs, que deux sources de connoissances, les poëtes et les barbares. Parce que ce sont les poëtes et les barbares qui leur avoient apporté la religion, les lois, les arts les plus nécessaires, les Lettres, l'astronomie, la géométrie, ou du moins un commencement de toutes ces choses, on jugeoit d'après ce qu'on avoit appris d'eux, qu'il n'y avoit rien qu'on ne pût en apprendre, et on négligeoit d'étudier la nature.

Le temps, qui détruit tout, est lent à détruire les préjugés. Les Grecs ne purent jamais secouer l'autorité de leurs premiers maîtres; et leur esprit, fait pour inventer, pour créer, dégénéra en vaines subtilités. Quels progrès n'auroient-ils pas faits, si les circonstances, au lieu de les forcer à deviner la nature, les avoient portés à l'observer!

Combien les sophistes étoient applaudis.

Les sophistes d'abord appelés par Pisistrate, se multiplièrent dans la suite sous Périclès, ainsi que les poëtes, les musiciens et les comédiens. Ce citoyen ambitieux, aimoit à voir les Athéniens s'occuper de spectacles et d'opinions.

L'attention du public donnant de la considération aux sophistes, et du poids aux questions qu'ils agitoient, la jalousie faisoit naître tous les jours de nouvelles disputes, et Athènes étoit le vrai théâtre pour ces sortes de jeux. Ce peuple avoit toujours le même esprit et la même ame : mais les circonstances étoient changées; et il étoit temps qu'il devînt plus frivole que les autres, parce qu'en tout, il avoit toujours été plus que les autres.

Les sophistes étoient chacun bien foibles pour se défendre, et par conséquent, ils étoient chacun bien forts pour attaquer. Animés du desir de la considération, les uns s'étudioient à soutenir les opinions les plus agréables au peuple, les autres s'élevoient contre les idées les plus reçues : deux moyens également faits pour réussir.

C'étoit une conséquence que tout parût bientôt problématique; que, sans se mettre en peine de ce qui est bon ou mauvais, juste ou injuste, l'homme éloquent se crût fait pour changer la nature des choses; que son art fût moins de montrer la vérité, que de vaincre dans la dispute, et qu'enfin il parût beau de soutenir indifféremment le pour et le contre. Il est évident que toutes ces opinions devoient naître; et elles naquirent.

Dans ces circonstances, Zénon vint à Athènes. Il lut aux Panathénées des dialogues, où il faisoit disputer deux sophistes; et ce nouveau genre, conforme au goût du siècle, fut extraordinairement applaudi. On le nomma l'art éristique; et l'art éristique devint la passion favorite des Grecs.

Ce succès augmenta le goût des études frivoles, et donna une nouvelle émulation à ceux qui s'annonçoient pour maîtres dans l'art de parler, et qui ne savoient qu'abuser du langage. Venez à moi, disoit Protagoras, j'enseigne la politique, la morale, la physique. J'enseigne toutes les sciences. Venez, quittez tout, vos parens et vos amis. Dès le premier jour, vous vous en retournerez plus habiles; au second, encore davantage: et à chaque leçon, vous vous appercevrez de la rapidité de vos progrès.

Aucun sophiste ne parut avec plus d'éclat que Gorgias, envoyé par les Léontins, ses compatriotes, pour obtenir des secours contre les Syracusains : il éblouit toute la

Grèce assemblée aux jeux olympiques. Les Athéniens, sur-tout, le regardant comme le dieu de l'éloquence, ne négligèrent rien pour fixer cette divinité parmi eux ; et Gorgias ne rejeta pas un encens offert par le peuple qui avoit le plus de goût. Quelque temps après, pendant la célébration des fêtes de Bacchus, il monta sur le théâtre d'Athènes, et il offrit de parler sur quelque sujet qu'on voudroit lui indiquer. Tout le monde applaudit.

On accourut à l'école de ce sophiste, et son éloquence devint une chose de mode. Elle ne consistoit néanmoins que dans un abus d'antithèses, de consonnances et de tours recherchés. Mais il faut dire, à la gloire des Athéniens, qu'ils mirent enfin les ouvrages de Gorgias à leur juste valeur, et qu'ils ne se souvinrent plus de lui, que pour condamner sa manière d'écrire. Isocrate, qui le suivit, fut plus sage, sans être tout-à-fait exempt des mêmes défauts. Véritablement éloquent, il se fit une réputation durable. Il a été le maître de Démosthène.

Les sophistes célèbres ne pouvoient manquer d'acquérir des richesses, par le nombre des disciples qui fréquentoient leurs écoles : Athènes d'ailleurs leur distribuoit des couronnes, leur élevoit des statues, leur confioit l'administration des affaires : en un mot, elle leur prodiguoit la plus grande considération. Tout invitoit donc à ce genre d'étude.

En quoi consistoit l'art des sophistes.

Leur art néanmoins étoit bien méprisable. Ils se vantoient de deux choses : l'une de parler sans préparation sur toutes sortes de sujets ; l'autre de soutenir indifféremment le pour et le contre.

Pour exécuter la première, Protagoras avoit imaginé de rapporter à différentes idées générales, tout ce qui concerne ce dont on peut avoir occasion de parler ; la cause, l'effet, etc. C'est ce qu'on appela les lieux communs. Par ce moyen, un sophiste n'étoit jamais embarrassé. Il parcouroit ses lieux communs : il s'arrêtoit sur ceux qui lui faisoient naître des idées. A la cause, par exemple, il disoit tout ce qu'on peut dire d'une cause quelconque. Il le ramenoit ensuite à son sujet par quelque transition, ou ne l'y ramenoit pas. Content, pourvu qu'il parlât, il ne connoissoit que l'art de dire des choses vagues, et ses auditeurs ne lui en demandoient pas davantage. Il sembloit que parler sur une matière, ne fût que parler à propos d'une matière, et personne n'y mettoit de différence : c'est ce qui arrive quelquefois encore aujourd'hui.

C'étoit par un artifice aussi grossier qu'on défendoit, tour-à-tour, les opinions les plus contradictoires.

En morale, en politique, en physique, partout, il y a des mots susceptibles de différentes significations. De-là, les propositions où ils entrent, quoique les mêmes, quant au son, varient suivant le sens qu'il plaît à chacun d'y renfermer. Il n'est pas aisé de remédier à cet abus. Au contraire, comme la plupart des hommes ne saisissent qu'à-peu-près la valeur des termes, il leur est bien plus naturel d'en changer l'acception à leur insu, que de la conserver toujours la même. On pouvoit donc, à l'abri d'une équivoque, établir toutes sortes de principes, tirer toutes sortes de conséquences ; il ne falloit même qu'une comparaison, ou qu'une métaphore pour faire une démonstration. C'est par-là qu'on séduisoit ses auditeurs, et qu'on se séduisoit soi-même. On a tant de peine à déterminer l'état d'une question, lors même qu'on agit de bonne foi, qu'il n'est pas étonnant que les sophistes aient tout brouillé, puisqu'ils ne cherchoient qu'à brouiller. Que penser donc de Carnéade, qui, soutenant indifféremment le pour et le contre, n'a jamais défendu d'opinion, qu'il ne l'ait prouvée ; et qui n'en a jamais combattu, qu'il ne l'ait détruite ? Que penser de Ciceron qui l'en loue ? De tout temps, Monseigneur, on a bien mal raisonné.

Conduite de Socrate avec les Sophistes.

Ceux qui s'appuient sur des comparaisons, des métaphores et des équivoques, seroient bien embarrassés, si on les mettoit dans la nécessité d'expliquer clairement ce qu'ils pensent. Tout leur artifice peut être détruit par deux ou trois questions. Socrate en fit, et par-là, il obligeoit de déterminer la signification des mots, il ramenoit forcément à la chose dont il s'agissoit, ou il faisoit tomber dans des contradictions palpables. Je ne sais rien, disoit-il souvent. Expliquez-moi ce mot, développez-moi ce principe. Une réponse donnoit lieu à une nouvelle question. On répondoit encore. Enfin, quand la proposition et la confiance des sophistes étoient bien dans leur jour, Socrate tiroit une conséquence, on la lui accordoit; il en tiroit une autre, on ne la pouvoit nier : et c'étoit une absurdité.

La méthode de Socrate avec ses disciples *Sa conduite avec ses disciples.* étoit aussi simple que celle qu'il suivoit avec les sophistes. Il leur faisoit encore des questions, et les conduisant de ce qu'ils savoient à ce qu'ils ne savoient pas encore, il les engageoit à observer, à réfléchir; il leur enseignoit à chercher ce qu'ils vouloient apprendre de lui, et il leur procuroit le plaisir de l'avoir trouvé. Je suis, disoit-il, à cette occasion, aussi peu fécond que ma mère; mais je fais, comme elle, accoucher ceux qui sont plus féconds que moi.

Il se montroit beaucoup en public, et il se rendoit, sur-tout, dans les lieux où il avoit occasion d'instruire les jeunes gens. C'étoit à table, c'étoit à la promenade, c'étoit en jouant qu'il donnoit ses leçons. Il les donnoit sans aucun étalage de principes. Il paroissoit causer. Ne philosophons pas, disoit-il, pour l'école : philosophons pour la vie civile : il importe bien moins d'être savant, que de savoir vivre.

<small>Il rapportoit toutes les études à l'utilité.</small>

Si supérieur dans l'art de montrer la vérité et de détruire l'erreur, il avoit, sans doute, beaucoup réfléchi sur l'esprit humain, et sur ce qui doit être l'objet de nos recherches. Il connoissoit les études qu'on doit négliger, celles qu'on peut entreprendre, et la manière dont il faut s'y conduire. L'utilité étoit sa règle générale, et sans rejeter les sciences, il en bannissoit l'ostentation et la frivolité.

Fait pour les apprécier, il s'appliquoit à montrer les bornes que nous ne devons pas tenter de franchir. Il vouloit qu'on fût astronome, géomètre, physicien, tout en un mot : mais il vouloit aussi qu'on sût s'arrêter ; et il regrettoit le temps et l'esprit qu'on perdoit à des recherches vaines. Il blâmoit sur-tout la manie des philosophes qui croyoient découvrir l'origine et la génération des choses.

<small>Il s'appliqua sur-tout à la morale.</small>

La morale fut sa principale étude : elle parut naître pour la première fois. Jusqu'à lui, on n'en avoit vu que quelques maximes éparses dans des philosophes qui l'avoient bientôt abandonnée, pour se perdre dans ces systêmes que j'ai exposés. Il étoit réservé à Socrate de l'approfondir, de la faire connoître et de la faire aimer. Il avoit tout pour cela : un amour vif de l'humanité, qui tournoit toutes ses vues sur ce qui pouvoit contribuer au bonheur des hommes; un discernement fin, qui apprécioit tout, et qui ne laissoit rien échapper; une mémoire heureuse qui lui retraçoit tout ce qu'il avoit appris, et qui rapprochoit tous les temps; une combinaison du présent et du passé, si prompte, si juste, qu'on étoit quelquefois tenté de croire qu'un dieu lui dévoiloit l'avenir; enfin, l'art de faire trouver dans les autres, les qualités qu'il donnoit lui-même; en sorte que ceux qui le fréquentoient, se croyant et plus d'esprit et plus de vertu, ne pouvoient manquer d'aimer, et la doctrine et le maître, qui les rendoient plus estimables à leurs propres yeux. Il est donc le premier qui ait rappelé les hommes de la recherche des choses inutiles et au dessus de notre intelligence, à la méditation des choses utiles et à notre portée. C'est ce qui fit dire que, par lui, la philosophie étoit descendue du ciel sur la terre. Il fut un vrai Prométhée.

<small>Le génie de Socrate.</small>   Deux fables, qui se sont répandues après la mort de ce philosophe, peuvent faire juger de l'opinion qu'il laissoit après lui. La première est un oracle, qui avoit prédit à Phénarète la sagesse de son fils : la seconde est un génie qui veilloit sur lui, et qui l'avertissoit de ce qui pouvoit lui arriver.

Il me semble que ce génie auroit dû l'avertir de ne pas épouser Xanthippe, femme avec laquelle il étoit difficile de vivre, et que Socrate, comme il le disoit lui-même, ne souffroit dans sa maison, que pour apprendre à souffrir ce qui se passoit dans la ville. Les avis qu'il lui donnoit, étoient d'une autre espèce : il lui disoit, par exemple, de ne pas passer dans une rue, parce qu'il y rencontreroit un troupeau de cochons. Je conviens qu'on en cite de plus utiles, et qu'on donne pour supérieurs à ce que la raison peut prévoir. Après une déroute, dit-on, quelques Athéniens se trouvant dans un chemin qui se partageoit en deux, le génie avertit Socrate de ne pas prendre à droite, parce qu'il tomberoit entre les mains des ennemis. Ce philosophe, prenant donc à gauche, invita tous les autres à le suivre : mais plusieurs ne voulurent pas l'en croire, et ils eurent sujet de s'en repentir. Quand cette révélation n'auroit pas été imaginée après coup, il est naturel que la connoissance des lieux et de quelques circonstances fasse conjecturer par où les ennemis peuvent arriver.

Socrate n'étoit pas capable d'une imposture. On ne lui a jamais attribué aucun propos qui l'en puisse faire soupçonner : on n'a jamais osé dire qu'il se soit expliqué sérieusement sur ce prétendu génie. Ce mot dans sa bouche n'étoit donc qu'une métaphore, pour exprimer la prudence qui l'avoit garanti de quelques dangers; et il s'en sera servi, comme nous nous en servirions nou. mêmes aujourd'hui. On a parlé de ce génie, d'une manière si positive, on a tant écrit pour savoir si c'étoit un bon esprit, un mauvais, ou toute autre chose, que je n'ai pas cru le devoir passer sous silence.

Ce philosophe n'a point écrit. Sa doctrine nous a été transmise par Platon, qui paroît peu exact, et par Xénophon que vous lirez.

Je vais, en attendant, vous rapporter quelques-unes de ses maximes. Je choisirai surtout celles qui semblent avoir été faites pour vous.

« Il n'y a que frivolité dans ce qu'on
» nomme communément biens. Ce n'est
» point là qu'il faut chercher le bonheur :
» il est dans la science, et tout ignorant
» est malheureux ». En effet, selon Socrate, être savant, c'est avoir des connoissances utiles, ne rien ignorer de ce qui peut nous rendre, chacun dans notre état, chers à la société et contens de nous-mêmes.

« De la science naît la santé de l'ame,
» c'est-à-dire, la justice, la sagesse et la
» vertu : source de sentimens voluptueux.

» Celui qui sait ce qu'il doit faire et qui
» ne le fait pas, est un fou qui se prépare
» des tourmens sans nombre. Celui qui
» l'ignore, et qui croit le savoir, est un
» imbécille. Celui qui s'avoue son igno-
» rance, est dans le chemin des connois-
» sances et du bonheur. Le grand point
» est de commencer par se connoître soi-
» même.

» Un ami vrai qui ose nous dire nos

» défauts, est le plus grand présent des
» dieux. Les flatteurs sont nos plus grands
» ennemis.

» La mort est préférable à une vie hon-
» teuse. Vivez vertueux, et ne craignez ni
» les infirmités, ni les maladies, ni la
» mort. Envisagez d'avance les maux avec
» courage : quand ils arriveront, ils vous
» paroîtront moins durs à supporter.

» Veillez cependant sur la santé du
» corps : mais que ce soit par la sobriété et
» par la tempérance. Du reste, priez la
» divinité, et laissez-lui le soin de vous
» donner ce qu'il vous faut : elle le sait
» mieux que vous.

» On n'est pas roi par le trône, mais par
» la justice.

» Un prince avare ne fait du bien à per-
» sonne : un prince prodigue n'en fait d'or-
» dinaire qu'aux méchans.

» Ce n'est point au milieu de ses cour-
» tisans que règne un roi, ce n'est pas dans
» le faste, dans l'attirail qu'il traîne après
» lui : c'est au milieu de son peuple.

» L'état le plus florissant est celui où il
» y a le plus de citoyens vertueux; et l'état

» où il y a le plus de citoyens vertueux, est
» celui où le souverain est vertueux lui-
» même ».

<small>Fondement de sa morale.</small> Socrate fondoit toute sa morale sur la connoissance d'un Dieu, qui récompensera les bons, et qui punira les méchans. Il le voyoit immense, souverainement intelligent, tout-puissant, parfaitement juste; et il s'en étoit formé cette idée, en considérant que le monde est son ouvrage. Cependant, il reconnoissoit des intelligences moyennes entre Dieu et les hommes. Il les préposoit aux différentes parties de l'univers, jugeant qu'il les faut honorer comme ministres de la divinité, et croyant en conséquence à la divination : tant il est difficile de secouer tous les préjugés de son siècle.

<small>Pourquoi il disoit ne savoir rien.</small> Il disoit souvent, *tout ce que je sais, c'est que je ne sais rien;* et il ne pouvoit rien dire de plus honnête et de plus adroit pour confondre les sophistes dont la Grèce étoit inondée. D'ailleurs que sait l'homme, quand nous songeons à ce qu'il ignore?

<small>Sa mort.</small> Tant de talens et tant de vertus méritoient des autels chez un peuple idolâtre. Ce furent des crimes aux yeux des citoyens

qui usurpoient, ou qui ambitionnoient la tyrannie, et aux yeux des sophistes, qui voyoient diminuer le nombre de leurs disciples, leurs richesses et leur considération. Plus Athènes étoit frivole et corrompue, plus il s'éleva d'ennemis contre Socrate. D'abord on sema des calomnies sourdes : ensuite on osa le produire sur le théâtre : enfin on lui donna les ridicules des sophistes mêmes. A la vérité, le premier mouvement des Athéniens fut d'être révoltés. Ils écoutèrent cependant : ils commencèrent à rire des plaisanteries d'Aristophane: ils finirent par applaudir. Ce moment parut favorable. Socrate fut accusé comme un impie qui vouloit renverser la religion et les lois; et aux yeux du peuple aveugle et superstitieux, l'accusation seule parut un crime prouvé. On ne songea qu'à venger les dieux. Socrate, cependant, ne permit à aucun de ses amis de prendre sa défense, jugeant que sa vie le justifioit assez.

Lorsqu'on vint lui dire que les Athéniens le condamnoient à mort; la nature les y condamne eux-mêmes, répondit ce sage philosophe; et lorsque ses amis l'invitoient à s'enfuir, il leur demanda, s'ils connoissoient hors de l'Attique un lieu où l'on ne mourût pas. Il but donc la ciguë : il vit approcher la mort: il la vit de sang froid, consolant sa femme, ses amis, et raisonnant avec eux sur l'immortalité de l'ame. Il étoit âgé de soixante-dix ans.

A la nouvelle de cette mort, toute la Grèce fut indignée contre Athènes. Les jeunes gens regrettoient un maître : les pères pleuroient celui qui avoit instruit, ou qui devoit instruire leurs fils. Quiconque avoit quelque sentiment de vertu, répandoit des larmes ; et au milieu de cette consternation générale, les calomniateurs de ce grand homme n'osoient se montrer. Les Athéniens reconnurent donc leur crime. Ils condamnèrent à mort Anitus et Mélitus, chefs de l'accusation : ils flétrirent tous ceux qui y avoient eu quelque part : ils élevèrent une statue à Socrate, et ils rappelèrent tous ses amis qui s'étoient exilés.

CHAPITRE XVIII.

De quelques sectes formées par des disciples de Socrate.

Comme un souverain, puissant par la seule supériorité de son génie, laisse après lui, et des états, et des successeurs foibles; tel fut en quelque sorte Socrate. La morale qu'il avoit enseignée, parut perdre tout son éclat et toute sa force; et les sophistes recouvrèrent leurs écoles et leur considération.

<small>Les abus que Socrate avoit combattus, renaissent et se multiplient plus que jamais.</small>

Son nom restoit. Ce nom suffisoit pour donner de la célébrité aux disciples, qui avoient écouté ce grand maître. Sous cet abri ils eurent l'ambition de former de nouvelles sectes. Ils défigurèrent la doctrine de Socrate, ils outrèrent sa morale, et souvent dans leur bouche, ce sage philosophe devint sophiste lui-même. C'est ainsi qu'après lui, les abus qu'il avoit combattus, et qu'il paroissoit devoir détruire, reparurent et se multiplièrent plus que jamais.

De tous ces nouveaux chefs de secte, Phédon est le seul qui paroisse avoir été le fidèle interprète des leçons de Socrate. D'une famille noble d'Élide, contrée du Péloponèse, il avoit été enlevé par des pirates, et réduit en esclavage, lorsque ce philosophe, qui conçut de lui une idée avantageuse, engagea Criton ou Alcibiade à le racheter. Sa secte fut nommée Éléaque, du nom de sa patrie, et il eut pour successeur Plisthène, dont on ne dit rien, sinon que Ménédème d'Érétrée fut son disciple. Celui-ci, après avoir fréquenté bien des écoles, s'attacha principalement à celle de Plisthène, qu'il transporta à Érétrée, d'où elle prit le nom d'Érétriaque. Ménédème, plus célèbre comme homme d'état que comme philosophe, rendit de grands services à sa patrie. C'est à-peu-près tout ce qu'on sait de cette secte, qui, ayant hérité du mépris de Socrate pour les Sophistes, n'avoit pas hérité de ses talens. Elle tomba bientôt dans l'oubli.

Aristippe prit une autre route. Il conserva la morale de Socrate, mais il essaya de la plier aux mœurs du temps et à son caractère. Sa secte fut nommée Cyrénaïque de Cyrène, ville d'Afrique, où il étoit né.

Il avoit été obligé de quitter Athènes, pour échapper à l'envie de ses condisciples, qui ne pardonnoient pas à un barbare d'avoir quelque avantage sur eux. Il s'y trouva néanmoins à la mort de son maître; et quelque temps après, il passa à la cour de Denis le jeune, tyran de Syracuse, où il réussit mieux que Diogène et que Platon; parce qu'au lieu d'affecter le faste philosophique, il employa les moyens les plus adroits pour ramener à l'humanité l'ame d'un prince qui devenoit tous les jours plus féroce. Quoique ce succès eût une seconde fois armé la jalousie contre lui, il revint cependant à Athènes, où il établit son école. Il paroit qu'on l'a beaucoup calomnié. Il ne nous reste aucun de ses écrits.

Il pensoit que la science s'acquiert par le choix, plutôt que par le nombre des lectures. Il la jugeoit préférable à tout : mais il la bornoit aux choses d'usage. Il recommandoit aux sages de communiquer leurs connoissances, de fréquenter les riches, comme les médecins fréquentent les malades, et d'enseigner aux jeunes gens à être ce qu'il est important qu'ils soient un jour. Enfin, une de ses maximes étoit, que le philosophe cherche la justice, et qu'il la suivroit, quand même il n'y auroit point de lois.

D'après cette façon de penser, on peut juger que sa morale ne s'écartoit pas beaucoup de celle de Socrate; et si, comme on le lui reproche, il a mis la fin de la philosophie dans la volupté, il y a lieu de présumer que son dessein n'a pas été d'abuser de ce mot.

Il est le premier qui ait bien parlé sur les sens. Il a vu qu'ils ne nous trompent que par les jugemens que nous joignons à nos sensations; que, propres à nous faire connoître les choses par leurs apparences et par leurs rapports à nous, ils ne sauroient faire découvrir ce qu'elles sont en elles-mêmes; et qu'enfin les causes de nos sensations sont telles que nous les ignorerons toujours. Je serois porté à croire qu'il tenoit ces principes de Socrate, qui ayant démêlé le faux des systêmes, n'a pas, sans doute, ignoré ces vérités.

Aristippe eut un disciple célèbre dans sa

fille Arété. Elle se distingua parmi les femmes savantes. Elle eut même plusieurs disciples, parmi lesquels fut son fils, qu'elle nomma Aristippe. Cependant cette secte ne dura guère au-delà d'un siècle, encore se divisa-t-elle en plusieurs autres qui s'éteignirent dès leur naissance.

On pouvoit outrer la morale de Socrate, *Les Cyniques.* et on l'outra. Pour être vertueux, les Cyniques imaginèrent de renoncer à toutes les commodités de la vie. Ils alloient vêtus de haillons : ils n'avoient pour équipage qu'un bâton et une besace : ils se nourrissoient des mets les plus communs ; sans habitation, ils couchoient dans la rue, dans les lieux publics, au premier endroit où la nuit les surprenoit, glorieux de pouvoir se passer de toutes les choses dont on s'étoit fait des besoins.

En conséquence, ils condamnoient tous les arts, ou comme inutiles, ou comme dangereux ; et, s'élevant contre toutes les études, le sage, disoient-ils, n'a rien à apprendre : puisqu'il est vertueux, il sait tout ce qu'il faut savoir : rien ne lui manque, parce qu'il ne desire rien : il ne dépend point de la fortune, parce qu'il ne s'y abandonne jamais : il n'a point de reproches à se faire, parce qu'il ne fait point de fautes. Seul digne d'estime et d'amour, il ne peut estimer ni aimer, que son semblable : la vertu est son unique fin.

Si on considère les vices répandus dans la Grèce, et l'abus qu'on y faisoit des sciences, ces excès paroîtront excusables. J'en fais trop, disoit Diogène, afin que ceux qui me suivront en fassent assez. Cependant les Cyniques n'étoient que des enthousiastes.

Cet enthousiasme de vertu paroissoit leur donner le droit de s'élever contre les vices: droit dont ils usoient avec d'autant plus de liberté, qu'ils n'avoient rien à acquérir, ni rien à perdre. Les railleries, les satyres, les invectives furent leurs armes, et ils ne ménagèrent personne.

Voilà le caractère d'esprit, qui étoit commun à tous les Cyniques. D'ailleurs, le maître n'exigeoit pas que le disciple pensât toujours comme lui ; et le disciple ne s'assujettissoit pas à penser toujours comme son maître : il étoit libre à chacun de prendre pour modèles les hommes qu'il reconnoissoit pour les plus sages.

Faits pour avoir des admirateurs et des ennemis, s'ils furent applaudis, ils furent haïs. Mais le ridicule qu'on pensoit jeter sur eux ne les décourageoit pas. Tous les jours plus rigides et plus inconsidérés, ils continuèrent de fouler aux pieds les usages, les arts, les sciences, les idoles et le culte.

Tout dégénère, et sur-tout les vertus portées à l'excès. D'ailleurs comme il est plus aisé de les contrefaire, cette secte parut appeler à elle tous ceux qui, sans mérite, furent ambitieux de se faire un nom. Les Cyniques passèrent donc du mépris des vices au mépris des mœurs et des bienséances. Ils devinrent impudens : ils mirent la sagesse à ne rougir de rien : ils furent vicieux, et le furent sans honte. Il ne faut pas néanmoins confondre ces Cyniques avec ceux dont je vais parler.

Antisthène, Athénien, a été le chef de cette secte. Dégoûté des leçons de Gorgias il avoit passé à l'école de Socrate, où il entraîna le plus grand nombre des disciples de son premier maître. Se préparant dès-

Antisthène chef des Cyniques.

lors à exécuter le projet qu'il méditoit, il affectoit d'être misérablement vêtu; et même il paroissoit craindre qu'on ne remarquât pas que ses habits tomboient en lambeaux. *Pourquoi*, lui dit un jour Socrate, *cette ostentation avec nous?*

La sagesse décente du maître contint le disciple. Mais à peine Socrate fut mort, qu'Antisthène laissa croître sa barbe, quitta son vieux habit pour s'affubler d'un manteau encore plus vieux, prit une besace, un bâton, et alla de la sorte, prêchant la vertu, avec éloquence, à la vérité, mais avec des dehors qui n'invitoient pas à le suivre. En effet, personne ne vint à lui. Alors indigné de la corruption des mœurs, il résolut de ne point former de disciple.

Diogène disciple d'Antisthène.

Sur ces entrefaites, Diogène se présente, on le repousse : il presse, il insiste; on le menace, on lève le bâton sur lui. Frappe, dit-il, mais instruis-moi.

Diogène, d'une imagination plus ardente, et plus propre, s'il est possible, à l'enthousiasme, perfectionna le cynisme, c'est-à-dire, qu'il renchérit sur les excès de son maître. C'est lui qui trouva le premier qu'une habitation est de trop, et qu'il ne convient point au sage de coucher ailleurs que dans la rue. C'étoit Socrate fou, comme l'appeloit Platon : mais Platon étoit peut-être un fou d'une autre espèce, et il n'étoit pas Socrate.

Diogène jouissoit, parmi les Athéniens, de la réputation que donnent le mérite et la singularité, lorsqu'ayant entrepris un voyage à Egine, il fut pris par des pirates, et conduit en Crète pour être vendu. On lui demanda ce qu'il savoit faire. Je sais commander : qu'on me vende, dit-il, à celui qui a besoin d'un maître, à cet homme, en montrant Xéniade, corinthien. Xéniade l'acheta, l'emmena à Corinthe, lui confia l'administration de ses affaires, la conduite de sa maison, l'éducation de ses enfans, et la sienne propre.

Diogène étoit à Corinthe, dans le temps même qu'on veut qu'il ait eu une entrevue à Athènes avec Alexandre. Il seroit à souhaiter qu'on n'eût pas fait d'autres fables sur son compte : car la calomnie, qui l'a voulu noircir, lui a reproché des débauches, qui sont démenties par sa doctrine et par sa conduite.

On dit qu'un des fils d'Onésicrite étant venu à Athènes, ne vouloit plus retourner à Égine, ne pouvant se résoudre à quitter un lieu où il avoit le plaisir d'entendre Diogène. Le père envoya un autre fils, qui fut retenu par les mêmes attraits. Enfin il les vint chercher lui-même, et il resta comme ses fils. Il est certain que l'école de ce philosophe fut fréquentée par des hommes propres à lui faire honneur. Tel, entre autres, fut Phocion. Mais de tous ses disciples le plus fameux, c'est Cratès.

Cratès disciple de Diogène.

Né à Thèbes, avec de gands biens, Cratès les abandonna pour se dévouer au cynisme. Quelque temps après, ayant fait la conquête d'Hipparchia, qui avoit des richesses et de la naissance, il agit de concert avec les parens pour la détourner de l'épouser. Il montra sa misère, il montra sa bosse, car il étoit contrefait : mais elle s'obstina, disant qu'elle ne connoissoit personne qui fût ni plus riche ni plus beau. Son père lui donna donc un manteau, une besace, un bâton, et ce fut une fille établie. Elle se rendit célèbre.

D'où les Cyniques ont tiré leur nom.

On croit que les Cyniques ont d'abord tiré leur nom du cynosarge, c'est-à-dire, temple du chien blanc, lieu où Antisthène enseigna. Dans la suite ils l'ont conservé, parce qu'on les comparoit à des chiens qui aboient et qui mordent. Ils ne s'offensoient point eux-mêmes de cette comparaison.

Nous avons vu la doctrine de Socrate, *La secte Mégarique.* conservée par Phédon, accommodée aux mœurs du temps par Aristippe, et outrée par Antisthène. Il ne manque plus que de voir une secte de sophistes, sortir de cette même école.

Euclide, de Mégare, venoit à Athènes, attiré par le désir d'entendre Socrate, lorsque, peu de temps après, les Athéniens portèrent un décret de mort contre tout Mégarien qui paroîtroit dans l'Attique. Ne pouvant se résoudre à se priver d'un entretien dont il sentoit tout le prix, Euclide imagina de se déguiser en femme; et, profitant de l'obscurité de la nuit, pour entrer dans la ville, il en sortoit avant le jour. Malheureusement il avoit beaucoup lu les livres de Parménide. Imbu donc des dogmes de la secte Éléatique, il profita mal des leçons qu'il achetoit au risque de sa vie. Socrate le lui reprochoit souvent. Vous vous accommodez, lui disoit-il, beaucoup mieux des sophistes que de moi. Vous voyez, Monseigneur, quelle est la force des premières habitudes.

En effet, du vivant même de Socrate, Euclide fonda l'école Mégarique, dans laquelle il enseigna moins la philosophie, que l'art de disputer sur tout. Sa méthode étoit de convenir d'abord de quelques principes, de tirer ensuite rapidement plusieurs conséquences, de presser par-là ses adversaires, et de les déconcerter. Il devoit ce foible avantage à une imagination vive et bouillante, qui vraisemblablement ne lui permettoit pas d'avoir l'esprit juste. Cette manie, au reste, ne prenoit point sur son caractère. Il étoit doux et honnête : il en donna sur-tout des preuves, lorsque Platon et d'autres philosophes se réfugièrent à Mégare, après la mort de Socrate.

Eubulide, qui lui succéda, se fit un nom célèbre, parce qu'il inventa des sophismes, et qu'il en fit différentes classes. Rien n'est plus frivole. Il faut cependant que j'en apporte des exemples, afin de vous faire voir qu'on pouvoit ignorer ce que c'est que l'esprit, dans un siècle où il y en avoit beaucoup : reproche qu'on peut faire, plus ou moins, à tous les siècles.

Connoissez-vous votre gouverneur ? Oui. Connoissez-vous cette personne couverte d'un voile ? Non. Vous ne connoissez donc pas votre gouverneur : car c'est lui. Ce sophisme s'appeloit *le voilé.*

Si, à un premier grain, j'en ajoute un second, vous direz : ce n'est pas un monceau. Mais si j'en ajoute un troisième, un quatrième, et ainsi successivement, il arrivera enfin qu'après un dernier grain ajouté, vous direz : voilà un monceau. Un grain fait donc un monceau. Ce sophisme se nommoit *sorite* ou entassement; et on donnoit le nom de *cornu* à celui-ci. *Vous avez ce que vous n'avez pas perdu. Or vous n'avez pas perdu des cornes. Donc, vous avez des cornes.*

Vous voyez que, lorsque Socrate ne fut plus, on en déraisonna davantage. Sa mort, qui rendit aux sophistes la liberté d'être absurdes, fut l'époque où les écoles se multiplièrent plus que jamais. Un homme ramassoit des sophismes, il en faisoit un corps, il s'arrêtoit quelque part, il disoit : *j'enseigne ici*, et aussitôt il avoit des disciples. C'est ainsi qu'on déliroit dans toute la Grèce.

CHAPITRE XIX.

De Platon.

PLATON descendoit, par son père, de Co- Merveilleux qu'on a répandu sur l'enfance de Platon. drus; et de Solon, par sa mère : mais parce qu'on n'a pas trouvé cette origine assez belle, on l'a fait fils d'Apollon. Il naquit dans l'intervalle de 425 à 430 avant J. C. Peu de temps après, un essaim d'abeilles vint voltiger autour de ce divin enfant, et déposa du miel sur ses lèvres; ce qui fut un présage de l'éloquence dont il seroit doué. On dit encore que Socrate racontoit avoir vu en songe un cygne qui étoit venu se reposer sur son sein, et que, Platon lui ayant été presenté dans le moment qu'il en parloit, il dit : *voilà le cygne que j'ai vu.* Les Grecs, qui voyoient facilement des prodiges, vouloient que tout fût extraordinaire dans un homme dont ils admiroient l'éloquence. On croyoit alors que le cygne avoit la voix fort mélodieuse.

Platon renonce à la poésie.

Platon avoit cultivé la peinture, et surtout la poésie ; lorsqu'à l'âge de vingt ans il entendit Socrate pour la première fois. Dès ce moment, il résolut de se livrer tout entier à la philosophie, brûlant plusieurs pièces de théâtre, et des poëmes épiques, qu'il jugeoit trop au-dessous de ceux d'Homère : modestie d'un bon augure dans un fils d'Apollon.

Ses voyages dans la grande Grèce et en Égypte.

Son dessein néanmoins ne fut pas de se borner aux études de Socrate. Plus avide d'opinions que de connoissances, il avoit déjà étudié la philosophie d'Héraclite, sous Cratile, et celle de Parménide, sous Hermogène. Après la mort de Socrate, il étudia sous Euclide, l'art de disputer, qu'on nommoit alors dialectique, et il entreprit plusieurs voyages.

Son premier voyage fut dans la grande Grèce, où la secte Italique florissoit encore. Il eut quelque accès auprès des Pythagoriciens. De là il se rendit à Cyrène, où il apprit la géométrie sous Théodore. Il parcourut ensuite l'Égypte, et, la guerre ne lui ayant pas permis de voir la Perse ni les Indes, il revint en Italie, où les Pythagoriciens parurent s'ouvrir à lui, plus qu'ils n'avoient fait la première fois. Quelques années après il acheta leurs écrits. C'est-là qu'il put puiser des opinions. Quant à son voyage en Égypte, il lui fut vraisemblablement inutile, parce qu'il ne fut initié nulle part.

De retour à Athènes, Platon trouva les circonstances les plus favorables. De toutes les écoles ouvertes par les disciples de Socrate, la seule considérable étoit celle d'Aristippe, qui avoit contre lui sa qualité d'étranger : car les Athéniens, qui lui auroient pardonné d'être savant en Afrique, ne paroissoient pas lui pardonner de l'être en Grèce.

Il établit son école dans un gymnase, nommé académie.

Il y avoit, hors des murs d'Athènes, un gymnase, nommé académie, d'Académus ou d'Écadémus, à qui ce lieu avoit appartenu. Il étoit planté d'arbres, et orné d'autels consacrés à l'Amour, aux Muses, à Minerve, etc., et de plusieurs monumens élevés en l'honneur des Athéniens les plus illustres. Ce fut là, au milieu des dieux et des mânes des grands hommes, que Platon établit son école, dans une maison qu'il tenoit de ses pères : et c'est de ce lieu que ses sectateurs ont été nommés académiciens.

Ses voyages en Sicile. Il interrompit le cours de ses leçons pour faire trois voyages en Sicile. Dans le premier qu'il entreprit pour observer les feux du Mont Etna, il fut introduit à la cour de Denis l'ancien, roi de Syracuse. Dion, son disciple, le présenta : persuadé que tout étoit possible à une éloquence qui le remuoit et le subjuguoit, il ne douta point qu'elle ne dût changer le caractère du tyran. Platon parla donc, ou plutôt il déclama contre la tyrannie, et dit, fort inconsidérément, de grandes vérités.

Il fallut bientôt quitter la Sicile, qu'il ne croyoit plus un lieu sûr pour lui. Mais la vengeance du tyran le poursuivit : il fut vendu dans l'île d'Égine. Annicéris, disciple d'Aristippe, se hâta de le racheter, et refusa d'être remboursé par ses parens, disant qu'ils n'étoient pas les seuls à qui ce philosophe appartenoit. Rendu à son école, Platon reçut des lettres de Denis. Ce prince voulut se justifier d'une trahison qui le déshonoroit; mais ce philosophe lui répondit que ses occupations ne lui permettoient pas de se souvenir d'un roi de Syracuse.

Denis mourut. Denis le jeune, son fils et son successeur, échauffé par les discours de Dion, invita Platon à le venir voir, et offrit de lui donner une ville pour exécuter un nouveau plan de république. Le philosophe, qui ne put se refuser à de pareilles offres, partit, et fut reçu magnifiquement : on fit même des sacrifices pour rendre graces aux dieux de son arrivée. Mais bientôt tout changea. Dion fut banni, et Platon se vit entouré de gens, qui, sous prétexte de rendre hommage à son mérite, observoient sa conduite et ses discours. Après avoir néanmoins été livré quelque temps à cette situation, il obtint la permission de se retirer : on lui laissa même concevoir l'espérance de ramener un jour Dion à Syracuse.

Comme cette retraite pouvoit faire tort à la réputation de Denis, ce prince se hâta d'appeler à sa cour les philosophes les plus célèbres, Aristippe, Diogène, etc. Ils vinrent. Mais enfin, jugeant que Platon lui manquoit encore, il lui écrivit : il lui fit écrire par la femme et par la sœur de Dion, par des Pythagoriciens qui étoient à Syracuse. Tous le pressèrent, tous se rendirent caution pour le tyran ; et Platon revint en Sicile pour la troisième fois. Aristippe jugea qu'il en seroit de ce voyage comme des deux autres : il ne se trompa pas.

Platon et Denis se recherchoient, se craignoient, et dissimuloient également. Le tyran, pour écarter tout soupçon, affectoit de combler d'honneurs le philosophe, et le philosophe, pour cacher son inquiétude, affectoit de se livrer avec confiance au tyran. Il ne falloit plus qu'une circonstance pour les faire sortir l'un et l'autre d'une situation où ils étoient si mal à leur aise. Elle se présenta, ou plutôt Platon eut l'imprudence de la faire naître : il parla en faveur d'un homme accusé d'être l'auteur d'une sédition. Denis alors ne dissimula plus ; et Platon, chassé de la cour, fut abandonné aux insultes de ses ennemis.

Cependant les Pythagoriciens ayant représenté qu'il étoit venu sur leur parole, le réclamèrent et obtinrent la permission de l'emmener. Denis même, forcé à respecter la réputation d'un homme qu'il haïssoit, ne crut pas devoir s'en séparer, sans lui avoir donné de grands témoignages d'estime et d'amitié. Il lui fit présent de quatre-vingts talens.

Platon consacra le reste de ses jours à la philosophie et à son école. Après sa mort on lui éleva un tombeau dans l'académie, une statue, un autel; il fut gravé sur les monnoies, et ses sectateurs, pendant long-temps, célébrèrent le jour de sa naissance. Il mourut, dit-on, âgé de 81 ans, le même jour qu'il étoit né. Ce n'est pas qu'on puisse assurer le jour de sa naissance : mais on regardoit comme un prodige qu'un homme eût précisément vécu neuf fois neuf ans.

Les principales circonstances de la vie de Platon, nous font connoître son caractère, et nous montrent que les sources où il a puisé, sont Héraclite, Parménide, Socrate, Euclide, Théodore et Pythagore. Il donna la préférence à ce dernier, parce qu'il étoit moins connu : mais il emprunta quelque chose des autres; et de plusieurs systêmes il en fit un, qui prit le coloris de son style. Il avoit le talent de donner des couleurs aux objets, sans répandre sur eux aucune lumière : deux choses qui paroissoient se contredire, et qui s'allient néanmoins, quand on a beaucoup d'imagination, et qu'on est mauvais métaphysicien.

Les Grecs étant remplis de respect pour la mémoire de Socrate, et en même temps avides de nouveautés, il y avoit deux moyens de se rendre célèbre : l'un de se donner pour disciple de ce philosophe, et l'autre, d'introduire une nouvelle philosophie. Platon réunit ces deux moyens, en faisant parler Socrate comme Pythagore ; et il se fit un nom, parce qu'il donnoit à l'un ce qu'il déroboit à l'autre. Du vivant même de Socrate, il osa faire usage d'un pareil artifice. *Combien de mensonges*, disoit ce sage philosophe; *ce jeune homme débite sous mon nom !*

Pourquoi les opinions de Platon doivent être étudiées.

Ses opinions ne paroissoient qu'un délire, qui mériteroit peu de nous occuper : mais comme ce délire a duré, il est nécessaire de le faire connoître. Il ne seroit pas possible de suivre l'esprit philosophique dans les siècles postérieurs, si on n'observoit pas d'abord Platon comme un philosophe dont l'imagination devoit être contagieuse. C'est sous ce point de vue que je le vais considérer. L'histoire s'occupe de ceux qui ont retardé les progrès de la raison, comme de ceux qui les ont avancés.

Toute sa philosophie est répandue dans des dialogues. Cette forme eût été très-propre à faire connoître les sentimens de Socrate, ainsi que la force et l'adresse avec laquelle il combattoit les sophistes. Il ne falloit que transcrire les conversations de ce philosophe, pour en faire un portrait fidelle et intéressant. Mais Platon trouvoit d'autres avantages dans cette forme : c'étoit de pouvoir parler de tout sans rien approfondir, de pouvoir passer sans ordre de question en question, et de pouvoir enfin cacher ses opinions ; en sorte qu'on eût de la peine à deviner si c'étoient les siennes qu'il exposoit, ou celles de ses interlocuteurs. Il y a des choses, disoit-il, sur lesquelles il n'est ni possible ni permis de dire tout ce qu'on pense. Cela est vrai : mais il faut être clair, quand il est permis de l'être ; et cela est toujours possible, quand on s'entend soi-même.

Pourquoi il les a exposées dans des dialogues.

<small>Inscription qu'il avoit mise sur la porte de son école.</small>

Une inscription qu'il avoit mise sur la porte de son école, en défendoit l'entrée à tout homme qui ignoroit la géométrie. C'est des Pythagoriciens qu'il avoit appris à faire cas de cette science. Mais, ainsi qu'eux, il l'estimoit sans en connoître le prix. Aucun de ces philosophes ne savoit l'appliquer à la physique, ils ne s'en doutoient seulement pas. Ce n'étoit guère pour eux qu'une science abstraite, qui préparoit l'esprit à d'autres abstractions. Ils se croyoient physiciens, quand ils avoient imaginé des rapports et des proportions qui ne sont point dans la nature ; et de médiocres géomètres, ils devenoient mauvais métaphysiciens. Cependant la géométrie, étant alors peu connue dans la Grèce, donnoit du savoir de Platon une idée d'autant plus grande, qu'elle fermoit l'entrée de son école au grand nombre.

<small>Il distingue trois parties dans la philosophie.</small>

Platon distingue trois parties dans la philosophie : la physique, la dialectique et l'éthique. Je ne vous exposerai pas ce qu'il dit sur chacune : il seroit difficile d'y trouver des vérités bien développées. La manière dont il raisonne, est l'unique chose qui puisse intéresser votre curiosité, et vous instruire.

Sa physique traite proprement de l'origine et de la génération de toutes choses; en supposant que rien ne se fait de rien; et les notions qu'il se fait à ce sujet, sont les fondemens de sa dialectique et de son éthique. N'êtes-vous pas étonné de cette manie qui fixe si long-temps l'esprit humain sur des recherches, où les découvertes sont impossibles? Cette manie viendra cependant jusqu'à nous.

Pour vous faire connoître la philosophie de Platon, il faut remettre sous vos yeux ce qui a été dit avant lui, et sur-tout vous développer des choses sur lesquelles j'ai passé légèrement, afin d'éviter des répétitions où Platon m'auroit entraîné.

<small>Principes et raisonnemens des philosophes qui ont précédé Platon.</small>

Un fleuve n'est jamais deux instans le même : c'est ainsi que toute la matière coule en quelque sorte, et change d'un instant à l'autre. L'eau que je vois n'est plus celle que j'ai vue : elle passe au moment même que je parle, et j'en vois une autre qui est déjà passée. Voilà l'image de l'univers sensible : il est comme le temps, il n'est rien. Qu'est-ce en effet que le temps, ce fleuve immense, qui entraîne et précipite tout avec lui? Le passé n'est plus, l'avenir n'est point encore, et le présent nous échappe.

Cette idée a paru si lumineuse aux anciens, que presque tous ont dit : *il n'y a point de science de ce qui change, et par conséquent ce qui change n'est rien.* Où est donc la réalité? C'est ici qu'ils ont fait un usage singulier de la géométrie.

Les objets de cette science sont permanens et immuables, parce que ce sont des notions générales et abstraites. En vain tout change, les idées de proportion demeurent et ne varient jamais. Voilà, a-t-on dit, voilà les êtres. Les corps proprement n'ont point de réalité. Ils n'en ont qu'une d'emprunt; ils n'en ont qu'autant qu'ils participent à ce qui ne change point. Il y a donc des essences qui sont toujours et toujours les mêmes, et qui, par cette raison, sont seules l'objet de la philosophie.

Pythagore, raisonnant d'après ces idées, eut sans doute de la peine à trouver un premier principe permanent. Que fit-il? Il subtilisa la matière : il imagina un feu qui ne tombe pas sous les sens : et parce qu'on ne peut pas observer les changemens d'un feu de cette espèce, il crut tenir un être immuable.

Ce feu fut Dieu. De lui émanent les essences immuables comme lui; et de ces essences émanent les choses qui changent, c'est-à-dire, les corps.

Ce feu est un esprit. Il est invisible, intelligent, tout différent de la matière. Il donne le mouvement à tout : il se répand dans toutes les parties de l'univers : de lui naissent nos ames, et des esprits de toute espèce.

Dans ce système, Héraclite ne vit avec raison que de la matière. Il admit, avec Pythagore, que le feu est le principe de tout; mais il conclut qu'il n'y a rien d'immuable. Tout change continuellement, selon lui, et les corps, et les esprits, et Dieu même. Ce n'est qu'une révolution continuelle, où tout naît pour périr, et périt pour renaître. Cette manière de raisonner est au moins plus conséquente. Ce philosophe croyoit pourtant qu'il n'y a point de science de ce qui change. Quelle règle avoit-il donc pour s'assurer de quelque chose? Il n'est pas possible de le deviner : on entrevoit seulement de grandes absurdités, où il n'est pas nécessaire de le suivre.

Les Éléatiques, comme vous l'avez vu, ont cherché la réalité, les uns dans un seul être général et abstrait, les autres dans les atomes, et quelques-uns dans nos sensations mêmes.

Socrate vit toutes ces opinions comme des délires de gens dont la folie est de se croire sages. Il dit, ou du moins il put dire : il y a un Dieu. Tout en parle dans la nature : tout prononce son nom. Il est eternel, immense, infini, tout intelligent, tout-puissant : il est tout différent de la matière. Je n'en sais pas davantage : je crois même qu'il seroit raisonnable de se borner à n'en savoir pas plus que moi, et d'observer les rapports que les choses ont à nous, plutôt que de chercher ce qu'elles sont, et comment elles sont.

Idée que Platon se fait de Dieu. En suivant ce conseil, on se fût trouvé dans le chemin des découvertes. Mais on continua de marcher sur les anciennes traces ; et, d'après les mêmes principes, on répéta les mêmes absurdités, parce qu'il n'y en avoit pas d'autres à dire. Platon en est un exemple. Tout le fond de son système est renfermé dans les systêmes que je viens d'exposer. Il ne fait qu'emprunter des uns et des autres. Si ce sont des idées contradictoires, ou il ne s'en apperçoit pas, ou il entreprend de les concilier.

Il pense, d'après Socrate, que Dieu est une cause première et unique de l'univers; qu'il est souverainement bon, souverainement puissant, souverainement intelligent. Il en parle magnifiquement: il en reconnoît la liberté, l'immutabilité, la providence. Il le dit même incorporel, et tout différent de la nature.

Cependant il rêve, d'après Pythagore et d'après Héraclite, que ce Dieu même n'est qu'un feu; et comme le premier, il ne voit plus de matière dans la matière rendue subtile.

Le système le plus généralement reçu avant lui, supposoit deux principes, également éternels, également nécessaires, et d'une nature tout-à-fait opposée; mêlés cependant, et confondus ensemble, pour ne former qu'un tout, dont l'un étoit l'ame et l'autre le corps. L'univers devenoit l'effet nécessaire de cette union. Dieu ne pouvoit pas ne pas agir, et il ne pouvoit agir que sur la matière dans laquelle il existoit, et qui par-là s'arrangeoit nécessairement.

Anaxagore changea le premier ce système, ou plutôt il le corrigea. Il ne considéra pas ces deux principes, comme ne formant qu'un tout : il les sépara; il leur donna des attributs différens. La matière ne fut qu'un chaos, une masse informe, sans mouvement et sans vie. Dieu n'eut rien de commun avec elle : il n'en fut pas l'ame, il fut l'artisan qui la mit en œuvre. Elle se meut, parce qu'il la veut mouvoir : l'ordre s'établit, parce qu'il le règle : et l'univers sort du chaos. Cette idée est belle : elle nous retrace au moins un être intelligent, puissant et libre.

Idée que Platon se fait de la matière.

Platon voulut l'adopter en partie; et quoique son Dieu ne fût qu'un feu, et fût par conséquent bien différent du Dieu d'Anaxagore, il le sépara de la matière, et le représenta avec tous les attributs de la divinité. Mais il rejeta ce chaos où tout est supposé dans un repos parfait; et il en substitua un autre, où le mouvement ne cessant point, entretient toujours le désordre. Il imagina donc la matière mue de toute éternité sans règle, se divisant, se subdivisant à l'infini ; n'ayant aucune consistance, aucune forme, aucune qualité, aucune propriété. Il l'imaginoit ainsi, afin de pouvoir dire : elle change toujours ; donc on ne la peut pas connoître, car il n'y a point de science de ce qui change.

Cette matière, dépouillée de toutes ses modifications, n'est qu'une notion abstraite. Or ce seroit un grand travers que de faire naître les objets sensibles d'une idée, qui n'existe que dans notre manière de concevoir. Voilà pourtant d'où ils naissent. Selon Platon, Dieu ne crée rien : il ne meut rien : il règle seulement, autant qu'il peut, le mouvement que la matière a déjà par elle-même. Je dis *autant qu'il peut* : car la matière, nécessairement mue de toute éternité, résiste plus ou moins à l'action de Dieu ; et c'est-là la cause des imperfections qu'on remarque dans l'univers.

<small>Comment dans ses principes se forme l'univers sensible.</small>

L'ordre s'établit donc, et quoiqu'imparfait, il donne naissance aux formes, aux figures, aux qualités : et l'univers sensible sort de cette matière qui ne tombe pas sous les sens.

Vous commencez à voir comment Platon, voulant passer pour l'auteur d'un nouveau système, prend dans tous, sans en adopter aucun. Semblable au Dieu qu'il imagine, il agit sur une matière préexistante, et il l'arrange autant qu'il peut.

Les essences de Platon. La matière change, dit ce philosophe, en raisonnant comme Pythagore. Elle ne sauroit donc être l'objet de la science. Les choses sensibles ne méritent donc pas le nom d'êtres. La réalité de tout ce qui existe, est donc dans les essences éternelles, immuables, nécessaires.

Ces essences se nomment idées. Elles existent donc dans l'entendement divin, comme dans leur source. Elles en émanent pour exister chacune à part : ce sont autant d'êtres : ce sont même autant de dieux ; car tout ce qui est en Dieu, est Dieu.

Elles prennent encore différens noms, suivant les rapports sous lesquels on les considère. Par rapport à Dieu, elles sont la raison même. Par rapport à nous, elles sont tout ce qui est proprement intelligible, parce qu'il n'y a d'intelligible que ce qui est immuable. Par rapport à la matière, elles sont ce qui lui donne différentes formes. Par rapport au monde sensible, elles sont l'exemplaire que Dieu a consulté, lorsqu'il l'a voulu produire : elles sont un monde intelligible. En elles-mêmes enfin, elles sont des êtres, des dieux.

Tout ce qui émane de Dieu, est Dieu, selon Platon. Quelle est donc cette suite d'émanations par laquelle la divinité descendra jusques dans la matière, sans que les parties de cette matière deviennent autant de dieux? Voici ce que ce philosophe imagine.

Ce qu'il appelle l'âme du monde.

Cette raison, cet exemplaire, dont nous venons de parler, est une substance qui vient immédiatement de Dieu. Elle doit donc lui être tout-à-fait semblable. Mais ce qui en vient par une seconde émanation, en est plus éloigné, et doit, par conséquent, être moins parfait. Il n'y a donc qu'à supposer une ame qui naisse de cet exemplaire, de cette raison, elle participera de Dieu, parce qu'elle en émane ; et elle participera de la matière, parce qu'elle y sera unie.

Ainsi Platon se représente cette ame, comme un être mitoyen. C'est un troisième principe qu'il ajoute à Dieu et à la matière. C'est un moyen, un instrument avec lequel Dieu produit l'univers sensible. C'est une espèce de canal, par lequel la source divine répand ses eaux, et donne la vie à tout ce qu'elle arrose. C'est un exemplaire, qui est en même temps dans Dieu et hors de Dieu en quelque sorte, comme le dessein d'un bâtiment est tout-à-la fois dans l'esprit de l'architecte, et sur le papier où il est tracé.

Vous voyez que, plus ce philosophe emploie d'expressions pour se faire entendre, moins on l'entend. On entrevoit seulement qu'il veut expliquer le système des émanations. Continuons.

<small>Dieux et démons qui émanent de cette ame.</small> Cette ame n'a été produite que lorsque Dieu a voulu former l'univers. C'est elle qui réglant le mouvement, a mis de l'ordre où il n'y avoit que du désordre; et qui, s'insinuant dans toutes les parties de la matière, les a préparées à recevoir les essences divines.

C'est de ces essences que l'univers reçoit toutes ses formes, toutes ses propriétés. Il est donc l'image de la divinité, il est le fils de Dieu; et ses parties principales, le soleil, la lune, la terre, etc., sont des dieux elles-mêmes. Mais ces dieux sont moins parfaits que le Dieu suprême, parce qu'au lieu d'émaner immédiatement de sa substance, ils n'émanent que de cette ame, de cet être mitoyen, par où la divinité se répand et se communique.

Cette ame est par-tout : il y a donc des dieux par-tout. Or ces dieux qui se multiplient à l'infini, sont proprement ce qu'on nomme démons. Voici comment le Dieu suprême leur parle:

O vous, qui êtes mortels, puisque vous avez été produits, vous serez immortels : je le veux, ma volonté assure votre existence. Vivez pour m'imiter. Formez, multipliez les animaux. Il ne me convient plus de rien produire : je ne ferois que des dieux. Mais voilà une semence divine : je vous la donne; elle animera vos ouvrages. C'est par vous que doit naître tout ce qui doit périr. Allez, je vous laisse le soin de l'univers.

Dieu confie aux démons une semence pour animer leurs ouvrages.

Il y a donc deux sortes de dieux : les uns éternels, et ce sont les idées ou les essences;

Ces démons sont des médiateurs entre Dieu et les hommes.

les autres produits, mais qui ne mourront point, et ce sont les démons. Ceux-ci, d'une nature moyenne, se distribuent en plusieurs classes, ils sont des médiateurs qui portent les prières des hommes aux dieux, et les volontés des dieux aux hommes. De-là, la divination, le culte idolâtre, et toutes les superstitions du paganisme.

Toutes les ames sont renfermées dans la semence qui est confiée aux démons.

Quant à cette semence confiée aux démons, elle émane de l'ame du monde, et elle renferme toutes les ames destinées aux différentes espèces d'animaux, c'est-à-dire, tous les êtres spirituels du dernier ordre, et les moins parfaits par conséquent. Platon néanmoins pense que les ames des héros, supérieures à celles des autres hommes, sont des démons; et c'est, selon lui, par cette raison qu'on leur élève des autels.

Ce sont les démons qui les forcent à descendre dans les corps.

Les ames ne descendent pas dans les corps par choix. Elles y sont entraînées par les démons, à qui le Dieu suprême a donné le soin de former l'homme; et c'est malgré elles, parce que les corps sont des prisons, dans lesquelles les facultés de ce qu'elles ont de divin sont empêchées, et ne s'exercent qu'avec peine.

Nous pouvons donc considérer nos ames dans l'ame du monde où elles ont existé, et dans les corps où elles existent. Dans l'ame du monde, elles participoient aux perfections divines, et, par conséquent, elles voyoient les essences. Dans les corps, elles participent aux imperfections de la matière, et, par conséquent, elles ne voient plus les essences : elles sont ignorantes, et leur ignorance est la cause du mal moral.

La science que nous acquérons, n'est qu'une réminiscence.

Cependant elles ne sont pas nécessairement ignorantes. Elles peuvent se dégager peu-à-peu de la matière. Elles peuvent donc s'élever jusqu'aux essences; et c'est alors qu'elles s'instruisent, ou plutôt c'est alors qu'elles paroissent s'instruire. Car, dans le vrai, elles ne font que rapprendre ce qu'elles ont su; toute la science de l'homme n'est qu'une réminiscence.

Renfermé dans une chambre obscure, vous ne voyez que les images des objets; et vous voyez les objets mêmes, si vous sortez de cette chambre. Ainsi l'ame, renfermée dans le corps, ne voit que les images des choses; et elle ne voit les choses mêmes, que lorsque sortie du corps, elle est retour-

En quoi consiste le bonheur, selon Platon.

née à son principe, à l'ame du monde. C'est alors que, dégagée tout-à-fait de la matière, elle connoît de nouveau toutes les essences. Or voilà le souverain bonheur.

<small>Comment l'ame s'élève.</small> Mais, pour s'élever à cet état heureux, il faut qu'elle se purifie; qu'elle consume, pour ainsi dire, tout ce qu'il y a de matériel en elle; et que, s'accoutumant à résister au mouvement désordonné de la matière, elle n'obéisse qu'au mouvement réglé que Dieu imprime.

Elle peut dans cette vie approcher, selon Platon, plus ou moins de ce bonheur : mais elle n'y arrive tout-à-fait que lorsqu'après plusieurs révolutions, elle a été tout-fait purifiée; et, en conséquence, ce philosophe adopte la métempsycose. Les ames néanmoins, dans son systême, ne remontent pas, comme dans celui de Pythagore, jusqu'à Dieu même : elles ne remontent que jusqu'à l'ame du monde. Encore, cet avantage est réservé uniquement à la partie raisonnable ou divine; et les parties irascibles et concupiscibles sont mortelles. Platon croit voir distinctement ces trois parties dans l'ame.

C'est sur ce bonheur qu'il fonde son Ethique, c'est-à-dire, sa morale et sa politique. Vous voyez que ses principes tendent à faire des contemplatifs, qui penseront s'unir à Dieu, en s'abîmant dans des notions abstraites. C'est, en effet, ce qu'ils produiront. L'histoire en fournira plus d'un exemple.

CHAPITRE XX.

Des académiciens.

Speusippe. Platon laissa son école à Speusippe, son neveu, qui, huit ans après, étant tombé en paralysie, la laissa lui-même à Xénocrate, autre disciple de Platon. Tous deux avoient accompagné ce philosophe dans son dernier voyage en Sicile.

Le premier a écrit plusieurs ouvrages, qu'on estimoit, et qu'Aristote est accusé d'avoir supprimés. D'ailleurs, on a autant critiqué ses mœurs, qu'on a loué son esprit.

Xénocrate. Xénocrate étoit de Chalcédoine. Né avec une conception dure, il prouva que les dispositions les plus ingrates peuvent être vaincues par un travail assidu. Il a fait plusieurs ouvrages, dont aucun n'est venu jusqu'à nous : mais ses mœurs nous sont connues, et tous les anciens rendent unanimement témoignage à sa vertu. Pauvre par choix, il fut le seul des ambassadeurs d'Athènes que Philippe ne put corrompre : il se conduisit avec le même désintéressement dans une autre ambassade auprès d'Antipater ; et, lorsqu'Alexandre lui envoya cinquante talens, il retint à souper ceux qui les lui apportoient, et leur fit voir, au repas qu'il leur donna, combien les richesses lui étoient inutiles. Il accepta néanmoins trente mines, afin de ne pas paroître refuser, par mépris, les bienfaits de ce monarque. Sa réputation de probité étoit si bien établie, que les Athéniens le dispensoient de confirmer sa déposition par le serment. Il mourut, après avoir vécu quatre-vingts ans, et en avoir enseigné vingt-cinq.

Polémon, Athénien, lui succéda. Il avoit été livré à la débauche : il étoit même ivre la première fois qu'il parut à l'académie, et il n'y étoit entré que dans le dessein de tourner en ridicule ce qui s'y disoit, lorsque, frappé d'un discours sur la tempérance, il fut honteux de ses mœurs, et devint aussitôt disciple de Xénocrate et de la vertu. Il eut pour condisciple Crantor, et pour successeur Cratès. Tous trois ont eu de la réputation. Voilà les hommes les plus cé-

Polémon.

lèbres de l'ancienne académie. Ils ne paroissent pas s'être écartés des opinions de leur chef.

<small>Arcésilas, chef de l'académie moyenne.</small>

Arcésilas, de Pitane en Éloïde, fut le chef de l'académie moyenne. Instruit dans tous les genres de littérature, il avoit une éloquence vive et pressante, un ton modeste, une ame généreuse; et, à ces avantages, il joignoit encore ceux de la figure. Ces qualités lui firent beaucoup de disciples et beaucoup d'ennemis.

Il avoit quitté l'école d'Aristote, et Crantor, son ami, l'avoit présenté à Polémon. Cependant, après avoir adopté la doctrine des académiciens, il ne crut pas devoir l'enseigner ouvertement; et, quoique dans le fond il pensât comme eux, il s'exprima différemment. Les circonstances où il étoit, l'engagèrent à tenir cette conduite.

Pendant que la première académie florissoit, elle vit naître plusieurs sectes, contre lesquelles elle eut à se défendre. Les quatre principales ont eu pour chefs, Aristote, Zénon, Épicure et Pyrrhon. Celui-ci doutoit de tout, et combattoit toutes les doctrines. Les trois autres recevoient dans les sciences le témoignage des sens, et se trouvoient, par cette raison, tout-à-fait opposés à l'académie. Zénon, sur-tout, quoique disciple de Polémon, se déclaroit contre les académiciens, et les attaquoit avec chaleur.

Il y avoit encore alors un grand nombre d'écoles de dialecticiens. Ce n'étoient proprement que des sophistes, qui brouilloient toutes les idées par l'abus qu'ils faisoient des mots. Sans connoissances, ils se soulevoient contre tous ceux qui passoient pour en avoir; et l'académie étoit plus en butte à leurs critiques, parce qu'elle avoit plus de réputation.

Assailli par tant d'adversaires, Arcésilas songea moins à se défendre qu'à leur échapper; et, considérant combien il lui seroit difficile de mettre ses dogmes à l'abri de toute critique, il entreprit de les cacher, et il prit le parti d'attaquer lui-même ceux qui le vouloient combattre.

La philosophie de Platon portoit, comme nous l'avons vu, sur deux principes: le premier, qu'il n'appartient qu'à l'entendement d'appercevoir les choses qui sont toujours les mêmes, c'est-à-dire, les essences, qui seules sont l'objet de la vraie science; le second, qui est une conséquence du premier, que les sens, étant incapables, par eux-mêmes, d'appercevoir les essences, sont incapables aussi de nous donner de vraies connoissances.

Arcésilas parut abandonner le premier de ces principes : au moins il ne le mit plus en avant; et, se bornant au second, qui rejette le témoignage des sens, il dit : je ne sais rien. Je ne sais pas même, comme Socrate, que je ne sais rien. Tout est hors de la portée des sens, et même de la raison : tout est incompréhensible. Il n'y a point de science. On peut affirmer ce que les philosophes nient, on peut nier ce qu'ils affirment : on est toujours également fondé.

Par cette conduite, ce philosophe déroboit l'académie aux railleries et aux difficultés des autres sectes. Il n'avoit plus rien à établir; et, passant de la défensive à l'offensive, il étoit sûr de vaincre. Il pouvoit facilement exagérer les erreurs des sens : il pouvoit tout aussi facilement renverser les systêmes des autres philosophes; et, quand il y avoit réussi, il pouvoit ramener ses disciples aux idées intellectuelles de Platon, à ce qu'il nommoit la vraie science. En effet, il ne professa l'incompréhensibilité de tout, qu'aux yeux de ceux qu'il vouloit combattre, et il réservoit ses dogmes pour des disciples suffisamment éprouvés. Il renouvela donc l'usage de la double doctrine.

Il eut les plus grands succès : mais la généralité, avec laquelle il paroissoit assurer l'incompréhensibilité de toutes choses, le fit accuser de renverser les fondemens de la morale et de la religion. Sur quoi Cléanthe, tout stoïcien qu'il étoit, dit à ceux qui faisoient ce reproche : *arrêtez ; ce qu'il détruit par ses discours, il l'établit par ses mœurs.* Ce témoignage fait honneur à tous deux.

Lacide fut le successeur d'Arcésilas ; Évandre, de Lacide; Égésine, d'Évandre; et Carnéade, d'Égésine. Les trois premiers ont eu peu de réputation, et le dernier a été le chef de l'académie nouvelle. Il étoit de Cyrène en Afrique. Successeurs d'Arcésilas.

Carnéade, avec la même doctrine et la même politique qu'Arcésilas, se fit un langage un peu différent, parce qu'il ne vou- Carnéade chef de la nouvelle académie loit pas s'exposer aux mêmes reproches.

Arcésilas avoit dit qu'il n'y a rien de vrai en soi. Or il suffisoit de prendre cette proposition à la lettre, pour en faire un principe tout-à-fait absurde. Les adversaires de l'académie n'eurent garde de le prendre autrement; et Carnéade fut dans la nécessité de s'expliquer avec plus de précaution. Il distingua donc ce qui est vrai en soi, de ce qui le seroit par rapport à nous; et, reconnoissant qu'il y a des vérités, il dit seulement que nous ne sommes pas faits pour les connoître.

Après avoir pris cette précaution, il dit que le vrai et le faux sont si mêlés et si confondus, qu'il ne nous est jamais possible de les discerner. Il vouloit donc que le philosophe suspendît toujours son consentement. Si on lui objectoit, par exemple, que deux choses égales à une troisième, sont égales entr'elles, il ne nioit pas cette proposition, comme on le lui a reproché : il répondoit qu'elle ne peut être d'aucun usage, parce qu'on ne peut jamais s'assurer que deux choses soient égales à une troisième. En un mot, il rejetoit toute science.

Mais, pour n'être pas accusé de détruire la morale, il convenoit que nous pouvons connoître les vérités relatives aux mœurs; que, par conséquent, nous avons des règles de conduite, auxquelles nous devons nous conformer : et il appeloit *opinion* la connoissance de ces règles. Il ne permettoit donc au sage que des opinions.

Cependant il seroit difficile de comprendre ce que le mot *opinion* signifioit dans sa bouche. Entendoit-il par opinions, des jugemens fondés sur des préjugés, sur un penchant dont on ne sauroit se rendre raison, sur des idées qu'on supposeroit vraies, parce qu'on ne verroit pas pourquoi elles seroient fausses ? On ne pourroit se permettre de pareils jugemens, que lorsqu'il s'agit de choses indifférentes, et il faut plus de certitude en morale.

On peut donc supposer que Carnéade entendoit par opinions, des jugemens probables. Or, si cela est, chacun est fondé à croire tout ce qu'il croit : car, lorsqu'on adopte un sentiment, on le juge probable tout au moins. Il auroit donc fallu donner des règles de probabilité ; et c'est ce que

Carnéade ne pouvoit faire dans ses principes. Puisque ce qu'il y a de plus sûr, ne seroit, selon lui, que probable, les règles qu'il auroit données, n'auroient été que probables elles-mêmes. On auroit donc été en droit de lui demander d'autres règles, pour s'assurer de la probabilité de celles qu'il auroit d'abord imaginées : et ainsi à l'infini. S'il n'y a donc pas pour nous des vérités proprement dites, comme le soutenoit Carnéade, on ne voit pas sur quel fondement il y auroit des jugemens probables.

Avec beaucoup de subtilité, une grande abondance de paroles et une voix tonnante, Carnéade eut le talent frivole de soutenir et de détruire alternativement les mêmes thèses : et, tout étranger qu'il étoit, il parut si éloquent aux Athéniens, qu'ils le choisirent pour l'envoyer à Rome en ambassade avec Diogène le stoïcien, et Critolaüs péripatéticien. Hâtons-nous, dit Caton le censeur, voyant le concours de la jeunesse romaine autour de ces trois hommes, hâtons-nous de leur accorder ce qu'ils demandent, et de les renvoyer. Ils répandroient parmi nous le goût de ces vaines disputes : il vaut mieux qu'ils l'entretiennent parmi les Athéniens.

Les changemens, apportés par Carnéade à la doctrine d'Arcésilas, furent si fort applaudis, que la nouvelle académie fit oublier les deux autres. Alors le nom d'académicien fut borné à désigner un homme qui dispute de tout, qui suspend toujours son jugement, qui ne veut rien savoir, et qui soutient indifféremment le pour et le contre : c'est-à-dire, un homme qui n'a rien à étudier, et qui n'a besoin que de mots et de sophismes. Cette manière de philosopher étoit trop commode, pour n'avoir pas beaucoup de sectateurs.

Clitomaque, disciple et successeur de Carnéade, laissa l'école à Philon, dont Cicéron parle avec éloge, et que quelques-uns regardent comme chef d'une quatrième académie. Il disoit pourtant lui-même qu'il n'y en avoit jamais eu qu'une, et il paroît s'être rapproché de l'ancienne.

Autres académiciens.

C'est en lui proprement que finit l'académie. Car Antiochus d'Ascalon, son disciple, ne s'attacha pas scrupuleusement aux opinions de cette secte. Il entreprit au contraire de concilier les péripatéticiens, les stoïciens et les académiciens, assurant qu'ils ne différoient que dans la manière de s'énoncer: ce qui étoit peut-être plus vrai qu'il ne pensoit; car, si tous ces philosophes ne disoient que des mots, ils ne pouvoient différer que par des mots.

Parce qu'Antiochus avoit été disciple de Philon, on a dit qu'il étoit académicien; et, parce qu'il ne pensoit pas comme ses prédécesseurs, on a dit qu'il étoit le chef d'une cinquième académie. Celle-ci fut au moins la dernière: car les troubles de la Grèce ayant dispersé les académiciens, ils ne tinrent plus d'école.

CHAPITRE XXI.

D'Aristote, chef de la secte Péripatétique.

Aristote naquit à Stagire, ville de Macédoine, 384 ans avant J. C. Il descendoit d'Esculape : et Nicomachus, son père, exerçoit la médecine à la cour d'Amintas, père de Philippe. Nicomachus étant mort, Aristote resta sous la tutelle de Proxénus, qui ne négligea rien pour son éducation. Plein de reconnoissance, Aristote n'oublia jamais ce qu'il devoit à son tuteur : il lui éleva des statues; il en adopta le fils Nicanor, auquel il tint lieu de père.

Il commença dès l'âge de dix-sept ans à fréquenter l'académie. Mais ne pouvant se borner aux études qu'on faisoit dans cette école, il rechercha tous les livres où il crut pouvoir puiser des connoissances , et il acquit, de bonne heure, une grande érudi-

Principales circonstances de la vie d'Aristote.

tion. Platon l'appeloit *l'esprit*, *l'intelligence*, et le comparoit à un coursier, dont l'ardeur a besoin d'être contenue par un frein.

Après la mort de Platon, Aristote se retira chez son ami et condisciple, Hermias, qui régnoit à Atarne dans la Mysie. Trois ans après, ce souverain, vaincu par Memnon de Rhodes, fut envoyé à Ochus qui le fit mourir, et laissa sans bien une nièce aimable et vertueuse, Pythia, qu'il avoit désignée pour lui succéder. Aristote consacra, dans le temple de Delphes, une statue à son ami; il en célébra la mémoire dans des vers, et il en épousa la nièce, également sensible aux malheurs et aux vertus d'Hermias et de Pythia. Peu de temps après, il fut appelé à la cour de Macédoine. Il avoit alors quarante-un ans.

Il eut beaucoup de part à la confiance de Philippe et d'Olympias. Je ne prétends pas faire par-là son éloge, Monseigneur : c'est seulement un fait que je rapporte. Peut-être donnerois-je de ce philosophe une idée peu avantageuse, si je n'ajoutois qu'il ne se servit de son crédit, que pour faire du bien. Il fut utile à tous ceux pour qui il fut honnête de l'être. Bienfaiteur des peuples, il empêcha les vexations, autant qu'il fut en lui. Sa patrie, sur-tout, se ressentit de sa faveur. Stagire avoit été ruinée : on la rétablit à sa considération : on lui accorda plusieurs privilèges : on permit même à Aristote de lui donner des lois. C'étoit le cas de dire, avec Aristippe, que les philosophes sont faits pour être auprès des grands, comme les médecins auprès des malades.

Après avoir donné huit ans à l'éducation d'Alexandre, il vint à Athènes, lorsque ce conquérant partit pour l'Asie, et il entretint un commerce de lettres avec son disciple.

Ce prince ayant contracté avec lui le goût des sciences et le desir de contribuer à leurs progrès, elles parurent le premier fruit de ses conquêtes : car il se hâta de procurer à son précepteur les moyens de travailler à l'histoire des animaux. Des milliers de chasseurs et de pécheurs furent répandus dans les provinces de sa domination ; et il envoya huit cents talens pour fournir aux frais de cette entreprise. Cet ouvrage fut parfaitement bien exécuté. Malgré les découvertes qu'on a faites depuis, il est encore regardé comme un des meilleurs que nous ayons en ce genre.

Les étincelles de vertu, qui parurent d'abord dans Alexandre, ont été l'effet des leçons d'Aristote. Ce prince disoit alors : je dois le jour à mon père, mais je dois à mon précepteur de savoir me conduire ; et si je règne avec quelque gloire, je lui en ai toute l'obligation. Malheureusement ce philosophe avoit semé dans une ame où les vices avoient jeté de profondes racines, et où les vertus ne pouvoient naître que pour mourir bientôt. Jugez de son chagrin, lorsqu'il apprenoit les extravagances et les cruautés de son élève. Ne devoit-il pas craindre que la honte, dont il le voyoit se couvrir, ne rejaillît un jour sur lui-même ? Mais Alexandre l'a lavé de tout reproche. A mesure que ce conquérant se livroit à des excès, il s'éloignoit d'Aristote ; et, lorsqu'il eut fait périr Callisthène, il rompit enfin tout commerce avec le seul homme qui pouvoit le rappeler à ses devoirs.

Cette conduite achève de déshonorer ce monarque. Vous serez vertueux, Monseigneur, ou vous haïrez votre gouverneur, et votre précepteur.

Aristote enseigna dans le Lycée avec beaucoup de talens, avec la considération que lui donnoit la faveur d'Alexandre, et par conséquent, avec beaucoup d'ennemis. La jalousie qui n'avoit osé se montrer, éclata après la mort de ce conquérant; et Aristote, accusé d'impiété, se retira à Chalcis en Eubée, disant qu'il ne vouloit pas que les Athéniens fissent un nouvel outrage à la philosophie. Il avoit enseigné douze ans dans le Lycée, et il mourut peu après, dans la soixante-troisième année de son âge. Son corps fut transporté à Stagire, où on lui éleva un tombeau, un autel, un temple même; et un jour de l'année fut consacré à sa mémoire.

On reproche à ce philosophe l'ambition démesurée d'Alexandre. Mais, dans une cour telle que celle de Macédoine, étoit-il en son pouvoir d'inspirer à son élève des sentimens à son choix? et faut-il qu'on soit responsable à la postérité, de toutes les actions d'un prince, parce qu'on a présidé à son éducation ? C'est aux Grecs, c'est aux Asiatiques mêmes, qu'il faut reprocher l'ambition d'Alexandre; puisqu'enfin toutes les nations sont assez folles pour applaudir aux conquérans.

Célébrité d'Aristote.

Aristote est le plus célèbre des philosophes de l'antiquité. Il n'y en a point dont on ait dit, ni plus de bien, ni plus de mal. Mais ceux qui ont tenté de noircir sa personne, ont été ses ennemis déclarés, et leurs calomnies n'ont pas pu détruire les monumens, qui prouvent la noblesse de son ame. Quant à sa philosophie, on l'a presque toujours ou trop louée, ou trop critiquée.

Raisons de l'obscurité de ses écrits.

L'obscurité est sur-tout le défaut qu'on peut lui reprocher. Cependant on le traitera avec moins de rigueur, si on se transporte au temps où il a vécu. Certainement il n'étoit pas prudent à un philosophe de découvrir toujours sa façon de penser. Aussi paroît-il affecter une grande brièveté, franchissant les idées intermédiaires, définissant rarement les mots, les employant dans des acceptions différentes, paroissant quelquefois se contredire, et ne prenant pas même toujours la peine de faire connoître s'il parle en son nom, ou s'il rapporte l'opinion d'un autre. Alexandre, à qui une vanité puérile auroit fait désirer d'être seul initié dans les sciences, lui ayant reproché d'avoir donné quelques ouvrages au public, il répondit que c'étoit à-peu-près comme s'il ne les avoit pas donnés, parce qu'ils ne seroient entendus que de ceux à qui il en communiqueroit l'intelligence.

Vous voyez qu'il étoit partisan de la double doctrine. Le matin, il enseignoit la partie secrète de sa philosophie à un petit nombre de disciples choisis. Le soir, il ouvroit son école à tout le monde, et il donnoit des leçons sur la rhétorique, la poétique, la morale, etc.

Un événement a contribué encore à l'obscurité de ses écrits. Tant qu'Aristote a vécu, il a rarement permis que ses ouvrages se répandissent dans le public. En mourant, il les laissa, avec sa bibliothèque, à Théophraste, qu'il choisit pour son successeur. Celui-ci les légua à Nélée, de Scepsis, en

Mysie. On croit qu'alors Ptolémée-Philadelphe en acheta quelques-uns, qui furent brûlés avec la bibliothèque d'Alexandrie. Les autres restèrent aux héritiers de Nélée, qui les enfouirent dans un caveau, de crainte de se les voir enlever par le roi de Pergame. Ils ne sortirent de ce souterrain que plus d'un siècle après. Ils étoient donc fort mutilés, et ils ont encore été défigurés par des éditeurs, qui ont entrepris de les réparer sans les entendre.

Cette philosophie, si peu connue, a été enseignée pendant des siècles; et, plus elle a été enseignée, plus elle est devenue obscure. Un nuage de commentateurs s'est placé entre Aristote et nous. Ses passages ont été expliqués de mille manières : l'ordre de ses livres a été bouleversé, et on ne peut plus reconnoître la route qu'il a suivie.

Enfin ceux qui le lisoient, le regardoient, les uns comme un impie, les autres comme un orthodoxe que la révélation auroit éclairé; et quelques-uns, comme un ignorant à qui on seroit tenté de refuser le sens commun. En un mot, ce sont toujours des hommes, trop prévenus pour ou contre Aristote, qui ont entrepris d'en faire connoître les opinions : c'est par leur canal que sa doctrine est venue jusqu'à nous.

On démêle, dans ce philosophe, une grande érudition, un génie vaste; et les ouvrages où on l'entend, font regretter qu'on ne l'entende pas également dans tous. Quoique plusieurs se soient perdus, il en reste encore un grand nombre; et quand on songe qu'il étoit d'une santé délicate, qu'il a passé plusieurs années de sa vie au milieu du tumulte d'une cour fort inquiète, et que depuis il a donné chaque jour plusieurs heures à ses disciples, on a de la peine à comprendre comment il a pu suffire à tant de travaux.

Aristote avoit un grand génie.

La supériorité d'Aristote paroît, sur-tout dans les écrits où il a pu exposer sa pensée sans mystère. Tels sont sa rhétorique et sa poétique. On conjecture qu'il les composa pour l'instruction d'Alexandre. Il y montre ce discernement fin, qui est le caractère d'un goût éclairé. Les principes qu'il y établit sont, en général, vrais, et ont été adoptés par les meilleurs esprits.

Sa logique est beaucoup moins bonne:

On y admire, à la vérité, une grande sagacité; mais on est fâché de voir qu'il s'arrête plus sur le mécanisme du raisonnement, que sur le raisonnement même.

Sa physique est le plus imparfait de ses ouvrages.

Sa physique, si on excepte l'histoire des animaux, est le plus imparfait de ses ouvrages. Il eût pu être, et il eût été un bon observateur, si l'usage ne l'eût pas condamné, comme tous les autres philosophes, à deviner la nature. Il fit donc un système. Il est vrai que cette partie de sa philosophie pouvoit être moins défectueuse qu'elle ne le paroît aujourd'hui; car c'est celle qui a été le plus défigurée.

On lui reproche d'avoir exposé infidellement les opinions des autres.

Ce qui lui fait le plus de tort, c'est l'infidélité avec laquelle il a exposé les opinions des autres, afin de les réfuter plus facilement. Il ne lui eût pas été impossible d'être plus fidelle, et en même temps bon critique. Mais il n'imagina de combattre tous les philosophes, que dans le dessein de paroître dire mieux, quoiqu'il n'eût rien de mieux à dire. Ambitieux de fonder une secte qui fît oublier toutes les autres, il ressembloit, dit Bacon, à ces princes ottomans, qui ne pensent régner en sûreté qu'après avoir fait périr tous leurs frères.

Il rejeta, avec raison, les idées intellec-tuelles de Platon, les nombres de Pythagore, les élémens d'Anaxagore, les atomes de Leucippe. Il ne substitua cependant à des notions vagues et abstraites, que des notions aussi vagues et aussi abstraites. *Ses opinions ne sont pas mieux fondées que celles qu'il combat.*

Je ne me propose pas de vous exposer toutes ses opinions; je n'en veux parler que pour vous faire connoître sa manière de raisonner, et pour vous mettre en état d'en observer l'influence sur l'esprit prétendu philosophique des siècles postérieurs. C'est, comme nous l'avons déjà remarqué, le seul point de vue sous lequel l'étude des systêmes anciens peut être curieuse et utile.

Les principes, dit Aristote, sont ce qu'il y a de premier, ce par quoi toutes choses sont. Ainsi, ils ne naissent pas les uns des autres, ni de rien qu'on puisse supposer leur être antérieur. *Selon Aristote, il y a trois principes des choses.*

Il faut qu'il y ait de pareils principes, puisqu'il existe quelque chose; et il faut qu'il y en ait de contraires, puisque les choses s'engendrent et périssent.

Mais combien y en a-t-il ? Il seroit embarrassant d'én admettre une infinité. Ce ne seroit pas assez non plus de n'en admettre que deux. Comme ils seroient opposés, ils ne produiroient rien : ils se détruiroient au contraire. Il y en a donc trois, et ce sont la matière, la forme et la privation.

Idée qu'il se fait de la matière. La matière est ce qui n'est, ni qui, ni quoi, ni combien grand, ni ce par quoi l'être est déterminé. C'est-à-dire, que la matière n'est rien par elle-même. C'est seulement un sujet vague qui peut devenir quelque chose. Ce sujet n'est point corps, parce qu'il n'a ni quantité, ni qualité d'aucune espèce; mais il devient corps aussitôt qu'il est doué de quantité et de qualité.

Vous voyez que cette matière incorporelle d'Aristote n'est que le corps même, considéré en faisant abstraction des qualités qui lui sont propres. Cependant ce philosophe s'applaudit de cette découverte; et il ne néglige rien pour prouver que la matière incorporelle est le principe des corps.

Idée qu'on doit se faire des formes d'Aristote. Les formes sont d'autres idées abstraites qu'il réalise encore. Elles ne sont autre chose que les qualités qu'il a enlevées aux corps, lorsqu'il a fait des abstractions. Il a détruit les corps en leur enlevant ces formes, et il n'est resté qu'une matière incorporelle: en rendant ces formes à cette matière, elle redevient corporelle, et les corps se reproduisent. Voilà la génération des choses. Elle n'est qu'un ouvrage de l'imagination, qui refait ce qu'elle a défait.

Les formes naissent et meurent. Ce qui est noir, par exemple, ne devient blanc, que parce que la forme du noir est détruite, lorsque la forme du blanc se produit. C'est ainsi que les contraires viennent de leurs contraires; et c'est, autant qu'on le peut comprendre, tout le mystère du troisième principe qu'Aristote nomme la privation.

Et du principe qu'il nomme privation.

De ce que les corps sont produits par la réunion de la forme à la matière, c'est une conséquence que la nature des substances corporelles soit dans ces deux principes réunis. C'est aussi ce que dit Aristote; et il veut que cette nature se trouve plus dans la forme que dans la matière; parce qu'en effet, les corps ne sont sensibles que par leurs formes, c'est-à-dire, par leurs qualités. Il est évident que ce langage, bien apprécié, ne nous apprend rien. Passons à d'autres principes de ce philosophe.

<small>Comment il raisonne sur le mouvement.</small>

Les corps sont mus. Donc, conclut-il avec raison, il y a un premier moteur immobile; car autrement il faudroit admettre une progression de causes à l'infini. Cependant il ne conçoit pas que le mouvement ait commencé : il ne prouve même que le premier moteur est éternel, que parce qu'il n'imagine pas comment le mouvement ne le seroit pas lui-même; et il en infère que l'univers a toujours été, et sera toujours tel qu'il est. N'est-ce pas-là reconnoître une progression à l'infini?

Dès que le premier moteur est immobile, il est immatériel. Comment donc meut-il la matière? Comme l'ame meut son corps; et, à cette comparaison, Aristote ajoute des explications qu'on n'entend pas.

Après avoir donné du mouvement une définition fort obscure, il en distingue de deux sortes ; l'un en ligne droite, l'autre en ligne courbe. Le premier appartient aux choses sublunaires, qui sont pesantes ou légères, parce qu'elles s'approchent du centre, ou qu'elles s'en éloignent. Le second appartient aux choses célestes, qui ne sont ni pesantes, ni légères, parce qu'elles se meuvent toujours à une égale distance du centre.

Sur ces principes, qu'il est inutile de réfuter, il détermine le nombre des élémens, dont les choses sublunaires doivent être formées. La terre est un élément pesant, le feu est un élément léger. Entre ces deux espèces, il en pouvoit distinguer une infinité d'autres, et il se borne à deux : l'eau qui tient de la légèreté du feu, mais qui participe plus de la pesanteur de la terre; l'air qui tient de la pesanteur de la terre, mais qui participe plus de la légèreté du feu. Il n'y a donc que quatre élémens des choses sublunaires : la terre, l'eau, l'air, le feu. *Quatre élémens des choses sublunaires, selon Aristote.*

Or les cieux, selon lui, ne sont ni pesans ni légers. Ils ne sauroient donc être composés de ces quatre élémens; et il imagine, pour les choses célestes, un cinquième élément, qu'il nomme quintessence. *Il admet pour les choses célestes un cinquième élément.*

Dès qu'au-delà de la lune, il n'y a qu'un élément, le combat des élémens n'y peut avoir lieu. Les choses célestes ne sont donc jamais altérées par des principes contraires. Elles ne sont donc suceptibles, ni de génération, ni de corruption, ni d'accroissemens, ni de décroissemens. Les cieux sont donc incorruptibles.

Pourquoi il juge que les cieux sont incorruptibles.

Le premier moteur, qu'Aristote nomme Dieu, ne s'occupe que des choses incorruptibles ou célestes. Relégué dans les cieux, il abandonne aux élémens et à la fortune les choses sublunaires. Il ne donne lui-même aucun mouvement à celles-ci, et elles se meuvent uniquement par une espèce de sympathie avec les choses célestes.

Dieu gouverne les choses célestes, et laisse à la fortune les choses sublunaires.

L'ame est une entéléchie, c'est-à-dire, autant qu'on peut conjecturer, le principe actif de tout ce qui se produit en nous. Or sur ce que nous végétons, nous sentons, nous raisonnons, Aristote distingue, dans cette entéléchie, trois facultés, la végétative, la sensitive et la raisonnable.

Comment Aristote conçoit l'ame.

Quoique ces trois facultés ne fassent, selon lui, qu'une seule ame, il pense que les deux premières meurent avec la dissolution du corps : et il distingue, dans la troisième, deux parties, un entendement passif qui apperçoit les formes des objets et qui est mortel, et un entendement actif qui conçoit et qui est immortel.

Il ne s'explique point clairement sur l'origine de ces parties de l'ame. Dans ses principes, l'entendement actif ne peut émaner ni de Dieu, ni de l'ame du monde ; et il paroît supposer une intelligence éternelle qui est dans toute l'espèce humaine. Cette intelligence est le principe d'où il tire la partie immortelle de chaque ame, et où il la fait retourner après la mort.

Je passe rapidement sur ces opinions. Il me suffit de vous prévenir, que les formes d'Aristote, sa matière, ses quatre élémens, sa quintessence, ses ames végétatives, sensitives et raisonnables, seront, pendant des siècles, tout ce qu'on croira avoir de mieux en philosophie.

Théophraste d'Erisse, ville de l'île de Lesbos, enseigna, dans le Lycée, après la mort d'Aristote. Versé dans tous les genres de littérature, il parloit avec autant d'éloquence que de clarté. Il eut jusqu'à deux

Théophraste lui succède.

mille disciples, parmi lesquels on compte Démétrius de Phalère. Il fut généralement estimé, et sur-tout infiniment cher aux Athéniens. Il nous reste peu de ses ouvrages, quoiqu'il ait beaucoup écrit. Il paroît qu'il ne suivoit pas servilement les opinions d'Aristote. Il est mort dans la quatre-vingt-cinquième année de son âge, 286 ans avant J. C.

<small>Les successeurs de Théophraste.</small> Après lui, on ne compte plus, dans le Lycée, que cinq philosophes qui ont successivement tenu l'école. Le premier et le plus célèbre est Straton, dont nous n'avons aucun ouvrage. Les autres se sont succédés dans cet ordre : Lycon, Ariston, Critolaüs, Diodore. Vous savez que les sectateurs d'Aristote ont été nommés péripatéticiens, parce que d'ordinaire ils agitoient les questions en se promenant.

CHAPITRE XXII.

Des Pyrrhoniens ou Sceptiques.

Pendant qu'Aristote jetoit les fondemens du péripatétisme, Pyrrhon d'Elide s'élevoit contre toutes les sectes, croyant trouver la tranquillité de l'ame dans l'indifférence que le scepticisme, ou un doute universel, paroît devoir produire.

Pourquoi le scepticisme ne pouvoit manquer de s'introduire.

Si nous considérons cette multitude de sectes qui se combattoient sans rien établir, nous comprendrons que le scepticisme ne pouvoit manquer de s'introduire. En effet, dans un temps où l'on connoissoit si peu l'art de raisonner, il étoit naturel de remarquer d'abord la foiblesse de l'esprit humain, de l'exagérer ensuite, et de finir par dire qu'on ne peut rien savoir. Pour éviter cet excès, il eût fallu avoir beaucoup médité sur les facultés de l'entendement, et sur les choses à notre portée; ce qu'on n'avoit point fait encore.

Pyrrhon chef des Sceptiques.

Pyrrhon, dans sa jeunesse, ayant eu occasion de lire les ouvrages de Démocrite, goûta si fort ce philosophe, que depuis il en parla toujours avec de grands éloges. Il crut apprendre de lui, que nous ne saurions connoître les vraies qualités des choses; que ce que nous prenons pour réel, n'est qu'apparence; et qu'il n'y a de réalité que dans notre manière de sentir. Ce fut vraisemblablement, d'après ces principes, qu'il forma le projet d'attaquer tous les dogmatistes, et d'établir qu'on ne peut s'assurer d'aucune vérité.

Disciple ensuite de Drison, fils de Stilpon, et instruit par ce maître dans l'art éristique, que professoit la secte de Mégare, il se confirma dans son premier dessein, parce qu'il se sentit plus capable de l'exécuter.

Enfin il puisa dans la source de l'art éristique: car Anaxarque, qui fut aussi son maître, lui enseigna les opinions de Xénophane, de Parménide et de Zénon d'Elée. Or la doctrine de ces philosophes, étoit une des plus favorables au scepticisme, puisqu'ils rejetoient le témoignage des sens, et qu'ils étoient de tous les sophistes les plus propres à prouver également le pour et le contre.

Pyrrhon suivit Anaxarque dans les Indes; et on peut conjecturer que les conversations qu'il eut avec les gymnosophistes, contribuèrent à l'entretenir dans son doute. Plus il voyoit de sectes différentes, moins il lui étoit possible d'en choisir une. D'ailleurs il est vraisemblable qu'il ne voyageoit, que pour se confirmer dans le parti qu'il avoit déjà pris.

Il avoit naturellement l'esprit juste, assez du moins pour discerner le faux des opinions des autres, et il les combattoit avec beaucoup de clarté. Il paroissoit d'autant plus clair que les dogmatistes l'étoient moins; et, pour être entendu, il n'avoit qu'à faire voir qu'ils ne s'entendoient pas eux-mêmes. N'ayant point d'opinions, il n'avoit rien à prouver; et les opinions de toutes les sectes sembloient ramener à son doute. *Avantages qu'a-voit Pyrrhon sur les dogmatistes.*

Il faut convenir qu'il étoit moins déraisonnable de douter de tout avec lui, que de croire quelque chose avec les autres philosophes de son siècle.

Les Phyrrhoniens ne rejetoient absolu- *Comment les Pyrrhoniens combattoient les dogmatistes.*

ment ni le témoignage des sens, ni celui de la raison, quoique les dogmatistes le leur aient reproché : ils les regardoient comme des guides, que nous devons suivre provisionnellement, en attendant la certitude à laquelle ils ne nous conduiront jamais. Ils disoient donc qu'avec leur secours, il n'est pas possible d'arriver à des vérités certaines. Ils rapportoient les différentes opinions qu'on enseignoit dans les écoles. Ils opposoient secte à secte, raisonnement à raisonnement : et ils inféroient qu'on ne sait rien. Leur conclusion ordinaire étoit : l'un n'est pas plus vrai que l'autre.

Les moyens qu'on avoit imaginés jusqu'alors pour se conduire dans la recherche de la vérité, les règles qu'on avoit données sur la logique, les détails où l'on étoit entré sur les syllogismes, etc., fournissoient aux sceptiques des avantages dont ils surent profiter. Rien n'étoit en effet plus frivole que toutes ces méthodes. Aucune n'alloit au vrai, parce qu'aucune ne remontoit à l'origine et à la génération des idées.

Les sceptiques, qui en sentirent le foible, revenoient toujours à leur conclusion : on ne peut rien savoir. Il eût sans doute été plus sage de dire : on ne peut rien savoir avec les anciennes méthodes ; mais, ne seroit-il pas possible de s'en faire une meilleure ? et n'est-ce pas ce qu'il faudroit chercher ?

Cependant le doute universel conduisoit à des absurdités, et les Pyrrhoniens devoient être d'autant plus absurdes, qu'ils étoient plus conséquens. Ils dirent, par exemple, qu'ils ne savoient s'il y a du bien et s'il y a du mal ; parce qu'en effet, on ne peut assurer ni l'un ni l'autre, quand on veut absolument douter de tout. Or cette manière de penser est destructive de toute société : on ne sait plus s'il y a des vertus, s'il y a des vices, et tout devient indifférent Quelque absurde que soit cette conséquence, non seulement les Pyrrhoniens l'adoptèrent, ils voulurent encore qu'elle fût une preuve des avantages qu'ils croyoient voir dans le scepticisme. *Absurdités où ils tombent.*

Ceux, disoient-ils, qui croient qu'il y a des choses, par leur nature, bonnes et mauvaises, sont tourmentés par le desir des unes et par la crainte des autres. S'ils sont heu- *Comment ils les défendent.*

reux, ils appréhendent de cesser de l'être : s'ils sont malheureux, ils se croient souvent menacés de plus grands malheurs. Mais nous, ajoutoient-ils, qui ne savons pas s'il y a du bien, ou s'il y a du mal ; nous ne connoissons ni la crainte, ni les desirs, et nous jouissons d'une tranquillité parfaite.

Il semble que ces philosophes aient imaginé qu'il suffit de dire qu'il n'y a ni bien ni mal, pour se rendre insensible à l'un et à l'autre. En vain cependant s'appliquoient-ils à prouver qu'on ne sait pas si les choses sont bonnes ou mauvaises en-elles-mêmes, ils ne pouvoient pas ignorer qu'elles étoient bonnes ou mauvaises par rapport à eux : c'est en confondant ces deux manières de les envisager, qu'ils ont avancé des paradoxes, que le sentiment et la plus légère réflexion détruisent.

Ils jettent des doutes sur la divinité. N'étant arrêtés ni par l'absurdité, ni par le danger des conséquences, ils tentèrent de répandre des doutes jusques sur l'existence de la divinité même. Ils disoient, à la vérité, que, comme citoyen, on doit reconnoître les dieux de sa patrie, et les adorer : mais ils prétendoient que, comme philosophe, on ne pouvoit assurer s'ils sont ou s'ils ne sont pas; et que c'étoit encore le cas de dire, *je ne sais,* ainsi que sur toute autre question. Ils se prévaloient des idées fausses que la superstition avoit répandues; de l'ignorance des législateurs, qui avoient laissé subsister ces idées, et du peu d'accord des dogmatistes, qui faisoient Dieu chacun à leur manière. C'étoit douter d'une vérité, parce que des peuples, des législateurs et des philosophes avoient mal raisonné.

On avoit d'abord applaudi aux Pyrrhoniens: on se souleva contre eux, quand on vit les conséquences de leur doute; et leur tranquillité parut se troubler. Alors ils cherchèrent à se faire un rempart des noms les plus illustres; et eux qui n'assuroient rien, ils osèrent assurer que tous les grands hommes avoient été sceptiques: Homère, les sept sages, Archiloque, Euripide, Xénophane, Héraclite, Démocrite, Socrate, Zénon d'Élée, Platon même, et tous les dialecticiens. Mais, si on trouve dans tous ces philosophes des maximes qui conduisent au doute, il est certain

<small>Ils disent que tous les grands hommes ont été sceptiques.</small>

qu'aucun d'eux n'a été véritablement sceptique.

Ils sont forcés à ne se donner que pour académiciens. L'académie, après les changemens faits par Arcésilas et sur-tout par Carnéade, devint un asyle pour les sceptiques. Forcés à déguiser leurs sentimens, ils se dirent académiciens, et ces deux sectes se confondirent. Pyrrhon est mort 287 ans avant J. C., ou environ.

CHAPITRE XXIII.

De Zénon ou des Stoïciens.

Depuis Socrate, la Grèce est toujours plus agitée. C'est un théâtre qui s'ouvre à tous les genres d'ambition, et il est même difficile d'y être spectateur impunément. Les successeurs de ce philosophe se disputent l'empire de l'esprit, et ils combattent encore, lorsque ceux d'Alexandre se ravissent tour-à-tour l'empire des armes. Cette contrée est tout-à-la-fois livrée aux orateurs, aux sophistes, aux philosophes et aux soldats.

Comment les philosophes ont été conduits à chercher le bonheur dans une tranquillité parfaite.

Il n'y avoit plus de patrie. Ce temps étoit passé, où l'on cherchoit le bonheur sur les traces des Miltiade, des Thémistocle, des Aristide, etc. On y vouloit arriver, sans être citoyen ; et toutes les écoles offrirent d'y conduire.

Cependant, après s'être éloignés des affaires pour étudier les opinions, les meilleurs esprits cherchèrent le repos dans une vie obscure, persuadés qu'il falloit aussi peu se mêler des sectes, que des dissentions des républiques. En effet, s'ils gémissoient de ne pouvoir être citoyens, ils devoient craindre de devenir philosophes.

Un repos parfait parut donc l'état le plus heureux : façon de penser, qui elle-même étoit un malheur, auquel on avoit été forcé par les circonstances. Mais les philosophes, qui pensent d'après leur siècle, lors même qu'ils se flattent de l'éclairer, crurent voir dans ce repos le fondement du bonheur, et ils dissertèrent sur les moyens de se le procurer.

La philosophie va donc prendre une nouvelle face, et cependant elle ne dira rien de nouveau. Ce sera toujours le même fond d'idées : il se rapportera seulement à un bonheur qu'on promet davantage, et dont on jouit moins que jamais. C'est à cela que se réduit la révolution qu'il me reste à vous faire connoître. Le fanatisme d'une fausse sagesse, un masque de vertu, une barbe et un bâton : voilà, dans l'âge dont je vais vous parler, ce qui attira ces mêmes regards, que vous avez vu se fixer auparavant sur Aristide et sur Thémistocle.

La plus légère considération sur les facultés de l'homme, suffit pour dissiper ce fantôme de bonheur, que les philosophes croyoient trouver dans une tranquillité parfaite. Nous avons des besoins. De ces besoins, naissent nécessairement des craintes et des désirs. De ces craintes et de ces désirs, naît également la nécessité d'agir : heureux, si nos actions sont dans l'ordre de nos devoirs; malheureux, si elles s'en écartent. Nous enlever, comme Pyrrhon, nos craintes et nos desirs, c'est nous anéantir. Aussi ce philosophe conséquent disoit-il que la vie et la mort ne sont qu'une même chose; et, lorsqu'on lui demandoit, pourquoi il ne mouroit pas : précisément, répondoit-il, parce que la vie et la mort ne sont qu'une même chose. Il répondoit avec esprit, et cela passoit pour de la philosophie.

Notre bonheur ne peut se trouver dans une tranquillité parfaite.

Deux autres philosophes entreprirent aussi de montrer la route du bonheur, et furent également de mauvais guides. Ils

Zénon et Épicure tentent d'arriver à cette tranquillité par des routes différentes.

florissoient, ainsi que Pyrrhon, plus âgé qu'eux, trois cents ans avant J. C. Avec un caractère opposé, ils cherchèrent une tranquillité parfaite par des moyens différens. D'un tempérament mélancolique et d'une imagination forte, Zénon de Citium, ville de Chypre, se fit des principes sublimes, mais tristes et sévères, tandis qu'Épicure, doux et sociable, parut ne donner que des leçons de volupté. L'un se plioit aux mœurs du temps, et devoit plaire par cette raison : l'autre les choquoit ouvertement, et devoit étonner et plaire encore. Tout deux se firent un grand nombre de sectateurs, et fondèrent des sectes toujours jalouses et toujours ennemies.

Dessein de Zénon en formant un système.

Zénon eut pour maître Cratès le Cynique, Stilpon et Diodore Cronus, de la secte Mégarique, Xénocrate et Polémon, de l'Académie. Il s'appliqua d'abord à la dialectique, parce que c'étoit alors l'étude favorite des Grecs. Il entreprit ensuite de faire un système pour servir de fondement à une morale, dont les Cyniques lui avoient donné les principes. Il fouilla pour cela dans toutes les sectes : il puisa, sur-tout, dans Héraclite et dans Platon : on peut dire encore qu'il dut beaucoup à Épicure ; car on remarque des opinions qu'il paroît n'avoir adoptées, que parce qu'il les vouloit combattre. Il enseigna dans un portique d'Athènes, d'où ses sectateurs ont été nommmés Stoïciens.

Avant tout, dit Zénon, étoit le chaos, et le monde n'est que le chaos débrouillé. Il est formé de deux principes : l'un, actif, est une ame, qui agit en lui, et qui le meut ; l'autre, passif, est la matière, qui, par elle-même, est indifférente à toutes sortes de formes. De ces deux principes, il résulte un seul tout, qui comprend l'universalité des choses, et qui nage dans un espace immense. C'est un animal, formé d'un corps et d'une ame, et cet animal est proprement Dieu.

Son système sur l'univers.

L'ame de ce tout est l'éther, ce feu qui habite dans la région la plus élevée, dans la circonférence des cieux, et qui de là, se répand dans toute la nature. Le corps est cette matière grossière, qui, incapable de donner le mouvement, est propre à le recevoir.

Cette ame n'est point hors de son corps; elle n'est point hors du monde. Elle est dans tout ce que nous voyons, et dans tout ce que nous ne voyons pas. C'est un premier principe éternel et incorruptible, parce que rien ne se fait de rien, et que rien ne rentre dans le néant. Elle est par tout, connoît tout, règle tout ; unique source de toute activité et de toute perfection, elle est souverainement parfaite.

D'abord enveloppée dans le chaos, elle ne l'a pas débrouillé par un acte libre de sa volonté. Mais, toujours agissante par sa nature, elle a enfin surmonté la résistance de la matière, et ce monde n'est que le résultat de l'action du principe actif sur le principe passif.

Cette ame, ayant nécessairement toujours la même activité, entretient l'ordre qu'elle a une fois établi : elle seule conserve tout.

Elle agit de toute éternité, et le chaos commence à se débrouiller. Elle continue d'agir, et le chaos se débrouille encore ; et, parce que son action est toujours la même, le monde enfin s'achève.

Son action est toujours relative à l'état des choses. Ce qui est produit dans un moment, est déterminé par ce qui a été produit par le moment précédent; et ainsi de suite, en remontant jusqu'au premier développement du chaos.

Il y a donc dans le monde un enchaînement de causes et d'effets. Par conséquent, les choses à chaque instant sont ce qu'elles doivent être : elles ne sauroient être autrement qu'elles sont. Cet enchaînement est le destin à qui tout obéit; non seulement la matière, mais encore cette ame qui est le principe actif de tout. Car Dieu ne peut rien faire que conséquemment à ce qu'il a déjà fait.

Le monde ou Dieu, comme nous l'avons dit, comprend tout ce qui existe dans l'espace. Il n'y a donc rien hors de lui, qui ait le pouvoir de le nécessiter. Il agit uniquement par sa nature : ils est sa nécessité à lui-même. C'est par-là qu'il est libre.

Cette liberté s'étend à toutes les parties du monde, et par conséquent à l'homme. Car si le destin entraîne celui qui y résiste, il ne fait que guider celui qui veut. L'homme obéit, semblable à un animal, qui, retenu par un cordon, suit parce qu'il le veut bien ; mais qui suivroit encore, quand il ne le voudroit pas.

La matière est éternelle. Elle ne croît, ni ne décroît ; puisque rien ne se fait de rien, et que rien ne rentre dans le néant. Invariable dans son tout, dans son essence elle change dans chaque partie, à chaque instant. Elle est bornée, puisqu'elle est circonscrite par un vide immense : mais ses plus petites parties sont divisibles à l'infini, et par conséquent, susceptibles d'une infinité de formes différentes.

C'est dans cette disposition ou changement que tout naît. Tout vient de Dieu, comme d'une semence qui contient tout. C'est une raison génératrice d'où sortent les quatre élémens, la terre, l'eau, l'air et le feu.

Ces élémens se mêlent et se combinent d'une infinité de manières. Ce qui n'est plus dans un corps, a passé dans un autre. C'est une circulation continuelle : mais, pendant que chaque chose cesse d'être ce qu'elle étoit, la matière, en général, est toujours la même.

Au milieu de ces révolutions, le feu, comme plus léger, se porte à la circonférence, d'où il reflue vers le centre, pénétrant tout, animant tout.

Ce principe actif prend différens noms, suivant les différentes manières dont on le considère. Dans l'air, c'est Jupiter; dans le feu, Vulcain; dans la terre, Vesta. On le nomme le monde ou la nature, lorsqu'on veut comprendre tout ce qui existe : on le nomme destin, pour marquer plus particulièrement l'enchaînement des causes et des effets : enfin il prend les noms des dieux, qui se multiplient sans nombre dans toutes les parties de l'univers; parce que cette ame, qui a développé le chaos est par-tout.

Les astres sont doués d'intelligence; puisqu'ils sont de feu, et que d'ailleurs ils se meuvent régulièrement. Ce sont des dieux qui connoissent l'avenir, et qui l'annoncent même par des signes certains. Car leur action est liée à tout, puisque tout est lié.

Le monde est sphérique, et la terre est au centre. Les exhalaisons de ce globe nourrissent les astres. Elles s'épuiseront, et le feu consumant tout, le monde rentrera dans Jupiter. Alors ce Dieu se reposera quelque temps en lui-même : il s'enveloppera dans ses propres pensées. Cependant, rendu à sa première activité, il développera une autre fois le chaos. Ainsi le monde est né pour périr, il périra pour renaître, et ces révolutions se succéderont sans fin.

C'est ainsi, Monseigneur, que les Stoïciens expliquent la génération des choses. Voilà du moins le fond de leur système. Vous y reconnoissez les principes que vous avez déjà vus ailleurs.

Différence entre la doctrine des Stoïciens et celle des Cyniques. Zénon, comme je l'ai dit, avoit été disciple de Cratès. Il en goûta la doctrine, et il ne fit guère que transporter le Cynisme du Cynosarge au Portique. Il conserva même à-peu-près le vêtement de son maître. La principale différence qu'on a remarquée entre les Cyniques et les Stoïciens, est dans la fin qu'il se proposent : encore est-elle assez subtile. Ceux-là, a-t-on dit, veulent aller au-delà de la nature, et ceux-ci la veulent dompter.

Quoi qu'il en soit, Zénon ne se borna

pas à la morale. Il étoit trop ambitieux de se faire un nom, pour ne pas s'essayer dans tout les genres. Il voulut donc, comme les autres, expliquer la génération des choses; et, parmi les principes reçus, il choisit ceux qui pouvoient servir de base à sa morale.

Il dit que l'homme, étant composé d'un corps et d'une ame, est l'image de Dieu; et cela n'est pas étonnant, puisqu'il est évident qu'il a fait Dieu à l'image de l'homme.

<small>Idée que Zénon se fait de l'homme.</small>

Si notre corps est, selon lui, formé d'une matière grossière, l'ame est une portion de la divinité, une étincelle de ce feu céleste qui anime les astres.

Mais, parce que les fibres de notre corps ne résisteroient pas à l'action d'un principe aussi puissant, ce feu, en traversant l'air, se refroidit un peu, et s'accommode par ce moyen à la foiblesse de nos organes.

L'homme tient au tout dont il fait partie: il en suit les lois. Son ame, assujettie au destin comme Dieu, est libre comme lui. Car, étant une portion de la divinité, elle agit uniquement par la nature qui lui est propre; et elle est, comme Dieu, sa nécessité à elle-même.

Elle n'est donc pas libre en ce sens, qu'elle puisse faire ou ne pas faire en sorte que ses actions soient absolument indifférentes. Elle l'est en ce sens, qu'elle obéit volontairement au destin, auquel elle obéiroit encore, quand elle ne le voudroit pas.

Il faut se soumettre à cette loi. Ce n'est pas à nous à faire des reproches à la nature. Il n'arrive que ce qui doit arriver. Par conséquent, il est sage de souffrir ce que nous ne pouvons empêcher; et de suivre sans murmure le Dieu qui nous conduit, et qui conduit avec nous le tout dont nous sommes partie.

Le sage des Stoïciens. Le caractère du sage est donc de tenir étroitement à ce tout. Le monde n'est pour lui qu'une cité, qu'une patrie, qu'une famille. Il ne se considère jamais à part. Quels que soient les événemens, rien ne lui manque, parce qu'il sait que tout tend à la perfection du tout. Au lieu de desirer que les choses se conforment à sa volonté, il demande qu'elles arrivent comme elles arrivent, et il est heureux. C'est ainsi qu'il vit selon l'ordre du monde, selon la nature, selon Dieu, selon la vertu : car ce n'est-là qu'une même chose exprimée différemment.

En suivant ces principes, le sage ne considère le bien et le mal, que relativement au tout. Ce qu'il trouve y être utile, est bien ; ce qu'il trouveroit y être inutile, est mal.

Par conséquent, le plaisir et la joie, la douleur et le chagrin ne sont rien dans le vrai : car ces choses n'intéressent que l'individu, et ne font rien au tout.

Le plaisir et la joie sont tout au plus des accessoires du bien; la douleur et le chagrin sont des accessoires du mal. Or le sage ne s'occupe pas des accessoires. Sans desir et sans crainte, rien ne l'agite, rien ne l'inquiète, rien ne le trouble. Son bonheur est en lui : il n'attend de dehors ni peine ni plaisir. Il est impassible.

Vous voyez, Monseigneur, que ce système ne conduit qu'à l'enthousiasme. Ce sont des principes, qui ont de quoi nous étonner. Ils nous élèvent au-dessus de nous-mêmes ; et nous les trouvons magnifiques,

<small>Ce sage n'étoit qu'un enthousiaste.</small>

parce qu'ils nous font plus grands à nos yeux. Zénon y conforma tout son extérieur. Il lui étoit plus facile d'avoir les apparences de cette sagesse sublime, que d'avoir la réalité même, et les apparences lui suffisoient. Il pouvoit même, sans hypocrisie, se donner pour ce sage, parce qu'il pouvoit croire l'être en effet. Son imagination forte, son tempérament triste, les applaudissemens, les contradictions mêmes, tout l'amenoit par degrés à jouer ce personnage, et peut-être à le jouer de bonne foi.

Il faut convenir que cette idée chimérique du sage, est capable d'élever au-dessus du commun, une ame forte et courageuse. On en a vu plus d'un exemple. Mais le faux de ces principes s'est montré sensiblement, sur-tout dans ceux qui, se disant Stoïciens, n'ont conservé de leurs chefs, que les grands mots, la démarche, le manteau, la barbe et le bâton. Cette secte a produit quelques grands hommes et beaucoup d'hypocrites.

Lorsque les Stoïciens étoient pressés, ils avouoient qu'aucun mortel ne peut arriver à ce dernier degré de sagesse, où ils plaçoient le bonheur; et que le plus sage est seulement celui qui en approche de plus près : c'est-à-dire, que le plus sage est celui qui approche le plus de l'état d'impassibilité.

Mais, si nous étions tout-à-fait impassibles, serions-nous donc capables d'un sentiment de bonheur? Pour être sensibles à la douleur, n'est-ce pas assez qu'elle soit un mal pour nous? et, parce que nous nous dirons qu'elle n'est pas un mal pour le tout, sera-t-il en notre pouvoir d'y être insensibles?

Tels sont les fondemens que les Stoïciens ont cru devoir donner à la morale des Cyniques. D'ailleurs tout est commun entre ces deux sectes. Les maximes sont les mêmes, ou à-peu-près. Si elles sont outrées dans la bouche du Cynique, elles sont frivoles et puériles dans celle du Stoïcien. Le Cynisme, se bornant à la morale, a du moins l'avantage de ne pas s'égarer dans des principes de cosmogonie.

Zénon n'a pas mieux raisonné sur la logique. Il distingue deux parties dans cet art, la rhétorique et la dialectique. Il avoit

La dialectique des Stoïciens.

coutume de représenter la rhétorique par la main ouverte, parce qu'elle aime à étendre ; et la dialectique par la main fermée, parce qu'elle aime à resserrer les idées.

Il dit que toutes nos connoissances viennent des sens : mais il ne le dit que pour contredire Platon. D'ailleurs il n'avoit aucune idée de principe. Il auroit mieux raisonné, s'il avoit été capable de le connoître et d'en suivre les conséquences. Sa dialectique, comme celle des autres philosophes, n'étoit que l'art d'abuser des mots.

Les Stoïciens ont été, en général, des sophistes très-subtils : leur goût pour les paradoxes leur faisoit un besoin de l'être. De ce que, selon eux, le bien n'est que ce qui est relatif à l'avantage du tout, ils ont conclu qu'il n'y en a pas un plus grand, ni un moindre, parce que les choses sont utiles au tout, ou inutiles. De conséquence en conséquence, ils ont dit ensuite : donc il n'y a pas de milieu entre le vice et la vertu : donc toutes les fautes sont égales : donc celui qui a une vertu, les a toutes : donc il n'y a proprement qu'une vertu, et c'est d'obéir volontairement au destin.

Ils croyoient confirmer ces paradoxes, en disant encore : il n'y a pas un vrai plus vrai, un faux plus faux. Donc il n'y a pas un bien plus bien, un péché plus péché. Qu'on s'écarte peu ou beaucoup de la route qu'on doit prendre, on est également hors du chemin.

Enfin les sophismes des Stoïciens ont dégénéré en puérilités, pour ne rien dire de plus. Je n'en donnerai qu'un exemple. *Rat est une syllabe. Or un rat a mangé le fromage. Donc une syllabe a mangé le fromage.* Représentez-vous de pareils propos dans la bouche de ces philosophes, qui, fiers de leur sagesse, disoient, avec tous les autres, que la philosophie est la science des choses divines et humaines.

Zénon, âgé de plus de 80 ans, se donna la mort, après une chûte où il se cassa le doigt. Les Stoïciens avoient pour principe, que la vie et la mort sont au nombre des choses indifférentes ; que l'ame du sage remonte au feu céleste, d'où elle tire son origine ; et qu'il doit cesser de vivre,

Idée que les Stoïciens se faisoient de la mort.

lorsqu'il cesse d'être utile au tout. Quant aux ames des autres hommes, ils les faisoient errer quelque temps dans l'air, d'où ils les conduisoient dans la lune, pour achever de se purifier. Mais je vous arrête trop long-temps sur ces misères.

Les successeurs de Zénon, qui ont eu le plus de réputation, sont Cléanthe, Chyrsippe et Posidonius. Cette secte a eu parmi les Romains d'illustres partisans.

CHAPITRE XXIV.

Considérations sur le bonheur et sur les opinions des philosophes à ce sujet.

AVANT de passer à Épicure, dont il me reste à parler, je crois à propos de considérer d'un coup-d'œil les différentes opinions des philosophes sur le bonheur, et les idées que nous devons nous en faire nous-mêmes.

La distinction qu'on fait de plaisirs de l'ame et des plaisirs du corps n'est pas exacte.

On distingue deux sortes de plaisirs; ceux de l'ame et ceux du corps. Mais, quoiqu'au premier coup-d'œil, cette distinction paroisse naturelle, elle n'offre certainement pas des idées bien précises.

Les plaisirs n'appartiennent qu'à ce qui sent. Il n'y en a donc point pour le corps.

Tous sont l'effet de quelque mouvement dans les organes, et ce mouvement se passe dans les organes extérieurs, ou dans les organes intérieurs.

Lorsque le mouvement se fait dans les organes extérieurs, on a dit, le plaisir appartient au corps; lorsqu'il se fait dans les organes intérieurs, on a dit, le plaisir appartient à l'ame. Il est évident que, si dans l'un de ces cas, il appartenoit au corps, il lui appartiendroit dans les deux. Une distinction aussi mal faite, a occasionné beaucoup de mauvais raisonnemens. Essayons de nous en faire des idées plus exactes.

Les plaisirs sont de sensation ou de réflexion.

Tout ce que nous pouvons remarquer en nous, n'est, dans le principe, que différentes manières de sentir; et vous connoissez toutes les formes que prend la sensation. C'est d'elle que naissent toutes nos idées, tous nos plaisirs, toutes nos facultés. A mesure qu'elle se développe, notre moi se développe avec elle; il s'étend, pour ainsi dire, et les sentimens agréables se multiplient.

Les uns se bornent à ce qui se passe en nous, quand la sensation est uniquement déterminée par l'action des objets sur les sens: je les nommerois plaisirs de sensation. Les autres s'étendent à toute la faculté de sentir : ils l'occupent toute entière ; ils sont dans l'exercice de toutes les facultés. Je les nommerois plaisirs de réflexion. Tous les sentimens agréables peuvent se rapporter à ces deux classes.

Lorsque Thémistocle arrive aux jeux, le spectacle qui s'offre à lui, n'est d'abord qu'un plaisir de sensation. Mais, lorsqu'il remarque tous les regards qui se tournent sur lui, Salamine alors se retrace à sa mémoire : il voit l'amour des Grecs, la considération de l'étranger, son nom porté aux deux bouts de la terre, et transmis à la postérité la plus reculée. Il semble que les sentimens de toute cette multitude qui l'environne, viennent se réunir en lui avec la promptitude du coup d'œil qui les exprime. Ce plaisir de réflexion est sans doute le plus délicieux : et c'est uniquement parce qu'il remue l'ame toute entière, au lieu que l'autre n'a fait que l'effleurer.

Après avoir fait cette distinction, voyons comment nous sommes déterminés à rechercher toujours quelque plaisir.

Le besoin n'est que la privation d'une chose, que nous jugeons ou que nous sen-

Il y a aussi des besoins de sensation et des besoins de réflexion.

tons au moins confusément nous être nécessaire. Il est accompagné d'un mal-aise ou d'une inquiétude, qui détermine les facultés de l'ame ou du corps vers un objet ; et c'est par ce moyen que les desirs et les passions naissent. Je ne fais que vous rappeler ce que vous savez déjà.

1. On peut également distinguer des besoins de sensation et des besoins de réflexion. Le mal-aise que ceux-là nous font éprouver, paroît se renfermer dans un organe : tel est le sentiment de la faim. Au contraire, l'inquiétude, qui accompagne les autres, semble remuer toutes les facultés, se répandre par-tout avec l'ame, et remplir toute la capacité du corps. Tel est l'amour de la considération dans une ame forte et courageuse.

Comment ces plaisirs et ces besoins concourent au bonheur.

Ce mal-aise, cette inquiétude sont une peine, un commencement de douleur. Que ces sentimens durent, ils deviennent des tourmens, des chagrins cruels, qui peuvent conduire au tombeau.

C'est déjà un bien que de dissiper ce mal-aise. Mais la jouissance de l'objet qu'on a desiré, y ajoute un nouveau bien, des sentimens agréables: sentimens qui ont plus de vivacité, à proportion qu'ils appartiennent plus à la réflexion qu'à la sensation. Régulus affronte une mort certaine : il périt dans les tourmens. Cependant il a joui quelques jours de la gloire; et ces jours sont plus délicieux pour lui qu'une plus longue vie, où il eût toujours senti le besoin de cette gloire, sans jamais le sastisfaire. Voilà le bonheur. En effet, on est heureux, toutes les fois qu'on chasse un besoin par des sentimens agréables; et, quand ce besoin a été le plus grand, quand les sentimens ont été les plus vifs, que reste-t-il à desirer? On a suffisamment vécu.

Les positions, comme celle de Régulus, ne sont pas communes. Mais, quelles que soient les circonstances où nous nous trouvons, il est certain que nous sommes plus ou moins heureux, toutes les fois que nous avons des sentimens agréables. Le bonheur suppose donc des besoins et des moyens pour les satisfaire. Avec des besoins qu'on ne peut satisfaire, on est malheureux : on le seroit encore dans une abondance, qui, prévenant tous nos besoins, ne nous laisseroit pas le temps de les sentir : c'est donc dans le passage alternatif des besoins sentis à la jouissance, et de la jouissance à d'autres besoins sentis pour jouir encore, que consiste tout le bonheur auquel nous pouvons prétendre.

Un état n'est proprement riche que par les denrées qui se consomment pour se reproduire, et qui se reproduisent pour se consommer. Voilà l'image de notre bonheur : manquer et recouvrer ; manquer encore et recouvrer encore, et ainsi tant que nous vivons.

Ce repos parfait, cette tranquillité inaltérable, qui faisoit retentir les écoles de la Grèce, n'est donc qu'une illusion à laquelle se livroient des enthousiastes ; et leurs déclamations prouvent seulement qu'ils n'étoient pas heureux.

Circonstances où les disputes sur le bonheur se sont élevées par mi les Grecs.

Tant que la Grèce fut occupée du soin de se donner des lois, on ne disputa point sur le bonheur : mais on le chercha avec succès ; et, si on eût demandé en quoi il consiste, je m'imagine entendre les plus sages répondre : *à être bon citoyen dans une république bien gouvernée.*

C'est au temps de Socrate que commencent les disputes sur le bonheur : dans ce siècle, où les Grecs, dégénérant de leurs premières vertus, cessoient d'être citoyens ; où les hommes de mérite, mis à l'écart, ne pouvoient plus servir leur patrie ; où des haines mutuelles divisoient des républiques mal gouvernées, et où Sparte elle-même étoit au moment de se corrompre.

De nouveaux désordres s'accumulèrent sur ces désordres, qui croissoient d'un jour à l'autre ; et les Grecs, hors du chemin du bonheur, s'en éloignoient tous les jours davantage. Dans ces circonstances, il étoit naturel qu'ils le cherchassent avec plus de passion que jamais ; et, puisqu'ils le cherchoient inutilement, il étoit encore naturel qu'il s'élevât beaucoup de disputes.

Socrate, abandonnant aux dieux la contemplation de la nature, vouloit que le citoyen se renfermât dans les connoissances d'usage, et dans cette vie active qui lui fait trouver son propre bien dans le bien général. Connoître ce qu'il est du devoir de connoître, aimer ce qu'il est du devoir

En quoi consiste le bonheur, selon Socrate.

d'aimer, étoit l'unique fin de toute sa morale. Un payen ne pouvoit certainement rien enseigner de mieux pour le bonheur de l'humanité. Mais les Grecs n'étoient plus capables d'écouter de pareilles leçons.

Le plan de Socrate n'excluoit pas l'étude des arts et des sciences utiles. Cependant il faut avouer que ce philosophe n'accordoit point assez à la géométrie, à l'astronomie et à la physique. C'est peut-être parce que, jugeant de ces sciences d'après la manière dont on les traitoit, il ne prévoyoit pas toute l'utilité qui en pouvoit naître.

Opinions de quelques autres philosophes. Il y avoit deux objets dans sa doctrine: l'un, de nous faire chercher le bonheur dans une vie active, qui rapporte tout à la vertu; l'autre, de nous dégoûter des spéculations par l'impossibilité où nous sommes de connoître la nature des choses.

Antisthène, plus rempli du premier objet, condamna tout ce qui lui parut superfluité; et la plupart de nos besoins ne furent à ses yeux que des distractions, qui nous écartent du chemin de la vertu.

Aristippe, au contraire, s'occupa plus

particulièrement du second objet. Je ne sais point, disoit-il, ce que les choses sont en elles-mêmes : je sais seulement que j'en reçois des sensations agréables ou désagréables. Voilà tout ce qu'il y a de réel pour moi. Je dois donc songer à me procurer des plaisirs, et je serai heureux, si j'y réussis.

Ces philosophes s'occupoient uniquement de la morale : en conséquence ils n'imaginoient pas que le bonheur pût être séparé de la vie active. Les dialecticiens, accoutumés à des subtilités, ne pouvoient pas le voir de la même manière. C'est pourquoi Euclide de Mégare le plaçoit dans un état unique, uniforme et toujours le même.

Dans la vie active, l'ame, selon Platon, est assujettie à la matière : elle est toujours agitée, toujours troublée. Dans la contemplation, au contraire, elle s'échappe de sa prison, jouit d'elle-même, se suffit, découvre l'enchaînement des causes et des effets, embrasse le système du monde, et c'est là le bonheur.

Ce philosophe ne mettoit pas au nombre

des biens les avantages de la figure et de la fortune. Il croyoit seulement qu'ils pouvoient contribuer au bonhéur par l'usage qu'en fait un homme vertueux. Mais quand on songe que toute cette vertu est renfermée dans des connoissances frivoles, et qu'elle exclut la vie active, on ne sait trop ce qu'il veut dire.

Aristote vouloit que les avantages de l'esprit, de la figure et de la fortune, concourussent au bonheur. S'il en demandoit trop, il exigeoit au moins une vie active, et en cela, il se rapprochoit de Socrate.

C'est après toutes ces tentatives que Pyrrhon imagina de mettre le bonheur dans une tranquillité parfaite, et que Zénon chercha cette tranquillité dans un état où le sage seroit tout-à-fait impassible.

Enfin la question sur le bonheur a si fort divisé les philosophes, qu'on prétend avoir compté à ce sujet jusqu'à deux cent quatre-vingt-huit opinions : c'est-à-dire, qu'être heureux, c'étoit, selon les uns, être stoïcien; selon d'autres, être académicien : et les opinions se multiplioient comme les sectes. Vous aurez de meilleurs guides, si vous suivez les Miltiade, les Thémistocle, les Aristide, les Épaminondas, les Aratus.

CHAPITRE XXV.

D'Épicure.

Épicure met le bonheur dans la volupté, c'est-à-dire, dans l'exercice des vertus.

Épicure naquit à Gargétium en Attique, 342 ans avant J. C. Il se fixa à Athènes dans la trente-sixième année de son âge; et parce que tous les lieux publics étoient occupés par les autres philosophes, il acheta une maison où il fit un jardin, et il y vécut avec ses disciples.

Toutes les sectes, qui tenoient école dans cette ville, déclamoient contre la volupté; et le public applaudissoit. Ce n'est pas qu'il aimât, ou que même il comprît cette doctrine : mais il applaudissoit, parce qu'il étoit étonné. L'ostentation de ces prétendus sages, lui en imposoit, et d'ailleurs il s'amusoit de leurs disputes.

Épicure plaça le bonheur dans la volupté : c'étoit tout-à-la-fois paroître s'accommoder aux mœurs du temps, et combattre les philosophes qu'on admiroit. A ces deux titres, il devoit attirer l'attention, et il l'attira.

Dans sa bouche néanmoins ce mot n'étoit qu'un piège, car, d'après ses principes, la volupté ne pouvoit se trouver que dans l'exercice des vertus. On accourut cependant: on écouta. On fut sensible aux charmes de son éloquence. La vertu, qu'elle faisoit connoître, parut avec les mêmes charmes: le caractère qu'elle prenoit, dans le caractère même d'Épicure, acheva de persuader; et l'école de ce philosophe fut bientôt une des plus célèbres.

Ennemi de la doctrine secrète, il aimoit la clarté, il la recommandoit: il vouloit ne parler que pour être entendu: et il auroit toujours été clair, s'il n'avoit pas entrepris d'expliquer la génération des choses.

Il aimoit la clarté.

Il avoit réfléchi sur les abus de la dialectique, et il a senti, mieux qu'aucun des anciens, comment nos connoissances viennent des sens. Il a su démêler deux choses dans nos sensations : la perception qui est toujours vraie, parce qu'elle n'assure que ce que nous sentons; le jugement qui peut être faux, lorsque, d'après nos percep-

Comment il recevoit le témoignage des sens.

tions, nous jugeons de ce que les choses sont en elles-mêmes. C'est pourquoi il reçoit le témoignage des sens, quand il s'agit uniquement des apparences; et c'est ainsi qu'il faut l'entendre, toutes les fois qu'il paroît dire que les objets ont la figure et la grandeur que nous leur voyons. Mais considérons-le d'abord dans la morale, parce que c'est la science où il a le mieux raisonné.

Le plaisir étoit, selon lui, la fin de toutes nos actions.

Le plaisir est le motif ou le but de toutes nos actions. Malheur à celui qui ne le goûteroit pas dans la vertu. Quel est en effet le caractère de l'homme vertueux, sinon de trouver son plaisir dans ses devoirs, et de ne le trouver que là? C'est donc pour le plaisir que nous cherchons la vertu : c'est parce qu'elle nous plaît, et qu'elle nous plaît plus que d'autres plaisirs, que nous lui sacrifions.

Cette vérité est bien simple. Cependant on n'en voit aucune trace dans les philosophes qui ont précédé Épicure; et depuis elle a été fort combattue. D'un côté, les Stoïciens vouloient qu'on aimât la vertu pour elle-même; et le plaisir, ainsi que la douleur, n'étoit rien, selon eux. D'un autre, la volupté, à laquelle les Cyrénaïques rapportoient tout, n'étoit qu'un plaisir de sensation ; et, pour en jouir, ils se livroient indifféremment à tout ce qui peut faire une impression vive et agréable. Cette doctrine seroit une source de désordres dans la société, et de remords dans l'homme assez stupide pour la suivre.

La vérité est entre ces deux opinions. Épicure la montra, et il distingua deux choses dans la volupté : l'exemption d'inquiétude, de trouble, de peine, de douleur; et les sentimens, qui, au moment de la jouissance, nous remuent agréablement, avec plus ou moins de vivacité. En effet, il est certain que ce sont-là les seuls motifs qui nous déterminent. Il distinguoit deux choses dans la volupté.

Ce philosophe mit, avec raison, de la différence entre ces deux choses. Il se représenta la première comme une volupté douce, qui répand le calme dans l'ame ; et la seconde, comme une volupté vive, qui cause toujours quelque émotion, et qui tend à produire le trouble.

Celle-là doit toujours être le principal objet de nos desirs, et nous sommes heureux, tant que nous en jouissons. Celle-ci ne fait pas le bonheur : elle y peut seulement conduire, toutes les fois qu'elle est nécessaire pour amener le calme dans l'ame. Il ne la faut donc pas rechercher pour elle-même. Si vous remarquez bien cette distinction, vous ne confondrez pas les Épicuriens avec les Cyrénaïques. En effet, Épicure tiroit de ces principes les conséquences suivantes.

Maximes morales d'Épicure.

« Ce n'est pas dans le luxe qu'il faut
» chercher le bonheur : peu de choses
» suffisent aux besoins de la nature. Le
» sage trouve ses commodités dans un bâ-
» timent simple : une étoffe commune
» le garantit des injures de l'air, les mets
» les moins rares appaisent également sa
» faim.

» Le grand, qui se fait un besoin de
» tout son attirail, n'en impose qu'aux
» yeux du vulgaire. L'apparence du bon-
» heur est au dehors, l'ennui le dévore
» au dedans. Il succombe sous le faix,
» il souffre, et n'ose se plaindre.

» Parmi ceux qui soupirent après la
» grandeur, il en est donc bien peu qui sa-
» chent ce qu'ils desirent. Ils s'agitent, ils se
» tourmentent pour des superfluités qu'ils

» n'obtiendront pas, ou qui ne les rendront
» pas heureux.

» Ce n'est pas qu'il faille toujours se
» garantir de l'ambition. Il est beau d'oc-
» cuper les premières places avec des lu-
» mières, du courage et des vertus. Le
» calme, qu'un souverain répand dans
» l'ame de ses sujets, passe bientôt dans la
» sienne. Il est heureux du bonheur des
» autres.

» Consultez-vous donc. Si vous avez tout
» ce qu'il faut pour conduire la république,
» soyez ambitieux : autrement, vivez éloi-
» gné des affaires.

« Cependant ne vous flattez pas que
» votre choix, quel qu'il soit, puisse jamais
» vous mettre à l'abri de toute peine. En-
» veloppé dans le tourbillon des choses,
» en vain vous voudriez que rien ne vous
» remuât. Tout vous entraîne, parce que
» vous tenez à tout.

» Dans un vaisseau que les flots agitent
» est-il une place où les secousses puissent
» ne se pas faire sentir ? Ne cherchons
» donc point à nous rendre insensibles. At-
» tendons-nous à des maux, puisqu'à cha-

» que instant les chagrins, les infirmités,
» les maladies nous menacent.

» Le sage combine. Il se résout à souffrir
» un mal pour se procurer un plus grand
» bien, et à se priver d'un bien pour éviter
» un plus grand mal. S'il cherche le plaisir
» c'est un plaisir éclairé; et il le trouve dans
» la modération. Sobre, il entretient la santé
» de son corps, ou du moins il se garantit
» de bien des douleurs. Citoyen vertueux, il
» est cher à sa patrie, à ses amis, à l'étranger
» même. Ainsi, quelle que soit sa position,
» toujours des compensations s'offrent à lui
» de quelque part. Il est malheureux dans
» les tourmens, sans doute ; il l'est moins
» cependant qu'un autre. Il sait la considé-
» ration et l'amour qu'il inspire : il voit
» l'intérêt que les citoyens prennent à ses
» maux : il jouit des soins d'une multitude,
» d'amis: et ces idées toujours présentes
» à son esprit, le pénètrent d'un sentiment
» vif et délicieux qui paroît, par intervalles
» au moins, le dérober à la douleur.

» Un bonheur permanent n'est pas fait
» pour l'homme. Supposons que la nature
» se changeât au gré des vœux inconsidérés

» de ceux qui pensent qu'une exemption
» de tous soins nous rendroit heureux,.
» et réalisons toutes les fictions de l'âge
» d'or, un printemps éternel, un ciel tou-
» jours pur et serein, des fruits qui naî-
» troient sous nos pas, des champs qui
» préviendroient nos desirs, etc. Alors,
» sans art, sans sciences, sans études,
» sans travail, en un mot, sans aucun
» besoin des choses qui nous occupent au-
» jourd'hui, vous n'auriez point de leçons
» à prendre, je n'en aurois point à vous
» donner : mais, bientôt dégoûtés d'un état
» qui n'auroit du bonheur que le nom,
» nous redemanderions, et notre terre, et
» nos charrues, et nos leçons ».

Tel est, Monseigneur, l'esprit de la morale d'Épicure. La conclusion qu'on en peut tirer, c'est que nous n'avons qu'à remplir nos devoirs, et nous nous trouverons bien comme nous sommes. Vous voyez que ce philosophe s'est également écarté des Stoïciens et des Cyrénaïques.

Un mot peut faire la fortune d'un système. Au cri de volupté, on accourut au jardin d'Épicure. Un autre cependant étoit

En quel sens Épicure a mis le bonheur dans la tranquillité de l'âme.

encore favorable à son dessein, c'est celui de tranquillité dont retentissoient les écoles des Stoïciens et des Sceptiques. Ce philosophe dit donc avec eux, que le bonheur est dans la tranquillité de l'ame : mais il le dit dans un sens bien différent.

Convaincu que nous sommes nés pour agir et par conséquent pour sentir et pour croire, il ne songea qu'à régler notre sensibilité et nos opinions. Or le calme, auquel il invitoit, n'est, comme nous venons de le voir, qu'un état moins agité, où le sage, compensant les biens et les maux, cherche ce qui peut être utile, et se refuse à ce qui peut nuire. Les mots de *repos*, *tranquillité*, devenus fort à la mode, étoient propres à son objet; et il les adopta.

Il s'appliquoit à dissiper la crainte de la mort.

Se proposant d'écarter toutes les craintes capables de nous troubler, il s'appliqua sur-tout à dissiper celle de la mort. Si vous êtes malheureux, disoit-il, que regrettez-vous? La mort finira vos maux. Pouvez-vous compter que l'avenir fasse pour vous ce que le passé n'a pas fait? Ne prévoyez-vous pas que vos pertes s'accumuleront avec vos années, et que le temps ne les réparera pas? Si au contraire vous êtes heureux si vous avez vécu dans l'affluence des biens, s'il en est peu qui vous aient échappé, qu'attendez-vous encore? Sortez de la vie comme on sort d'un festin. Tout s'use insensiblement pour vous : ce qui vous a plu, cesse de vous plaire, et cependant la nature n'a plus de nouveaux plaisirs à vous donner. Vous verriez donc avec dégoût toujours les mêmes choses, si vous viviez plusieurs siècles, et avec plus de dégoût encore si vous ne mouriez pas. Cependant un autre doit venir, pour qui tout sera nouveau. Cédez une place qu'on vous a cédée : cédez-la lui, elle n'est plus à vous : vous devez mourir pour qu'il vive. C'est ainsi que la nature se sépare.

Leucippe et Démocrite ne demandoient, pour produire le monde, que de la matière et du mouvement. Épicure adopta leur système, et il en tira deux conséquences : la première, qu'aucune intelligence n'a présidé à la formation de l'univers; et la seconde, que, n'étant nous-mêmes que le résultat d'un certain nombre d'atomes combinés d'une certaine manière, nous cessons d'être,

Pourquoi Épicure adopta le système des atomes.

lorsque cette combinaison cesse. Tout meurt donc en nous : la mort, par conséquent, n'est rien ; et, après cette vie, nous n'avons rien à craindre, comme nous n'avons rien à espérer. Voilà le motif qu'avoit Épicure, lorsqu'il a choisi ce système.

<small>Absurdité de ces principes.</small> S'il eût été plus éclairé, il eût offert un Dieu juste à l'homme qui remplit ses devoirs, et il n'eût laissé les frayeurs qu'aux coupables. Mais, pour les enlever également à tous les hommes, il fait présider à la formation de l'univers, le hasard, c'est-à-dire, un mot vide de sens. Avec ce mot, il veut, sans une cause intelligente, former un ouvrage où tout annonce une intelligence infinie. Les atomes sont, chacun séparément, incapables de sentiment, et il croit produire le sentiment, après les avoir combinés d'une certaine manière : comme si cette combinaison, qui n'est que le résultat des différentes positions où ces atomes sont les uns par rapport aux autres, pouvoit être le sujet de la pensée. Les études que vous avez faites, vous font voir, Monseigneur, l'absurdité de ces principes. Je ne m'arrêterai donc pas davantage à les réfu-

ter; et je vais vous exposer le systême d'É-
picure, puisqu'il faut vous le faire connoître pour achever l'histoire des opinions
des philosophes de la Grèce.

L'univers est tout ce qui est. Il a toujours *Exposition de son système.*
été et il sera toujours. Il est même immuable
en ce sens qu'il ne peut rien acquérir, car
rien ne se fait de rien; et qu'il ne peut rien
perdre, car rien ne peut être anéanti.

On n'y peut distinguer que deux choses :
les corps, dont les sens déposent l'existence,
et l'espace dans lequel il se meuvent. La
partie de l'espace que chacun d'eux occupe, se nomme lieu; et les intervalles qu'ils
laissent entre eux, se nomment vide.

Si les corps, finis en nombre, nageoient
dans un espace immense, ils ne se réuniroient jamais. Si les corps étoient infinis,
et l'espace borné, il n'y auroit pas assez
de lieu pour les recevoir. L'espace et les
corps sont donc également infinis.

Mais les choses, qui tombent sous les
sens, naissent, croissent et meurent. Il y
a donc des élémens dont la réunion les
forme, et dont la dissolution les détruit.

Or, si ces élémens, tant qu'on les conçoit étendus, pouvoient eux-mêmes se résoudre, ils se diviseroient, jusqu'à ce qu'ils cessasent d'être étendus. Il n'y auroit donc plus de corps : les corps tomberoient donc dans le néant. Concluons que les premiers élémens sont indivisibles. Nous les nommerons atomes.

Les atomes étant indissolubles, ils sont tous d'une égale solidité; et ils ne diffèrent que par la grandeur, la figure et le poids. Quant aux autres qualités, telles que le chaud et le froid, elles n'appartiennent qu'aux choses sensibles, et elles sont uniquement l'effet de la combinaison des premiers élémens.

Les atomes se meuvent en vertu d'une force intérieure, que nous nous représentons dans la pesanteur.

Le vide ne sauroit leur opposer de résistance. Ils parcourent donc en un instant le plus grand espace possible. On ne peut donc pas dire que les uns aient plus de vélocité que les autres.

Ils tombent d'abord perpendiculairement et parallellement. Or, s'ils continuoient à se mouvoir de la sorte, ils ne se rencontreroient jamais. Il est donc nécessaire de supposer encore qu'ils ont le pouvoir de décliner un peu de la ligne droite. Alors ils se choqueront, se réfléchiront, et ils seront mus dans toute sorte de directions.

Dans ces différens chocs, ils ne se réfléchiront pas toujours. Comme il y en a de toutes les figures imaginables, et que chaque figure est commune à une infinité, ils s'embarrasseront les uns les autres, et plusieurs s'accrocheront. Il se formera donc déjà de petits composés, qui seront moins mobiles que les élémens simples, et plus irréguliers. Par conséquent, ils seront faits pour s'accrocher encore davantage : et il se formera quelque part une masse informe, où tout sera pêle-mêle et sans ordre.

Cependant le mouvement ne cessera pas dans cette masse. Par conséquent, ses parties se combineront de toutes les manières, et enfin elles s'arrangeront avec ordre. Car l'ordre est au nombre des combinaisons possibles.

Alors il y aura des corps de différentes

espèces. Les uns seront plus denses et les autres plus rares, suivant les interstices que les parties laisseront entre elles. Les uns auront plus de mouvement intérieur, les autres moins, suivant la figure des atomes dont il seront composés ; et de ces différences naîtront toutes les qualités des choses sensibles.

Puisque le mouvement ne cesse jamais, il n'y a point de combinaison qui puisse se conserver toujours la même. Les composés, qui se sont faits, se défont; et, de leurs élémens de nouveaux composés se font encore. Tout naît, tout meurt : la naissance d'une chose est la mort d'une autre. C'est une suite de révolutions, qui n'a point eu de commencement, et qui n'aura point de fin.

Nous remarquons ces révolutions dans les objets qui nous environnent. Le monde n'y est pas moins sujet : le mouvement qui l'a produit, le détruira, et il s'en formera un nouveau.

L'espace est immense. Ce que le concours des atomes fait dans un endroit, il le fait donc dans d'autres. Il y a donc une infinité de mondes. Les uns commencent, les autres finissent : les uns sont semblables, les autres différens.

La masse de la terre pèse, et son poids est le poids total des atomes dont elle est formée. Elle a donc d'abord tombé : mais elle a cessé de tomber, lorsqu'elle a eu assez de surface pour se soutenir sur l'air inférieur, et que cet air, contenu par les mondes environnans, n'a plus cédé. C'est ainsi qu'elle se soutient au milieu de notre monde. Elle a par conséquent la forme d'un disque, et il n'y a point d'antipodes.

Tous les corps continuent de peser perpendiculairement vers le lieu où la terre s'est arrêtée. Or c'est une suite de l'inégalité de leur poids, que les moins pesans soient chassés par ceux qui le sont davantage, et qu'ils s'élèvent à proportion que leur figure est moins régulière, et que le mouvement primitif de leurs atomes est moins altéré. C'est de ces corps qui remontent, que se forment l'air, la matière éthérée et les astres.

Tout étant ainsi arrangé, la terre produisit d'abord des plantes, et ensuite des animaux de toute espèce. Effets du concours aveugle des atomes, ces premières productions furent informes, sans doute, et ne se conservèrent pas. Mais, parce que dans un nombre infini de combinaisons, il faut que toutes les combinaisons se rencontrent, il naquit enfin des plantes bien conformées et des animaux bien organisés. Alors la terre, comme fatiguée, se reposa, laissant à ces premiers individus le soin de se perpétuer.

Dès que la nature n'est que le concours aveugle des atomes, elle agit sans dessein. Ce n'est pas avec dessein qu'elle nous a donné, par exemple, les organes des sens. Nous nous sommes trouvé des yeux, nous nous en sommes servis pour voir : nous nous sommes trouvé des oreilles, nous nous en sommes servis pour entendre, etc.

Nous nommons ame ce qui est en nous le principe de la vie et du sentiment. Or nous ne sentons, que parce que quelque chose nous touche ; et rien autre que le corps ne peut toucher ni être touché. L'ame est donc un corps, un corps subtil, à la vérité, un corps composé de parties d'air, de feu, des atomes les plus ronds et les plus mobiles.

Notre ame, notre moi n'est donc que le résultat de plusieurs atomes combinés. Or la mort détruit cette combinaison. Le moi cesse donc, et nous ne sommes plus.

Par un hasard, les mêmes atomes, dont je suis formé, pourroient être une seconde fois combinés de la même manière. Cependant ce ne seroit plus la même personne, parce que cette combinaison ne se souviendroit pas d'avoir existé.

Quelques questions suffisent, Monseigneur, pour réfuter ce système. Comment les atomes, s'ils sont de différentes figures, de différentes grandeurs, de différens poids, sont-ils indivisibles? comment peut-on assurer que rien ne rentre dans le néant, si c'est assez de diviser les atomes, pour les anéantir? qu'est-ce que cette force intérieure, qui est en eux le principe du mouvement? comment parcourent-ils en un instant le plus grand espace possible? que signifient ces mots *un instant* et *le plus grand espace possible ?* que veut dire Épicure, lorsqu'il dit que les atomes

Réfutation de ce système.

tombent? y a-t-il, dans un espace immense, un haut et un bas absolus? sur quoi, dans cet espace immense, leur chûte est-elle perpendiculaire? comment ont-ils le pouvoir de décliner? qu'est-ce que l'air inférieur, qui est contenu par les mondes environnans? pourquoi, comme l'air supérieur, ne cède-t-il pas au poids de la terre? comment le concours fortuit des atomes a-t-il produit sur ce disque des plantes et des animaux? pourquoi cesse-t-il d'en produire ? que veulent dire ces mots *la terre étant comme fatiguée ?* enfin comment l'ame est-elle un composé d'atomes? parce que ces petits corps, qui sont chacun privés de sentiment, sont fort ronds et fort mobiles, est-ce une conséquence que leur combinaison devienne elle-même le sujet du sentiment et de la pensée ?

Il est évident qu'Épicure raisonne sur des mots auxquels il n'attache aucune idée. Voilà les élémens avec lesquels il s'imagine former une infinité de mondes. D'après ces vues générales, on peut juger de la manière dont il explique les différens phénomènes. J'apporterai pour exemple l'explication qu'il donne de la vision.

Il n'y a point, dit-il, de corps d'où il ne s'échappe toujours des corpuscules. Souvent même ces exhalaisons sont assez grossières pour être apperçues. Il peut donc y en avoir de très-subtiles. Imaginons que ce sont des atomes, qui conservent entre eux le même ordre qu'ils avoient dans les objets : imaginons-les comme une multitude de légères surfaces, d'images : de simulacres s qui, se détachant continuellement les unes après les autres, se renouvellent sans interruption, se répandent de tous côtés, et remplissent l'air. Dans cette supposition, nous comprendrons que nous voyons les objets, parce que ces simulacres subtils pénètrent de l'œil jusqu'à l'ame, contre laquelle ils viennent heurter. *Comment Épicure explique la vision.*

C'est avec ces simulacres qu'Épicure explique les visions que nous avons en songe. Mais je me suis déjà trop étendu sur ce système. Au moins n'est-il pas nécessaire que j'entre dans de plus grands détails. Que penseriez-vous de voir des atomes former des dieux de figure humaine, parce que cette figure est la plus belle de toutes? Des dieux *Autres absurdités de ça philosophe.*

qui sont nés, et qui ne mourront point, parce qu'ils sont composés d'un tissu si subtil, que rien ne les peut blesser : qui ne mourront point, dis-je, quoique le mouvement tende toujours à détruire les premières combinaisons pour en faire de nouvelles : des dieux, dont la substance n'est ni corporelle, ni incorporelle, mais seulement quelque chose qui approche du corps, quoique, dans les principes d'Épicure, ils ne soient qu'un assemblage d'atomes arrangés d'une certaine manière : des dieux qui existent dans les espaces que les mondes laissent entre eux, quoiqu'il ne puisse pas y avoir de pareils espaces, puisque l'air, qui soutient la terre, est contenu par les mondes environnans. Tant de contradictions, tant d'absurdités se réfutent d'elles-mêmes, et ne méritent pas d'être combattues.

Mort d'Épicure. Épicure mourut dans la 72e. année de son âge. Se voyant près de sa fin, il disposa de ses biens, affranchit ses esclaves, assura l'état de plusieurs enfans qu'il avoit pris sous sa tutelle, et légua ses jardins à ses disciples.

Nombre de ses ouvrages. Il a toujours été fort adonné à l'étude, et il n'y a pas de philosophe qui ait autant écrit : mais, de trois cents ouvrages qu'il a laissés, il ne reste que quelques fragmens.

Tant qu'ils vécut, il fut exposé à la haine de toutes les sectes. On ne lui pardonnoit pas d'avoir mis au jour les subtilités des académiciens, les puérilités des dialecticiens, la vanité du portique. C'est pourquoi ses mœurs ont été calomniées. Cependant sa réputation fut toujours entière chez les Athéniens, si faciles à surprendre. Ils le regrettèrent, ils lui élevèrent un monument : ses disciples transmirent le respect et l'amour qu'il leur avoit inspirés ; ils consacrèrent des jours à sa mémoire, et ils vécurent dans la plus grande union. Si quelques-uns abusèrent de la doctrine d'Épicure, ils furent désavoués ; et nous ne les devons pas confondre avec les vrais sectateurs de ce philosophe. *Pourquoi il a été calomnié.*

Ceux qui se sont succédé dans cette école, sont Hermachus, Polystrate, Dyonisius, etc. On en a compté dix jusqu'à Auguste. Mais il n'est pas possible de rien assurer sur ce qui les concerne : on ne nous a pas même conservé les noms de tous. *Ses successeurs.*

CHAPITRE XXVI.

Réflexions sur la manière dont les anciens ont raisonné.

<small>La crédulité a été long-temps un obstacle à l'art de raisonner.</small> LES anciens ont cru, avant de raisonner sur ce qu'ils devoient croire. Souvent il nous arrive d'en faire autant. C'est pourquoi il nous importe de réfléchir sur la manière dont ils ont raisonné, et de considérer comment les hommes, toujours curieux, n'ont jamais été plus crédules, que lorsqu'ils ont été plus ignorans.

Dans les premiers siècles, les meilleurs esprits n'avoient qu'un moyen de se distinguer, et c'étoit de dérober, pour ainsi dire, les opinions qui étoient à tout le monde, et de se les rendre propres, en les exposant d'une manière nouvelle, plus ingénieuse, ou moins grossière.

Élevés dans un siècle crédule, ils en ont eu la crédulité ; ce sera donc fort tard et de loin à loin, qu'on aura songé à combattre les préjugés. Par conséquent la crédulité aura passé d'une génération à l'autre, et plusieurs se seront succédé, avant qu'on ait raisonné sur ce qu'on croyoit.

Ce n'est même qu'en pensant après les préjugés, qu'on aura pu s'assurer des succès. Pour embellir les fables qu'on croyoit, on aura donc imaginé des fictions qu'on pouvoit croire : on aura prodigué les métaphores, les hyperboles, les expressions les plus exagérées. Voilà quels ont été, pendant long-temps, les matériaux de ce qu'on a nommé histoire et philosophie. Vous comprenez qu'on étoit encore bien loin de commencer à raisonner avec quelque justesse.

C'est par la politique qu'a commencé, chez les Grecs, l'art de raisonner, et le siècle de Solon en est plus particulièrement l'époque. Alors, pour être éloquent, il falloit persuader des peuples qui s'éclairoient sur leurs intérêts : il falloit raisonner avec des citoyens qui raisonnoient eux-mêmes, et qui, quoique souvent trompés, avoient, dans l'amour de la liberté, un grand motif pour se tenir en garde contre toutes surprises. De pareilles circonstances apprenoient peu-

Chez les Grecs la politique a contribué aux premiers progrès de l'art de raisonner.

à-peu à raisonner sur les intérêts des républiques.

<small>Les beaux arts lui ont fait faire de plus grands progrès.</small>

La poésie dramatique, qui naquit alors, fit faire à l'art de raisonner, des progrès encore plus rapides; parce qu'on raisonne plus facilement, et mieux par conséquent, sur ce qui plaît, que sur ce qui est utile. On peut faire la même observation sur la peinture, sur la sculpture et sur tous les beaux-arts.

<small>Pourquoi la philosophie ne lui en a par fait faire.</small>

Mais on n'a pas le même intérêt à juger de la vérité d'un système, que de l'utilité d'une loi ; et il n'est pas aussi facile de s'en assurer, que de sentir la beauté d'un drame. L'art de raisonner n'eut donc pas, dans la philosophie, les mêmes secours que dans la politique et dans les beaux-arts.

On continuoit de laisser la philosophie aux poëtes, qui étoient en possession de l'enseigner; et on adoptoit, sans examen, des opinions pour lesquelles on se prévenoit. Si on commença, dès le temps de Solon, à écrire en prose, cet usage ne prévalut que lentement : et, quoiqu'il dût, tôt ou tard, accoutumer à plus de précision, il ne changea rien d'abord à l'art de raisonner. Les philosophes, occupés séparément à établir chacun leur doctrine, ne songeoient pas même encore à se contredire.

Enfin les Éristiques, sortis de la secte Éléatique, répandirent le goût de la dispute. Cette circonstance paroissoit favorable à la philosophie. On pouvoit présumer que les erreurs alloient se détruire mutuellement, et qu'il sortiroit quelque étincelle du choc des opinions.

Les Éristiques ont retardé les progrès de cet art.

Mais le genre de dispute qui s'éleva, ne devoit pas produire un effet si salutaire; parce que les Éristiques n'étoient que de mauvais discoureurs, qui, ne combatoient rien, et qui n'établissoient rien. Ils parloient de tout, parce qu'ils ignoroient tout, et le vulgaire applaudissoit.

C'est dans ces circonstances que Socrate entreprit de dessiller les yeux des Grecs. Sa méthode étoit excellente pour démasquer les sophistes, et pour montrer le faux de tous les systêmes; et c'est par-là qu'il falloit commencer. Cependant il auroit fallu donner ensuite des règles pour nous conduire dans l'étude de la nature. Il est vrai que la chose alors étoit difficile, ou peut-être

L'art de raisonner, enseigné par Socrate, suffisant pour détruire l'erreur, ne suffisoit pas pour conduire à la vérité dans toutes nos recherches.

même impossible; parce que le hasard, qui prépare aux découvertes, n'avoit pas fait sentir la nécessité des expériences; que la géométrie avoit fait peu de progrès, et qu'on n'avoit pas les instrumens qui depuis ont été d'un si grand secours. Socrate, jugeant donc de l'avenir par le passé, se hâta de penser que les tentatives des physiciens seroient toujours inutiles; et, considérant avec quels succès on s'étoit occupé jusqu'alors de la morale et des arts d'usage, il voulut retenir, dans les limites de ces objets, l'esprit humain qui avoit pris un nouvel essor. Mais ce fut inutilement, et vous avez vu toutes les sectes qui sont sorties de l'école de ce philosophe. Si l'art de raisonner, tel qu'il l'a enseigné, suffisoit pour combattre l'erreur, il ne suffisoit donc pas pour conduire à la vérité dans des recherches de tout genre.

Pourquoi dans la suite on étudia inutilement l'art de raisonner. Si on peut enfin reconnoître la nécessité d'apprendre à raisonner, ce fut pour s'égarer dans des subtilités ou dans de vaines recherches.

Raisonner, c'est comparer des idées afin de passer, des rapports qui sont connus, à la découverte de ceux qui ne le sont pas. Or comment saisir exactement ces rapports, si on ne détermine pas les idées avec précision ? et comment déterminer les idées, si on ne les connoît pas parfaitement ? Il falloit donc remonter à leur origine, et en développer toute la génération : il falloit soupçonner qu'elles sont l'ouvrage de l'expérience, reconnoître qu'elles avoient été mal faites pour la plupart, et oser former le projet de les refaire. C'est à quoi les anciens n'ont jamais pensé, et ils se sont contentés de répandre quelque ordre dans les idées.

Avant qu'il y eût des philosophes, les hommes avoient déjà distribué les êtres en plusieurs classes, suivant les différences ou les ressemblances qu'ils y avoient remarquées. Sans cela, il ne leur eût pas été possible de s'entendre. Vous savez que cet usage est une suite de la formation et du progrès des langues.

En distribuant les choses par classes, les philosophes crurent en déterminer la nature.

Ces distributions furent l'ouvrage des circonstances. Ce sont les besoins qui firent remarquer des qualités différentes, et imaginer autant de termes généraux, afin de mettre sous chacun d'eux, toutes les choses auxquelles une même qualité est commune.

Cela fut exécuté avec d'autant moins de netteté et de précision, qu'il y avoit plus d'ignorance et de préjugé. Il étoit important d'y mettre plus d'ordre. Les philosophes le sentirent. Ils s'appliquèrent donc à mieux marquer les genres et les espèces, et ils firent de nouvelles distributions. C'est ce qu'on nomma *catégorie*.

Cette entreprise avoit son utilité. Cependant ce n'étoit que refaire, avec réflexion, ce qui avoit déjà été fait comme par instinct.

Les philosophes ne s'en apperçurent pas, ou ne voulurent pas qu'on s'en apperçût. Ils parurent donc avoir fait ce qu'on n'avoit point fait avant eux; et, parce que leurs distributions répandoient quelques lumières, parce qu'alors ils pouvoient souvent dire à quelle classe une chose appartenoit, ils s'imaginèrent que leurs catégories les conduisoient à déterminer la nature des êtres.

Ces classes ne font que montrer l'ordre qu'ont les choses dans notre manière de concevoir.

Cependant, au lieu de représenter l'ordre que les choses ont réellement entre elles, ces classes ne représentent que celui qu'elles ont dans notre manière de concevoir; et, par conséquent, ce ne sont que des distributions fort arbitraires. On a beau diviser et subdiviser, il reste toujours des êtres qu'on ne sait à quelle classe rapporter. Vous vous souvenez que je vous ai fait remarquer qu'il y a tel panier ou telle corbeille, qu'on ne peut déterminer si c'est un panier plutôt qu'une corbeille, ou une corbeille plutôt qu'un panier. C'est sur des questions de cette espèce que les philosophes ont beaucoup disputé, et disputent souvent encore.

Tel a été l'abus d'une méthode qui auroit toujours été utile, si on avoit su qu'elle ne doit être employée que pour mettre de l'ordre et de la précision dans nos idées. On l'ignora, et il en naquit un autre abus qu'il faut expliquer.

Les choses dont la géométrie s'occupe, sont des notions abstraites qui se déterminent facilement, et le géomètre qui en cherche les rapports, n'examine pas s'il existe quelque chose de semblable : en les définissant comme il les conçoit, il en montre l'essence. Il dit, par exemple, que le triangle est une surface terminée par trois côtés; or le triangle, qu'il y en ait, ou qu'il

Pourquoi en géométrie les définitions font connoître l'essence des choses.

n'y en ait pas, ne sauroit être autre chose.

Dans cette définition, le mot *surface* exprime une idée abstraite qui est commune au triangle, au carré, au cercle, etc., que par cette raison les philosophes nomment *genre*. Les mots *terminée par trois côtés* expriment une autre idée abstraite, qui est commune à tous les triangles, qui marquent en quoi leur surface est d'une espèce différente des surfaces du cercle, du carré, etc., et que les philosophes nomment *différence spécifique*. Voilà tout l'artifice des définitions. Vous concevez qu'elles seroient également bonnes, quand on ne sauroit pas qu'il y a des genres et des différences spécifiques. C'est néanmoins ce langage qui a trompé les philosophes : ils ont cru qu'ils saisiroient les essences, toutes les fois qu'ils connoîtroient les genres et les différences spécifiques.

Cependant, lorsque les géomètres définissent les choses, ils ne font proprement que les classer : et, si en les classant, ils en montrent l'essence, c'est qu'il suffit de les classer pour faire connoître tout ce qu'elles sont : il suffit de dire de quel genre est une figure, et de quelle espèce elle est dans ce genre.

En physique, les définitions montrent également à quel genre, à quelle espèce nous rapporterons les choses : elles montrent l'ordre dans lequel nous les concevons : elles les classent, en un mot ; et nous pouvons nous en servir à cet usage. Mais elles ne font point voir ce que les choses sont en elles-mêmes, et c'est cependant en elles-mêmes que la physique les doit considérer.

Pourquoi en physique les définitions ne font pas connoître les choses en elles-mêmes.

L'erreur des philosophes grecs a donc été de juger qu'avec des définitions, ils montreroient l'essence des choses en physique, parce qu'avec des définitions, ils la montroient en géométrie. Ils auroient dû analyser les objets de la nature, et ils se sont contentés de les classer ; et, quoiqu'il ne leur ait jamais été possible de marquer où une espèce commence et où une autre finit, ils ont cru qu'en les définissant, ils en feroient connoître l'essence. Voilà pourquoi leur physique n'est qu'un jargon inintelligible.

Erreur des philosophes à ce sujet.

Après s'être égarés de la sorte, les

Pourquoi les anciens n'ont pas

<small>connu les principes de l'art de raisonner.</small> anciens ne pouvoient plus connoître les vrais principes de l'art de raisonner. Ils les ont cherchés néanmoins; et, dans l'espérance de les trouver, ils ont considéré les syllogismes sous toutes sortes de formes, ils ont distingué toutes les espèces de propositions, ils ont fait des règles sans nombre. Mais leurs efforts ont été inutiles, parce que l'esprit de l'art leur a échappé, et qu'ils n'en ont connu que le mécanisme.

CHAPITRE XXVII.

De l'influence des langues sur les opinions, et des opinions sur les langues.

C'est M. de Maupertuis qui a proposé, au nom de l'académie de Berlin, la question que je vais traiter, et qui est très-propre à faire voir combien il faut peu de choses pour nous égarer. Vous connoissez ce philosophe, Monseigneur; je vous ai fait lire plusieurs de ses ouvrages, parce que je les ai regardés comme des modèles, qui pouvoient vous apprendre à penser avec clarté et avec précision.

En étudiant la grammaire, vous avez vu combien les mots nous sont nécessaires pour penser : vous avez reconnu que nous pensons dans notre langue et d'après notre langue. Il faut, par conséquent, que notre langue influe sur notre façon de penser.

Si elle a peu de mots, nous n'avons donc

Comment les langues influent sur notre façon de penser, et notre façon de penser sur les langues.

que peu d'idées; et nous n'avons que des idées confuses, si la signification des mots est mal déterminée. Tel a été le premier état de toutes les langues.

Cependant, à mesure que nous acquérons des connoissances, nous sentons le besoin d'en acquérir : plus même nous en acquérons, plus nous sentons ce qui nous manque à cet égard. Alors plus capables de réflexion, c'est aussi avec plus de réflexion que nous nous occupons de notre langue. Nous la corrigeons, nous la refaisons. Elle devient donc plus exacte, et notre esprit, qui par-là le devient lui-même davantage, la rend tous les jours plus exacte encore. C'est ainsi que les grands écrivains, qui n'ont d'abord pensé que d'après leur langue, la font ensuite penser d'après eux.

Dans la grammaire, nous avons considéré les langues comme autant de méthodes analytiques. Cette seule considération suffit pour faire comprendre l'influence réciproque des langues sur notre façon de penser, et de notre façon de penser sur les langues.

C'est aux méthodes que notre esprit doit

ses progrès en tous genres : notre langue influe donc sur notre façon de penser, et elle lui donne de la clarté et de la précision, à proportion qu'elle en a davantage elle-même.

C'est notre esprit qui invente et qui perfectionne les méthodes. Il influe donc sur notre langue, et il lui rend de la clarté et de la précision, à proportion qu'il en est devenu plus capable. En un mot, il en est des langues comme de toutes les méthodes analytiques, qui sont, tout à la fois, et l'ouvrage du génie qui les invente, et un secours qu'il se procure.

Si les langues avoient été autant de méthodes, où l'analyse des idées se fût faite de la manière la plus simple, la plus claire et la plus précise, combien d'opinions auxquelles on n'auroit jamais pensé ! Alors en effet, on auroit vu dans le langage l'origine et la génération des idées : on les auroit vu se développer avec ordre, et se déterminer avec précision. On n'auroit jamais, par exemple, demandé d'où viennent nos connoissances. On auroit su la réponse, avant de faire la question, où

Quel est l'effet de l'influence réciproque des langues sur les opinions, et des opinions sur les langues.

plutôt on n'auroit pas imaginé d'avoir des doutes à ce sujet.

On demande : *qu'est-ce que la substance ? qu'est-ce que l'essence de tel ou tel être ? comment le monde a-t-il été formé ?* Si nous appercevions sensiblement dans notre langue, l'origine et la génération de nos idées, nous saurions que nous n'avons des connoissances qu'autant que nous observons ; et que nous n'observons, qu'autant que nous avons des sensations. Nous ne nous demanderions donc pas des réponses, que nous ne pouvons pas nous faire, puisque nos sens ne nous les fournissent pas.

Or, si on n'avoit pas fait ces questions ; nous n'aurions pas vu naître ces opinions, qui, ne répandant que des doutes, ont donné lieu à beaucoup d'autres. Je n'aurois pas eu à vous faire l'histoire de la philosophie. L'étude de la langue vous apprendroit tout : il ne nous faudroit qu'une bonne grammaire et un bon dictionnaire.

Les langues, parce qu'elles ont été faites avec trop peu de méthode, ont donc fait agiter toutes ces questions, et par-là, elles ont influé sur les opinions; et les opinions, qu'on a adoptées, lorsqu'on a voulu répondre à ces questions, ont à leur tour influé sur les langues, parce qu'il a fallu se faire un langage pour les défendre.

Comme les règles de la syntaxe sont plus connues et plus faciles à observer, que les règles de l'art de raisonner, on contracte l'habitude de parler correctement, plutôt que l'habitude de penser avec justesse. Alors, prévenu pour des opinions qu'on a prises sans examen, on ne sentira pas la nécessité de s'assurer de ces principes et des conséquences qu'on en tire. On se contentera de mettre quelque ordre dans les idées vagues et confuses qu'on s'est faites, et on les exposera avec toute l'élégance dont on est capable. Mais on ne déterminera pas la signification des mots : on l'altérera, on la changera sans raison : une métaphore, une comparaison paroîtra répandre la lumière ; et, pour expliquer une expression qu'on n'entendra pas, on en imaginera d'autres qu'on n'entendra pas davantage. C'est de la sorte que d'un langage confus naissent des opinions; et que de ces opinions naît un autre langage, qui, tout aussi confus que le premier, produit de nouvelles opinions, pour produire bientôt de nouveaux langages également confus : et ainsi de suite, pendant des siècles.

Tel est donc l'effet de l'influence réciproque des opinions sur les langues, et des langues sur les opinions. Les opinions n'influent sur les langues, que pour y répandre la confusion, et pour les rendre, par conséquent, toujours moins propres aux analyses. On en voit la preuve dans le précis que j'ai fait des systêmes des philosophes anciens. Les langues influent sur les opinions pour les multiplier, et elles les multiplient au point qu'un seul terme vague peut en faire naître plusieurs. J'en vais donner quelques exemples.

Premier exemple de plusieurs opinions nées d'un seul mot.

La vérité peut être considérée dans les idées que nous formons, ou dans les choses mêmes.

Dans le premier cas, la vérité n'est que le rapport apperçu entre deux idées. *Le tout est plus grand qu'une de ses parties*, est une vérité, parce que cette proposition exprime le rapport de l'idée que nous désignons par *le tout*, avec l'idée que nous désignons par *une partie*. Cette proposition seroit vraie, quand même les objets auxquels nous en pouvons faire l'application, n'existeroient pas. Voilà les fondemens des mathématiques pures : car, dans cette science, les vérités ne sont que des rapports apperçus entre des idées.

Quand nous considérons la vérité dans les choses, il faut encore distinguer. Ou nous observons les choses en elles-mêmes, ou nous observons les rapports qu'elles ont à nous, ou nous observons les rapports qu'elles ont entre elles, non d'après ce qu'elles sont, mais d'après ce qu'elles nous paroissent.

Si nous voulons observer les choses en elles-mêmes, nous ferons de vains efforts pour les connoître. Nous n'arriverons à aucune vérité, parce que les sens, auxquels nous devons toutes nos connoissances, ne découvrent que des qualités relatives, et ne peuvent percer jusqu'aux qualités absolues. Il ne nous reste donc à observer dans les choses, que les rapports qu'elles ont à nous, et ceux qu'elles ont entre elles, d'après ce qu'elles nous paroissent.

Lorsque nous nous bornons à juger des rapports que les objets ont à nous, ces rapports apperçus sont autant de vérités. Alors il est vrai que les corps sont éclairés, colorés, en mouvement ou en repos, chauds ou froids, nuisibles ou utiles, etc.

C'est une conséquence, que, lorsque nous jugeons des objets d'après ce qu'ils nous paroissent, il y ait autant de vérités que nous appercevons de rapports entre eux. Il est donc vrai que les corps sont, les uns par rapport aux autres, plus ou moins éclairés, plus ou moins pesans, plus ou moins durs, etc.

Comme il y a des vérités dans les mathématiques pures, il y en a donc aussi dans les sciences, qu'on peut en général comprendre sous le nom de physique; et ces vérités sont tous les phénomènes qu'on découvre par l'observation, et dont on s'assure par l'expérience. Si on soumet ces phénomènes au calcul, alors on a toutes les vérités qui se démontrent dans les mathématiques mixtes.

Mais, sans parcourir toutes les sciences, il est évident que nous pouvons connoître les choses sous les rapports qu'elles ont à nous, et sous ceux qu'elles ont entre elles d'après ce qu'elles nous paroissent, puisque nous ne pouvons pas observer de pareils rapports : et il est également évident que nous ne pouvons pas connoître ce que les choses sont en elles-mêmes, puisque, sous ce point de vue, nous ne les saurions observer.

Voilà les distinctions que les philosophes auroient faites, s'ils avoient saisi la génération de nos connoissances. Alors le mot *vérité* auroit eu dans leur bouche une signification déterminée. Ils n'auroient donc pas demandé, *s'il y a des vérités, si nous les pouvons connoître, s'il est des moyens pour nous en assurer.* Plus de sophistes, par conséquent, plus de dialecticiens, plus d'académiciens, plus de sceptiques, plus de sectes, en un mot. On n'auroit pas cherché ce que les choses sont en elles-mêmes; on n'auroit pas élevé des systêmes sur des suppositions gratuites, ou sur des principes abstraits. On auroit observé, on auroit multiplié les expériences, et on se seroit épargné bien des absurdités. Ces grands philosophes, ces génies sublimes, ces esprits divins, un mot les a trompés.

<small>Deuxième exemple.</small> Pourquoi a-t-on compté 288 opinions sur le bonheur? Ce n'est pas qu'on puisse à ce sujet penser de 288 manières réellement différentes; c'est parce qu'il y a bien des manières de parler d'une chose, sans savoir ce qu'on dit.

Que par le bonheur on entende ce qui nous satisfait, et qu'en conséquence, on le mette dans la jouissance des choses nécessaires à nos besoins, on n'imaginera pas de dire que nous sommes heureux par la seule contemplation. Un pareil besoin n'est pas général : il est factice dans ceux qui l'ont : il ne sauroit être un des premiers; et, quand on l'auroit satisfait, il en resteroit beaucoup d'autres, qui suffiroient pour rendre malheureux.

On ne dira pas non plus que le bonheur consiste à connoître l'essence des choses, et à découvrir comment l'univers a été formé, puisque ces connoissances ne nous sont pas nécessaires, et que d'ailleurs nous n'avons pas de moyen pour les acquérir.

On ne placera pas davantage le bonheur dans une tranquillité parfaite; parce que la jouissance des choses nécessaires à nos besoins suppose des desirs, des passions, et par conséquent, des inquiétudes.

On diroit plutôt, avec l'abbé de S. Pierre: *ceci est bon pour moi aujourd'hui*; et cette opinion, qui est peut-être la 289me, est la plus raisonnable de toutes, pourvu qu'on pense avec cet écrivain, que les devoirs sont toujours bons.

La multitude des opinions sur le bonheur, vient donc d'un mot, auquel on n'a pas attaché des idées assez déterminées.

Il semble que l'étymologie seule auroit pu garantir de bien des erreurs. J'ai peine à croire que ceux qui les premiers ont employé, par exemple, les mots *substance, essence, nature* se soient imaginés avoir une idée des choses dont ils parloient. Ils vouloient dire par *substance*, ce qui est dessous certaines qualités; par *essence*,

<small>Troisième exemple.</small>

ce qui fait qu'une chose existe avec telles propriétés, et par *nature*, ce qui fait qu'elle est née, pour ainsi dire, avec les qualités qu'elle a. Or cette expression *ce qui* faisoit assez entendre qu'ils ne savoient pas ce que la substance, l'essence et la nature sont en elles-mêmes. Si cette étymologie avoit donc toujours été présente à l'esprit, combien de mauvais raisonnemens n'auroit-on pas évités ! Platon, par exemple, auroit-il imaginé ses essences ? en auroit-il fait des êtres, des dieux ?

Le feu brûle, parce qu'il est de son essence, de sa nature de brûler : cela veut dire, qu'il brûle parce qu'il existe, qu'il est né pour brûler; en un mot, qu'il brûle parce qu'il brûle. Cette réponse n'est pas bien satisfaisante : mais enfin c'est une réponse ; et, quand on s'est rendu ce langage familier, on entrevoit quelque chose confusément, et on juge la réponse bonne.

Les philosophes anciens me fourniroient bien des exemples de l'influence des langues sur les opinions. Mais parce qu'il faut se borner, je n'en donnerai plus que trois, que je prendrai dans les mots *ame*, *Dieu* et *athée*.

On se représente naturellement la vie par le mouvement du corps. Or, comme dans le repos, dans le sommeil, la respiration est le seul mouvement sensible ; vivre, respirer, être animé n'ont été qu'une même chose. On s'est donc fait une habitude de regarder l'ame comme un souffle, et ce jugement n'a point paru absurde, parce que l'habitude a tenu lieu de raison. *Quatrième exemple.*

Mais qu'est-ce que ce souffle ? Une matière subtile. De quelle nature encore est cette matière ? C'est un air, un feu, etc.

Après avoir aussi bien sastisfait à ces questions, on a dit : si un souffle, qui anime l'homme, meut son corps, un pareil souffle sera répandu dans tout ce qui se meut, ce sera l'ame du monde, ce sera le principe de tout mouvement. Il y a donc une ame universelle, dont les ames particulières ne sont que des parcelles, des émanations, etc.

Si par le mot *ame* on n'eût jamais entendu que ce qui sent ; si on eût remarqué que nous ne pouvons pas observer l'ame dans sa substance même ; que nous ne l'observons que dans les sensations qu'elle éprouve ; et que, par conséquent, il ne nous est pas possible de découvrir pourquoi le sentiment se produit en elle, lorsque certains mouvemens se passent dans le corps ; alors nous nous serions contentés de dire, *nous avons une ame, elle est capable de sentir, elle sent à l'occasion des impressions qui se font sur nos organes : nous n'en savons pas davantage.* Nous n'aurions pas dit, *c'est un souffle, une parcelle d'air, une parcelle de feu ;* et nous n'aurions pas fait des systèmes pour en expliquer l'essence ou la nature.

Cinquième exemple. Il en est de même du mot *Dieu.* C'est parce que la signification en étoit mal déterminée, que les philosophes, comme les peuples, ont eu sur la divinité un grand nombre d'opinions.

Nous dépendons de tout ce qui nous environne, et il y a des effets que nous ne pouvons ni empêcher, ni produire. Certainement quelque chose en est la cause, et ce quelque chose agit. Or, cette notion vague de cause agissante paroît avoir été la première idée qu'on s'est faite de ce qu'on a nommé *Dieu*.

Mais comment cette cause agit-elle ? Pour répondre à cette question, on s'est fait une seconde idée vague, en se représentant toute espèce d'action par une espèce de mouvement. Comme toute action, que nous observons dans les corps, n'est et ne peut être qu'un mouvement, on a jugé que toute cause qui agit, est une cause qui se meut et qui meut, et Dieu n'a signifié que ce que nous entendons par *moteur*.

Quand on voyoit que le vent agitoit les arbres, on disoit, c'est le vent. Quand au contraire on observoit un mouvement, et qu'après en avoir cherché la cause, on ne la découvroit pas, on disoit, c'est un Dieu, c'est-à-dire, un moteur quelconque.

Si alors on demanda d'où venoient les biens et d'où venoient les maux, il fut naturel de répondre, *ce sont des dieux ; ce sont des moteurs qui les produisent;* et on reconnut autant de dieux ou de moteurs, qu'on distingua d'espèces de biens et d'espèces de maux.

Des dieux, qui produisent les biens et les maux, devinrent naturellement autant d'objets de crainte, d'espérance et de respect. On ajouta donc ces idées à la notion confuse de moteurs.

On y ajouta encore différentes figures, et plus ordinairement la figure humaine parce qu'on voulut se représenter les dieux d'une manière sensible. Or dès qu'on eut imaginé qu'ils ressembloient aux hommes par la figure, on imagina qu'ils leur ressembloient aussi par les passions ; et on leur supposa nos vertus et nos vices.

C'est ainsi qu'en observant comment d'une première idée confuse, plusieurs autres naissent successivement, on voit sortir d'un seul mot le polythéisme et toutes les absurdités du paganisme.

Ce qui est particulier aux philosophes c'est d'être remontés, de moteur en moteur jusqu'à un premier qu'ils ont nommé principe ; et, en le nommant ainsi, ils n'ont voulu dire autre chose, si non, qu'il est le premier ou celui qui commence.

Ils ont encore considéré l'action de ce moteur ou principe par rapport à l'univers entier; au lieu que les peuples ne considéroient guère l'action des dieux, que dans les phénomènes plus relatifs à l'homme. D'ailleurs la notion des mots *Dieu*, *moteur* et *principe* étoit confuse pour les philosophes comme pour les peuples.

Pour s'en convaincre, il suffit de remarquer que le premier principe, selon Thalès, est l'eau; selon Anaximène, l'air; selon Héraclite et Zénon, le feu; et selon Épicure, les atomes. Or, ces philosophes auroient-ils imaginé que l'eau, l'air, le feu, ou les atomes se meuvent d'eux-mêmes, et donnent le mouvement à tout, s'ils avoient songé à se rendre un compte exact de leurs idées? et, lorsqu'ils voient ce premier principe par-tout où ils le veulent voir, n'est-ce pas une preuve qu'ils ne s'en font que des idées bien vagues?

S'ils se sont servi du mot de *Dieu*, c'est parce qu'ils l'ont trouvé établi parmi les peuples. Mais, en général, ils ne s'en sont pas fait une idée plus saine, puisqu'ils ont nommé Dieu ce qu'ils nommoient premier principe. Ainsi l'eau fut Dieu, l'air fut Dieu, le feu fut Dieu.

Zénon auroit pu dire que le feu n'est qu'une cause matérielle, qui a produit par hasard le monde ; et supposer, comme Épicure, que le monde est une des combinaisons qui résultent de tous les mouvemens possibles ; il évita de tomber dans cette absurdité, parce qu'il reconnut la nécessité d'une cause intelligente. Mais il tomba dans une autre, et il donna l'intelligence au feu, sans se mettre en peine d'expliquer comment le feu est intelligent.

Épicure, avec autant de fondement, auroit pu mettre la divinité et l'intelligence dans les atomes : mais, parce qu'il se fit des idées plus vagues encore que celles de Zénon, il jugea que le hasard suffisoit seul à la formation de l'univers.

Il me paroît donc hors de doute que tant d'opinions sur la divinité sont venues du mot *Dieu*, c'est-à-dire, de la notion d'un premier moteur ; notion si mal déterminée, que chacun y ajoutoit à son gré, ou en retranchoit quelque accessoire. Les philosophes et les peuples ont été polythéistes, parce qu'ils ont raisonné d'après la même idée confuse, et qu'ils ont été conséquens.

Tous ont dit : *Tout ce qui meut est Dieu, ou parcelle de Dieu. Donc il y a plusieurs dieux.*

Anaxagore, Socrate et peut-être quelques autres encore, ont eu des idées plus saines. De ce qu'il y a quelque chose qui se meut, ils ont conclu qu'il y a quelque chose qui ne se meut pas ; qui n'est par conséquent ni corps ni matière ; qui a une essence, une manière d'exister toute différente ; qui est tout-puissant, tout intelligent ; qui a, en un mot, toutes les perfections que l'univers démontre devoir être dans le principe qui l'a produit. Vous concevez que, si tous les philosophes avoient raisonné d'après une idée aussi bien déterminée, ils ne se seroient pas égarés dans les opinions que j'ai exposées.

Dès que le mot *Dieu* n'offroit qu'une notion vague, celui d'*athée* ne pouvoit pas avoir un sens bien précis. Il est arrivé de-là, que lorsqu'on a voulu juger si un philosophe étoit ou n'étoit pas athée, on a soutenu également le pour et le contre. En parlant des peuples, on a même pris le mot *athée* dans un sens; et on l'a pris dans

Dernier exemple.

un autre, en parlant des philosophes.

Comme il seroit dur d'accuser d'athéisme des nations entières, on les juge peu sévèrement ; et sur l'apparence d'un culte quelconque, on ne balance pas d'assurer qu'elles reconnoissent la divinité. Mais comme les philosophes sont en petit nombre, qu'ils sont dispersés, et qu'ils ne forment pas un corps de nation, on les sacrifie sans scrupule. Ainsi, parce que les Stoïciens adorent le feu, ils sont athées ; et les idolâtres croient en Dieu, parce qu'ils adorent le soleil, la lune, des statues, des chats, etc. Il est évident que des opinions aussi contradictoires ne peuvent naître que de l'abus d'un mot.

En montrant l'influence du langage sur les principales opinions, nous avons réfuté la philosophie des anciens, et même une partie de celle des modernes. Mais, Monseigneur, si l'abus des mots a produit chez les Grecs des opinions qui ont troublé les écoles, il en produira dans la suite qui troubleront le monde. On disputera sur des mots, en croyant disputer sur des choses, et on s'égorgera pour des mots qu'on n'entendra pas. Telle est l'influence du langage (1).

---

(1) Les chapitres les plus instructifs de ce livre sont, les 1er., 2, 3, 9, 10, 17, 24, 26 et 27. Ils développent, d'après l'expérience, les principes de l'art de raisonner, et ils familiariseront avec la méthode que j'ai expliquée dans ma Logique.

AVIS

DE L'AUTEUR.

Ce quatrième livre renferme trois morceaux qui n'ont point de rapport les uns aux autres.

Le premier traite des jeux de la Grèce, dont j'ai cru devoir donner au moins une idée.

Dans le second, j'observe le peuple Juif; mais ce n'est qu'un résultat, parce que le prince avoit déjà étudié l'histoire de ce peuple dans un abrégé.

Le troisième traite des lois. Ce sont des notions élémentaires, tirées des gouvernemens dont nous avons parlé, et propres à nous préparer à étudier ceux dont nous parlerons.

LIVRE QUATRIÈME.

Des jeux de la Grèce (1).

CHAPITRE PREMIER.

De la gymnastique (2) en général.

LES spectacles, Monseigneur, dont je vais vous faire le tableau, sont un monument de la première barbarie des Grecs. Ils nous retracent un temps où les peuples ne connoissoient d'autres armes, que celles que la nature a données à l'homme.

<small>Les jeux de la Grèce sont un monument de la première barbarie des Grecs.</small>

---

(1) Ce que je dis sur ces jeux, est tiré des dissertations de M. Burette, *Mém. de l'Acad. des Inscript.*

(2) Ce mot comprend tous les exercices du corps. Il vient d'un mot qui signifioit nu, parce que dans les jeux de la Grèce, on combattoit nu.

Se battre à coups de poing, se colleter, lancer des pierres, et courir, sont certainement des connoissances qui n'ont pas été refusées aux plus sauvages. Voilà cependant ce qui attiroit un si grand concours aux jeux célèbres de la Grèce. Image de la guerre, un de leurs principaux objets étoit de former des citoyens pour la défense de la patrie, et vous pouvez juger par-là ce que c'étoit que l'art militaire dans le siècle des héros.

Vous serez étonné d'entendre dire qu'Amycus, roi de Bébricie, et Épéus, fameux par la construction du cheval de Troye, furent les inventeurs du pugilat, ou de l'art de se battre à coups de poing; que Persée inventa l'art de jeter une grosse pierre, etc. On a voulu dire, sans doute, qu'ils furent les premiers qui joignirent l'adresse à la force, et que, depuis eux, chacun de ces exercices devint un art. Dans le même sens, Thésée pourroit être regardé comme l'inventeur de la lutte, ou de l'art de se colleter; car il est le premier qui ait établi des palestres, c'est-à-dire, des écoles où des maîtres donnoient des leçons aux jeunes gens qui se destinoient à la lutte. Avant lui, les plus fameux lutteurs étoient Antée et Cercyon.

On connoîtra toujours les mœurs d'un peuple lorsqu'on réfléchira sur les choses auxquelles il donne sa considération. Que penser donc de ces siècles où les rois et les héros alloient à la célébrité, parce qu'ils étoient habiles à lancer une pierre, à frapper un coup de poing, etc. Amycus, qui se disoit fils de Neptune et de la nymphe Mélie, ne permettoit la sortie de ses états aux étrangers, qu'après qu'ils avoient lutté avec lui : mais, quoique cette épreuve leur fût ordinairement fatale, il trouva enfin son vainqueur, et l'argonaute Pollux lui arracha la vie.

Dans ces temps, la Grèce étoit infestée de pareils brigands, qui attaquoient les voyageurs et qui les tuoient après les avoir vaincus. Hercule et Thésée travaillèrent sucessivement à la purger de ces monstres, et vainquirent à la lutte Antée et Cercyon.

Il étoit alors avantageux d'exceller dans tous les exercices du corps, parce qu'une bataille étoit moins une action générale,

L'objet de la gymnastique fut d'abord de former des soldats.

qu'une multitude de combats d'homme à homme. On ne connoissoit point encore l'art de faire mouvoir ensemble les différentes parties d'une armée. On marchoit en désordre, et la victoire dépendoit moins du général, que de la force et de l'agilité de chaque soldat. On s'occupa donc des moyens d'augmenter cette force et cette agilité. On s'exerça pour la guerre, comme on se seroit exercé pour des combats singuliers ; et on ne songea pas encore à former des troupes. Voilà l'origine de ces exercices, qui sont une preuve de la grossièreté des Grecs.

L'art de la guerre s'étant perfectionné, la gymnastique athlétique fut différente de la gymnastique militaire.

Les jeux établis dans plusieurs villes, le concours qui s'y faisoit de toutes les parties de la Grèce, et les prix distribués aux vainqueurs, portèrent insensiblement tous ces exercices à leur perfection. Mais ils devinrent moins utiles, à mesure que l'art militaire se perfectionna lui-même. Ils ne purent plus être du même usage, quand les armées surent se mouvoir avec ordre, et combattre en corps ; et on vit alors combien il y avoit loin d'un homme qui s'y distinguoit, à un homme de guerre.

La gymnastique militaire fut alors fort différente de la gymnastique des jeux, quoique, dans l'origine, les deux n'eussent été qu'un même art. La seconde, devenue inutile, ne put avoir désormais que le plaisir pour objet, et elle n'en fut que plus célèbre. On la nomma agonystique, par rapport aux jeux publics, et athlétique, parce qu'athlète est la même chose que combattant.

La gymnastique athlétique donna lieu à des observations utiles. On remarqua, par exemple, que ceux qui s'exerçoient à la course, avoient ordinairement les jambes grosses et les épaules déchargées ; et qu'au contraire, les lutteurs avoient les épaules épaisses et les jambes menues. On connut donc que la nourriture se distribue différemment, suivant le genre des exercices. On découvrit les inconvéniens qui naissoient des uns et des autres, et les avantages qu'on en pouvoit retirer. On alla même jusqu'à remarquer des effets différens dans la course en ligne droite, en rond, en avant, en arrière, en habits et sans habits. C'est que la variété des mouvemens doit varier la disposition des parties du corps ;

et si une est dégagée par un mouvement, une autre le sera par un mouvement contraire.

De même, dans un homme nu, l'exercice doit produire d'autres effets que dans celui qui est habillé, parce que la transpiration est plus libre, et qu'au lieu de refluer dans le sang, elle est emportée par l'air qui environne le corps.

Il n'est donc pas douteux que l'exercice ne puisse contribuer à la santé et à la force. Je dirai même qu'il peut rendre la taille plus libre, plus dégagée, et donner à toute la personne cet air aisé qui est la source des graces. Il faut pour cela que le corps s'exerce sans se fatiguer, qu'il s'accoutume de bonne heure à se mouvoir dans toutes sortes de directions, et que même il se meuve régulièrement et en mesure. Alors le mouvement distribuera également la nourriture, et fera croître le corps dans de justes proportions. C'est à quoi la danse, telle qu'elle est aujourd'hui, est beaucoup plus propre que la gymnastique des Grecs.

Gymnastique médicinale. Les anciens médecins ayant fait des observations sur les exercices de toute espèce, ne manquèrent pas de conseiller des exercices; et ce remède fut à la mode, moins parce qu'il étoit bon, que parce qu'il étoit conforme aux mœurs du temps. Les mœurs règlent les opinions, comme les opinions règlent les mœurs.

Voilà trois sortes de gymnastiques, la militaire, l'athlétique, la médicinale. Je ne parlerai que de la seconde, qui seule appartient aux jeux de la Grèce.

CHAPITRE II.

Des réglemens de la gymnastique athlétique, et des récompenses accordées aux vainqueurs.

<small>Temps où la gymnastique athlétique s'est perfectionnée.</small> LA gymnastique athlétique ne fit de grands progrès que dans le siècle de Périclès. C'étoit le temps où tout devoit se perfectionner. Vous remarquerez, dans l'étude de l'histoire, qu'une chose ne se perfectionne jamais seule; et que les hommes font tout-à-coup des progrès dans tous les genres. Long-temps barbares, parce qu'ils sont long-temps avant de savoir penser, à peine ont-ils appris à réfléchir sur une chose, qu'ils savent bientôt réfléchir sur d'autres. En vain les objets de la réflexion varient, la manière de réfléchir est la même pour tous; et c'est pourquoi, après plusieurs siècles d'ignorance, les arts et les sciences fleurissent toujours en même temps.

La passion pour les jeux athlétiques fut portée au point, qu'on préféroit la qualité de bon athlète à celle de bon soldat; et les exercices gymniques, parce que c'étoient des jeux, firent négliger les exercices militaires. Les Grecs y donnèrent tous leurs soins, dans ce même siècle où ils s'armoient à peine pour défendre la patrie.

Afin de former des athlètes, on multiplia les gymnases ou palestres. Le gymnasiarque en étoit le chef. Il avoit sous lui un grand nombre d'officiers; et pour rendre sa place plus respectable, on y avoit joint une espèce de sacerdoce. Cet homme régloit la police du gymnase; il distribuoit les récompenses et les châtimens : il pouvoit faire célébrer les jeux en son nom : une baguette qu'il portoit, étoit la marque de son autorité, et il en faisoit même porter devant lui.

On n'étoit admis aux combats publics et solemnels, qu'après avoir fait pendant dix mois ses exercices sous un maître de palestre. Aucune profession n'en étoit exclue : il suffisoit d'être d'une famille honnête, et de n'être ni esclave ni étranger.

Un certain Philammon n'y fut reçu, qu'après qu'Aristote en eut rendu un témoignage avantageux et l'eut adopté pour son fils. Alexandre, fils d'Amyntas, roi de Macédoine, n'eut la permission d'entrer en lice, que parce qu'il prouva qu'il étoit Argien d'origine.

<small>Magistrats qui présidoient aux jeux.</small> Des magistrats présidoient à la célébration des jeux, distribuoient les prix, et jugeoient des différends qui pouvoient naître. On les nommoit agonothètes, athlothètes ou hellanodiques, noms relatifs aux fonctions dont ils étoient chargés. Quand les athlètes croyoient qu'on leur avoit fait quelque injustice, ils pouvoient en appeler au sénat d'Olympie. Aux jeux Pythiens, c'étoient les amphictyons mêmes qui jugeoient des combats. Mais on pouvoit appeler de leur jugement à l'agonothète, c'est-à-dire, à l'intendant des jeux; et dans les derniers temps, de celui-ci à l'empereur. Au reste ces juges employoient dix mois entiers à s'instruire des règles athlétiques.

<small>Défauts des athlètes.</small> Les athlètes s'accoutumoient à supporter la faim, la soif, la chaleur, la poussière

et toutes les incommodités d'un exercice pénible. Dans l'idée de se rendre plus forts, ils avoient choisi les nourritures qu'on croit plus pesantes : du bœuf, du cochon et un pain fort grossier. Leur voracité étoit extrême. Milon le Crotoniate ayant porté, jusqu'au bout du stade, un taureau de quatre ans, l'assomma d'un coup de poing, et le mangea, dit-on, en un jour.

Cet excès de nourriture ne pouvoit donner qu'une vigueur passagère. Les athlètes n'étoient propres, ni aux fatigues d'un voyage, ni à celles de la guerre. Ils joignoient à un esprit lourd et paresseux, une taille difforme, une pente invincible au sommeil, une grande disposition à l'apoplexie. Il étoit rare qu'il conservassent leur vigueur au-delà de cinq ans. Ils paroissoient n'avoir cherché qu'à donner plus de masse à leur corps.

Avant la célébration des jeux, les juges rappeloient aux athlètes les conditions sous lesquelles ils étoient admis ; et ils enjoignoient de se retirer, à ceux qui pouvoient se reprocher quelque lâcheté ou quelque crime.

Précautions qui précédoient les combats.

Ensuite un héraut promenoit chaque athlète dans toute l'étendue de la lice, et il invitoit les accusateurs à se déclarer, s'il y avoit quelque chose à dire contre sa naissance ou ses mœurs.

Enfin, après avoir fait jurer à tous d'observer régulièrement les lois prescrites pour chaque espèce de combat, les gymnastes, ou maîtres de palestre, leur faisoient des exhortations. Ces discours ont même paru assez importans, pour que des rhéteurs aient cru devoir en prescrire les règles.

Le sort ayant réglé les rangs et apparié ceux qui devoient combattre ensemble, le héraut proclamoit les athlètes qui alloient paroître, et dont les noms avoient auparavant été inscrits dans un registre.

Honneurs accordés aux vainqueurs. Il y avoit des prix destinés au vainqueur et c'étoit la moindre de toutes les récompenses, auxquelles il pouvoit s'attendre.

Couronné, tenant une palme, et revêtu d'une robe à fleurs, il parcouroit le stade aux acclamations du peuple, qui lui faisoit des présens. Une trompette le précédoit, et un héraut disoit son nom et son pays.

Sa patrie lui préparoit un triomphe. Accompagné des marques de sa victoire, monté sur un char à quatre chevaux, et suivi de plusieurs autres, il entroit par une brêche, afin de faire voir qu'une ville, qui avoit de pareils citoyens, n'avoit plus besoin de murailles. Dans Agrigente, il y eut, au triomphe d'un athlète, jusqu'à trois cents chars, attelés chacun de deux chevaux blancs. Des festins, donnés par le public et par des particuliers, terminoient ces sortes de fêtes.

Dirai-je que les noms des vainqueurs étoient inscrits dans les archives, que leurs victoires étoient chantées par des poëtes, qu'ils avoient droit de préséance dans les jeux, qu'ils étoient entretenus aux dépens du public, qu'on leur élevoit des statues? On faisoit plus : on leur accordoit quelquefois les honneurs divins. Tel est l'excès auquel les Grecs se portèrent. Il ne faut pas s'étonner, si Cicéron dit qu'il étoit plus glorieux en Grèce d'avoir vaincu aux jeux Olympiques, qu'à Rome d'avoir obtenu les honneurs du triomphe.

Qu'un athlète, disoit Euripide, excelle

<small>loyens inutiles ou même à charge.</small> à la lutte, qu'il sache lancer un palet, appliquer un coup de poing, que sert à sa patrie la couronne qu'il remporte? repoussera-t-il l'ennemi à coup de disque? le renversera-t-il en luttant? l'abattra-t-il d'un coup de poing? Tout cela devient inutile, quand on est à la portée du fer.

C'est ainsi que parloient les personnes sensées. Mais le peuple aveugle se livroit avec passion à ces sortes de spectacle ; et c'est en vain que Solon, réduisant à 500 drachmes (1) la pension d'un athlète vainqueur aux jeux Olympiques, avoit cru mettre un frein aux profusions des Athéniens. Ce sage législateur trouvoit cette espèce d'hommes fort à charge, et jugeoit leurs victoires plus affligeantes pour la patrie, que pour les antagonistes vaincus.

---

(1) 225 livres.

CHAPITRE III.

De la course.

La course tenoit le premier rang parmi les exercices. C'est toujours par-là que commencent les jeux décrits par Homère, et c'est par cette raison que la course ouvroit le spectacle à Olympie. Il a même été un temps où elle en faisoit toute la solemnité : car les autres combats gymniques n'y furent admis que successivement.

La course étoit le premier des jeux.

Il y avoit trois sortes de courses : à pied, en char et à cheval.

La course à pied, comme la plus naturelle, a été la plus ancienne ; et la course à cheval a été connue la dernière.

La course à cheval a été connue la dernière.

En effet, il n'est pas vraisemblable que l'équitation ait été le premier usage qu'on a fait des chevaux. On aura voulu les dompter, avant de hasarder de les monter. Or le moyen le plus simple et le moins risqueux a été de les attacher à des masses pesantes. Des traîneaux auront donc été les premières voitures. Les rouleaux, sur lesquels on les aura élevés, seront devenus des roues, et on aura eu des chars semblables à nos charrettes.

Ce qui donne du poids à cette conjecture, c'est qu'aux temps héroïques, l'équitation n'étoit pas connue. Homère n'en parle jamais : on avoit pourtant l'usage des chars.

Le stade dans lequel se faisoient les courses à pied. Les lieux, où se faisoit la course à pied, n'eurent d'abord qu'un stade en longueur. C'est pourquoi ce nom leur fut donné. Dans la suite, ils en eurent davantage, et on continua à les nommer stades. On comprit même, sous cette dénomination, et la lice que parcouroient les athlètes, et l'espace qu'occupoient les spectateurs. Telle fut la dernière signification de ce mot.

Le stade d'Olympie étoit formé par une espèce de terrasse. Il avoit 600 pieds en longueur. Le pied d'Hercule en avoit été la mesure. Le pythien avoit 400 pieds de plus. C'est une chose qui varioit.

Au milieu du stade, on plaçoit les prix destinés aux vainqueurs. A l'une des extrémités étoit une borne, une masse de pierre d'une largeur médiocre. L'autre étoit fermée par une corde tendue, ou par une tringle de bois. Les athlètes étoient rangés le long de cette barrière, chacun à la place que le sort lui avoit donnée. Là, ils préludoient par des sauts ou d'autres mouvemens, et ils voloient au but, aussitôt que la barrière s'ouvroit, c'est-à-dire, lorsqu'on laissoit tomber la corde ou la tringle.

Il y avoit trois sortes de courses : celle du stade, où l'on fournissoit sa carrière en arrivant au but : celle du diaule, c'est-à-dire, de la double lice, où, après avoir fait le tour de la borne, on revenoit à la barière; et la dudolique, qui n'étoit que la seconde doublée, triplée, etc. *Trois sortes de courses à pied.*

Il n'étoit point permis de tirer son adversaire par les cheveux, ni de le pousser pour l'écarter du but, ou pour le faire tomber. La légèreté devoit seule décider de la victoire. Il y avoit des courses où les athlètes couroient nus, et d'autres où ils étoient armés à la légère. Ils avoient au moins un casque, un bouclier et des bottines. *Les athlètes couroient nus.*

C'est Hercule qui, en instituant les jeux

olympiques, avoit établi que les athlètes paroîtroient nus, soit parce que la nature de la plupart des combats sembloit le demander, soit à cause de la chaleur de la saison ; car ces jeux se célébroient au solstice d'été. Dans les commencemens, néanmoins, les athlètes portoient une espèce d'écharpe, qui tomboit de la ceinture sur les genoux : mais, dans la suite, ils la quittèrent, parce que, celle d'un certain Orsippe s'étant déliée, il s'y embarrassa les pieds, et fit une chûte qui lui enleva la victoire. Au reste, on ne se déshabilloit point pour la course des chars, ni pour l'exercice du javelot.

Cette nudité facilitoit l'usage des onctions. On les faisoit avec de l'huile, où l'on mêloit d'ordinaire de la cire et de la poussière, dont on se faisoit saupoudrer. On vouloit, par ce moyen, augmenter la souplesse des parties du corps, et diminuer la dissipation des esprits.

Hippodromes dans lesquels se faisoient les courses à cheval ou en char. Les lices, où se faisoient les courses à cheval ou en char, se nommoient hippodromes. Elles avoient quatre stades en longueur et un en largeur. Mais, parce que cet espace ne paroissoit pas encore assez grand ; on en faisoit le tour jusqu'à six fois. Aux temps héroïques, ce spectacle se donnoit dans de vastes plaines, et on ne se renferma dans un terrain plus étroit, que lorsqu'on voulut consacrer un lieu à ces sortes d'exercices.

Il n'est pas aisé de se faire une idée exacte de l'hippodrome, quoique Pausanias ait fait une description de celui d'Olympie.

C'étoit un carré long. A l'extrémité étoit une borne qui avoit peu de largeur, afin que, dans la distribution des places d'où l'on partoit, les chars eussent tous à-peu-près le même espace à parcourir. Cependant ils avoient nécessairement, au commencement de la carrière, de l'avantage les uns sur les autres ; parce qu'il n'étoit pas possible de les placer tous à une égale distance du côté droit de la borne, par où il falloit tourner. C'est pourquoi les places se tiroient au sort.

La borne étoit au milieu d'un petit carré, terminé par une pente où on étoit entraîné, si on ne suivoit pas exactement le défilé. Il falloit pourtant courir dans cette tranchée, quand un char, brisé contre la borne, avoit fermé le passage. On faisoit jusqu'à six fois le tour de la borne, et à chacune on venoit faire le tour d'un monument, qui étoit du côté de la barrière.

L'hippodrome étoit formé par un mur à hauteur d'appui, le long duquel se plaçoient les spectateurs. Aux deux extrémités, étoient différens monumens, et du côté de la barrière, il y en avoit un entr'autres, auquel on attribuoit la propriété de troubler les chevaux.

La barrière passoit pour un grand morceau d'architecture. C'étoit une place de 400 pieds de long, environnée de remises. Elle avoit la forme d'une proue de vaisseau. Concave en dedans et convexe en dehors, elle s'élargissoit vers les côtés et se rétrécissoit vers la lice. Au milieu étoit un autel, et sur cet autel un aigle de bronze, qui déployoit ses aîles, et qui, lorsque tout étoit prêt, s'élevoit par le moyen d'un ressort. Au même instant s'abaissoit et descendoit sous terre un dauphin, soutenu sur une espèce de colonne, qui étoit à l'entrée de l'hippodrome. C'étoit alors que les chars sortoient des remises, et venoient prendre, à l'entrée de la lice, la place que le sort donnoit à chacun. Ils pouvoient courir dix à-la-fois, ou même davantage.

Les chars ne différoient guère que par l'attelage. Très-légers, ils étoient à deux, à quatre chevaux de front. Quelquefois on y atteloit des poulains, d'autres fois des mules. Ce n'étoit qu'une espèce de coquille, montée sur deux roues, et dans laquelle l'athlète étoit obligé de se tenir debout. Alexandre fut vainqueur dans une course de chars. Mais on pouvoit disputer le prix par ses écuyers. Philippe en remporta un de la sorte dans une course à cheval.

Forme des chars.

Celle-ci ne se faisoit pas vraisemblablement dans le même hippodrome : car la borne qui étoit dangereuse pour les chars, ne l'auroit pas été pour les chevaux.

Course à cheval.

Quelquefois, monté sur un cheval, on en menoit un second. Au milieu de la course, on sautoit à terre, et on achevoit la carrière, en courant entre les deux chevaux, qu'on tenoit par le mords. Vous savez que les Grecs ne connoissoient ni la selle ni les étriers.

CHAPITRE IV.

Des autres exercices athlétiques.

Le pugilat.

Lorsque des athlètes alloient combattre au pugilat, ils s'affermissoient sur leurs pieds; et, prenant l'attitude la plus propre à mettre leur tête à l'abri des coups, ils élevoient les bras à la hauteur du front, les étendoient en avant, et arrondissoient le dos. Ensuite, se menaçant à poings fermés, ils frappoient l'air, et se harceloient quelquefois des heures entières. D'autres fois ils s'attaquoient brusquement, et, c'est surtout, à la tête qu'ils dirigeoient leurs coups. Fixant leurs regards l'un sur l'autre, et se mesurant des yeux, chacun cherchoit l'endroit foible de son antagoniste, et tâchoit, sur-tout, de faire en sorte qu'il eût le soleil en face. Lorsqu'ils étoient trop fatigués pour continuer le combat, ils le suspendoient de concert; et, revenant à la charge, après quelques momens, ils se frappoient, jusqu'à ce que l'un des deux fût obligé de demander quartier. Un athlète étoit, surtout, attentif à diminuer la confiance que son adversaire auroit pu prendre par la connoissance de tous ses avantages ; et il ne négligeoit rien pour cacher la douleur des coups qu'il avoit reçus. Euridamas de Cyrène, ayant eu les dents brisées, les avala. Il fut vainqueur.

Quelquefois les athlètes tomboient morts ou mourans sur l'arène. D'autres fois, ils étoient estropiés pour le reste de leurs jours. Pour l'ordinaire, ils sortoient du combat si défigurés et si difformes, qu'il n'étoit pas possible de les reconnoître : et ils devenoient méprisables aux yeux du peuple même qui les avoit applaudis.

Pour rendre ces combats plus terribles, on imagina des armes offensives et des armes défensives. Les premières étoient des espèces de gantelets, formés de bandes de cuir, qui, après avoir enveloppé le poing, venoient s'attacher à l'avant-bras, et auxquels on joignoit quelquefois des plaques de cuivre, de plomb ou de fer. Les armes défensives étoient une calotte, qui couvroit les tempes et les oreilles.

La lutte. C'étoit, sur-tout, pour les lutteurs que les frictions et les onctions étoient en usage. Propres à faire mouvoir le sang avec plus de rapidité, et à diminuer la trop grande transpiration, elles contribuoient à la force et à la souplesse.

Représentez-vous deux hommes qui s'empoignent réciproquement, qui entrelacent leurs bras : ils se tirent, ils se poussent, ils se secouent, ils se heurtent du front, ils se jettent par terre, ils roulent l'un sur l'autre, ils se saisissent à la gorge, ils se tordent le cou, etc. D'autres fois, ils se croisoient les doigts, se les serroient fortement, se poussoient en joignant les paumes des mains, se tordoient les bras, les poignets, toutes les jointures, et le combat ne finissoit que lorsqu'un des deux demandoit quartier.

Pour être couronné, il falloit qu'un lutteur eût combattu trois fois, et fût vainqueur au moins deux.

Le pancrace. Quelquefois les mêmes athlètes combattoient à la lutte et au pugilat, et la réunion de ces deux jeux formoit ce qu'on nommoit pancrace.

Le disque. Des masses de bois, de pierre, de cuivre

ou de fer, les unes informes, les autres plates et circulaires, quelques-unes rondes et polies, étoient ce qu'on nommoit disque, d'un mot qui signifie jeter, lancer. Quelquefois ces disques étoient percés par le milieu, et on y passoit une corde, afin de les lancer avec plus de force : en général, ils étoient fort lourds, et cependant les athlètes les jetoient en l'air, les recevoient, les repoussoient avec autant de facilité que d'adresse; et c'est ainsi qu'ils préludoient.

Afin de les rendre moins glissans, on les rouloit dans la poussière; et, quand on les vouloit lancer, on les tenoit de manière que le bord inférieur fût engagé dans la main, et soutenu par les quatre doigts recourbés en avant pendant que la surface postérieure étoit appuyée contre le pouce, la paume de la main et une partie de l'avant-bras. Ensuite on avançoit un pied, on se courboit en avant; et, après avoir balancé le bras à plusieurs reprises, on poussoit le disque de la main, du bras et de tout le corps. On ne le dirigeoit au reste vers aucun but : c'étoit seulement à qui le jeteroit plus loin.

Ces athlètes se nommoient discoboles.

Ils étoient ordinairement nus, et se frottoient d'huile ainsi que les lutteurs.

<small>Autres jeux.</small>   Tantôt on lançoit des javelots, tantôt on faisoit des sauts périlleux. Quelquefois on poussoit des balles avec le poing, la paume de la main, ou le pied. Quand elles étoient fort grosses et fort dures, on se garnissoit la main de courroies : car les Grecs ne connoissoient pas les raquettes. Mais ces choses ne méritent pas de nous arrêter.

<small>Les pentathles</small>   C'étoit de la force qu'il falloit, sur-tout, pour le pugilat, la lutte et le pancrace ; au lieu que les autres exercices demandoient de l'agilité. Les Grecs nommoient les premiers pesans, les seconds légers : et Hercule a été l'objet de leur admiration pour avoir excellé dans tous. Ces sortes d'athlètes, qui étoient rares, s'appeloient pentathles ; c'est-à-dire, habiles à cinq espèces de combats : au saut, au disque, au javelot, à la lutte, à la course. Dans la suite on y joignit le pugilat, et ils conservèrent le même nom. Au reste, le saut, le javelot et le disque étoient toujours réunis ; car on ne voit pas qu'aucun athlète fît profession d'un de ces exercices à l'exclusion des autres.

Le pentathle n'étoit couronné que lorsqu'il avoit vaincu dans tous les jeux. Mais on avoit attention de ne le mettre aux prises qu'avec un autre pentathle. Il auroit eu trop de désavantage à entrer en lice avec un athlète borné à un seul genre.

CHAPITRE V.

Des combats littéraires.

<small>Ce qui donna oc-
casion aux com-
bats littéraires.</small>
Les poëtes se rendoient aux jeux publics. Ils chantoient les dieux, ils chantoient les vainqueurs; et il se faisoit autour d'eux un concours, qui formoit un nouveau spectacle. On commença donc à les comparer, à les apprécier, à les préférer les uns aux autres.

Alors on s'étonna qu'ayant proposé des prix aux exercices du corps, on eût laissé sans récompense les talens de l'esprit. On établit donc des prix pour les poëtes.

<small>On n'en connoît
pas l'époque.</small>
On ne connoît pas l'époque de cette institution. On voit seulement que, vers la soixantième olympiade, 540 ans avant J. C., Pindare fut vaincu cinq fois par Corinne. Ces jeux néanmoins n'eurent jamais la célébrité des premiers.

<small>Combats des
poëtes tragiques.</small>
Les combats des poëtes tragiques ne devinrent célèbres que vers la soixante-dixième

olympiade. Il falloit disputer le prix par une tétralogie, c'est à dire, par trois pièces tragiques et une satyre. Ils se célébroient aux Dionisyaques, aux Lénées, aux Chitriaques, solemnités consacrées à Bacchus, et aux Panathénées, fête consacrée à Minerve.

Platon, dans sa jeunesse, avoit composé une tétralogie : il l'avoit même donnée pour la faire jouer aux Dionisyaques ; mais, ayant entendu Socrate, il la retira, et abandonna la poésie.

Autres combats littéraires.

Il y eut aussi des prix pour les pièces comiques, pour la musique et pour l'éloquence. Mais il y a des choses, Monseigneur, que nous ne devons épuiser ni vous, ni moi, comme il y en a d'autres que nous ne saurions trop étudier.

CHAPITRE VI.

Des prix.

<small>Dans les différens jeux, on donnoit des prix différens.</small> LES prix n'étoient pas les mêmes dans toutes les villes où l'on célébroit des jeux. A Lacédémone, Thèbes, Sicyone, Argos, Tégée, etc., on donnoit au vainqueur des esclaves, des chevaux, des mulets, des bœufs, des vases d'airain, des trépieds, des coupes d'argent, des vêtemens, des armes, ou même de l'argent monnoyé. Mais les plus célèbres étoient ceux où le prix n'étoit qu'une simple couronne. Aux olympiques, elle étoit d'olivier, de pin aux Isthmiques, d'ache aux Néméens, de laurier aux Pythiens. Tout cela cependant a souffert, suivant les temps, bien des variations; et il y a des écrivains qui parlent de couronnes d'or, distribuées aux jeux olympiques.

<small>Couronnement de l'athlète vainqueur.</small> L'athlète étoit couronné sur le champ de victoire par un héraut. Quelquefois il l'étoit sans avoir combattu, et c'est lorsqu'il ne

s'étoit trouvé personne qui osât entrer en lice avec lui. Il pouvoit même l'être, après avoir péri dans le combat. Le pancratiaste Arrachion, saisi à la gorge par son adversaire, lui prit le pied, et lui cassant un orteil, l'obligea, par la douleur qu'il lui fit, à demander quartier, dans le temps qu'il étoit suffoqué lui-même, et qu'il expiroit. Il fut déclaré vainqueur.

Lorsque les athlètes n'observoient pas les lois prescrites, non seulement ils étoient privés du prix, ils étoient encore frappés de verges. On mettoit à l'amende ceux qui étoient convaincus d'avoir voulu corrompre leurs adversaires, et de cet argent, on élevoit des statues aux dieux. *S'il n'avoit pas observé les lois prescrites, il étoit puni.*

Les jeux olympiques étoient les plus célèbres de tous, et c'étoit sur-tout à ceux-là qu'il étoit glorieux de remporter le prix. Depuis qu'ils furent rétablis par Iphitus, à la sollicitation de Lycurgue, sur le modèle de ceux qu'Homère avoit décrits, ils se renouvelèrent exactement au bout de quatre ans révolus. *Le prix remporté aux jeux olympiques, étoit le plus glorieux.*

Nous avons vu que le principal avantage de ces jeux a été de contribuer à policer les *Ces jeux devoient attirer un grand concours.*

peuples de la Grèce. Ils y étoient d'autant plus propres, qu'on les célébroit pour honorer les dieux, les héros et les grands hommes; et que, les Grecs, par une suite de circonstances, n'ayant fait qu'une même chose de leurs superstitions et de leurs plaisirs, ces jeux avoient tout ce qu'il falloit pour produire un grand concours, et par conséquent, pour accoutumer les peuples à vivre ensemble.

CONSIDÉRATIONS
Sur les Juifs.

Dans les siècles que nous avons parcourus, les Juifs, Monseigneur, sont si fort séparés des principales nations, qu'à peine ai-je eu occasion d'en parler. Mais un abrégé vous ayant fait connoître ce peuple, vous êtes en état de l'étudier avec quelque réflexion; et je vais essayer de vous le faire observer.

CHAPITRE PREMIER.

Principales révolutions du peuple Juif.

<small>Différens noms qu'ont eus les Juifs.</small>

PRESQUE toute la terre étoit idolâtre. Tharé, pour parler le langage de l'écriture adoroit les dieux étrangers, lorsqu'Abraham, appelé à Dieu, fut le chef d'un peuple connu sous différens noms. Les Hébreux furent d'abord ainsi nommés, ou d'Heber, dont ils descendoient, ou du mot *havar*, qui signifie étranger. Ils prirent le nom *d'Israélites*, de Jacob, qui eut le surnom d'Israël, après son combat avec l'Ange; celui de *Juifs*, de la tribu de Juda; enfin celui de *Peuple de Dieu*, de l'alliance que Dieu contracta avec eux.

<small>Accroissement de la famille de Jacob.</small>

La famille de Jacob, transportée en Égypte, étoit en tout, de soixante-dix personnes. Elle s'accrut, en 215 ans, au point de donner de l'ombrage aux rois d'Égypte. On voulut donc opprimer les Israélites : mais Dieu les protégeoit, et leur nombre augmenta de plus en plus. Six cent mille hommes, sans compter les femmes, les enfans et les vieillards, sortirent d'Égypte sous la conduite de Moyse.

L'intervalle, depuis Jacob jusqu'à Moyse, ne comprend néanmoins que cinq générations; et, par conséquent, cette multiplication extraordinaire doit être regardée comme un effet de la protection de Dieu. Je vous fais faire cette observation, afin que vous sentiez qu'il ne seroit pas raisonnable de juger de la population des premiers temps, d'après un fait de cette espèce. C'est une erreur où l'on est tombé. On compte, a-t-on dit, neuf ou dix générations depuis le déluge jusqu'à Abraham. Or, si nous jugeons de toutes les familles par celle de Jacob, en neuf générations, celle de Mesraïm se sera multipliée jusqu'au nombre de cent millions, et en dix jusqu'à dix mille millions. C'est ainsi qu'avec des calculs, on trouveroit dans l'Égypte seule, au temps d'Abraham, plus d'habitans que toute la terre n'en peut contenir. *On ne peut pas supposer que toutes les familles ont en général également multiplié.*

Les Israélites sont une preuve bien sen- *Penchant des Israélites à l'Idolâtrie.*

sible du penchant des hommes à l'idolâtrie. Favorisés de Dieu, persécutés par les idolâtres, tout sembloit devoir les éloigner du culte des idoles. Cependant c'est en Égypte même qu'ils ont commencé d'oublier le Dieu d'Abraham, d'Isaac et de Jacob. Rejetez, leur dit Josué, ces dieux que vos pères ont adorés dans la Mésopotamie et dans l'Égypte.

Apostasies fréquentes avant le règne de Saül. Depuis la sortie d'Égypte jusqu'à Saül, l'intervalle est d'environ 400 ans. Il ne présente qu'une suite d'apostasies et de servitudes : un peuple toujours ingrat, un Dieu toujours juste, toujours bon, qui punit et qui pardonne.

Dans le désert, ce sont des murmures continuels, défiance de la providence, abandon du culte du vrai Dieu, conspiration contre Moyse. Tous les prodiges opérés sont oubliés. Châtiés, ils rentrent dans le devoir, et bientôt après, ils redeviennent encore plus coupables.

Cependant Dieu leur livre les nations qui habitoient la terre promise. Au lieu de les exterminer, comme il le leur avoit ordonné, ils s'allient avec quelques-unes, et adorent les idoles. Leur idolâtrie est punie par l'esclavage. Ils sont livrés à Chusan, roi de Mésopotamie. Ils reviennent à Dieu, qui leur envoie Othoniel pour les délivrer de l'oppression. Après la mort de ce libérateur, nouveau crime, nouvelle servitude, sous Églon, roi des Moabites. Nouveau retour vers Dieu, qui les délivre encore. C'est ainsi qu'ils sont successivement livrés à Jabin, roi des Chananéens, aux Madianites, aux Philistins et aux Ammonites.

Les libérateurs, que Dieu leur envoie de temps en temps, sont nommés juges dans l'écriture. Ce n'étoient pas de simples magistrats, établis seulement pour rendre la justice. Il y en a même eu quelques-uns qui n'ont jamais exercé les fonctions de la judicature. Tel a été Samson. Ils avoient une puissance souveraine, dont Dieu seul marquoit les bornes. Ils étoient, pour ainsi dire, ses lieutenans. Leur dignité n'étoit pas héréditaire. Ce n'étoit pas le peuple qui les choisissoit, à moins que son choix ne dût tomber sur ceux que Dieu auroit choisis lui-même. C'est ainsi, par exemple, que Dieu permit aux Israélites d'élire Jephté

Autorité des juges.

pour les défendre contre les Ammonites. Le pouvoir d'un juge ne s'étendoit pas toujours sur tout Israël. Il n'avoit d'autorité que sur la partie du peuple qui s'étoit soumise à son gouvernement, ou à laquelle Dieu l'avoit préposé.

Les juges décidoient de la guerre et de la paix. Lorsqu'ils jugeoient les procès des particuliers, c'étoit souverainement. Ils étoient les protecteurs des lois, les défenseurs de la religion. Mais Dieu, qui déclaroit ses volontés par les prêtres, par l'oracle de l'Urim et du Thummim (1), étoit le seul législateur.

Saül.

Samuel a été le dernier juge. Il y avoit vingt-huit ans qu'il gouvernoit, lorsque le

---

(1) Dieu rendoit des réponses, lorsqu'il étoit consulté par le grand-prêtre, revêtu de l'éphod, où étoient attachés l'Urim et le Thummim. Quelques-uns disent que ces deux mots, qui signifient *doctrine* et *vérité*, étoient gravés sur une lame d'or, qui étoit au milieu du rational. D'autres prétendent que l'Urim et le Thummim étoient deux pierres précieuses, qui faisoient connoître la vérité par l'éclat extraordinaire qu'elles répandoient. Quoi qu'il en soit, le grand-prêtre rendoit des oracles, lorsqu'il étoit revêtu de ses habits.

peuple demanda un roi. Dieu, qui regarda cette démarche comme une insulte faite à sa majesté, donna Saül dans sa colère. En effet Saül oublia bientôt ce qu'il devoit à Dieu, et se perdit par son orgueil.

David, qui lui succède, est un exemple de vertu et de courage. Cependant il tombe dans le crime, et il en est puni par les désordres qui arrivent dans sa famille. Ce roi reconnoît sa faute, se repent et se soumet à la volonté de Dieu.

David.

Jusqu'à David, la prophétie avoit été rare dans Israël. On consultoit le grand-prêtre, par l'Urim et le Thummim, sur ce qu'il falloit entreprendre. Depuis David, Dieu suscita des prophètes, que les rois consultoient, ou qui rappeloient les rois à leurs devoirs.

Salomon, ce roi si sage, si éclairé, tombe dans l'idolâtrie. Roboam, pour avoir suivi les conseils de ses courtisans, ne règne plus que sur les tribus de Juda et de Benjamin. Les dix autres choisissent Jéroboam pour roi. Ainsi se formèrent deux royaumes, celui de Juda et celui d'Israël.

Salomon, Roboam, Jéroboam.

Jéroboam, élevé sur le trône, pour punir

l'idolâtrie de Salomon, devient lui-même idolâtre, et presque tous ses successeurs tombent dans le même aveuglement. Instrument dont Dieu se sert dans sa colère, chacun d'eux punit l'impiété de celui qui le précède, pour être bientôt puni par celui qui le suit.

Captivité des tribus.

En vain Dieu envoie des prophètes aux Israélites : ce peuple ne cesse de l'irriter par ses crimes. Il est livré à ses ennemis. Le royaume, fondé par Jéroboam, est détruit au bout de deux cent cinquante-quatre ans. Salmanasar emmène les dix tribus en captivité.

Avant J. C. 721 ans.

Captivité des Juifs.

Juda ne demeura pas fidelle au seigneur. Les mêmes crimes méritèrent les mêmes châtimens. Cent et quelques années après la dispersion des Israélites, Dieu livra le royaume de Juda à Nabucodonosor, et les Juifs furent transportés à Babylone.

Avant J. C. 606 ans.

Après leur délivrance, ils sont gouvernés par les souverains pontifes.

Les Israélites sont rejetés pour toujours. Mais les Juifs, ayant été châtiés par une captivité de 70 ans, obtiennent de Cyrus la permission de rebâtir Jérusalem. Depuis cette époque, ils sont gouvernés par les souverains pontifes, et ils deviennent enfin plus fidelles au seigneur.

Les prêtres, chez les Hébreux, ne se bornoient pas au soin des choses de religion : ils ont eu de tout temps beaucoup de part aux affaires du gouvernement. Voilà pourquoi, lorsque les Juifs n'eurent plus de roi particulier, et qu'ils eurent secoué toute domination étrangère, les prêtres se trouvèrent en possession de l'autorité, et réunirent enfin la royauté au sacerdoce. C'est ce qu'il faut développer.

Qui réunissent la royauté au sacerdoce.

Moyse a été le premier pontife. Mais le sacerdoce ne passa pas à ses descendans. Dieu choisit, pour l'exercer, Aaron et sa postérité. Les autres branches de la tribu de Lévi formèrent le corps des lévites, subordonné à celui des prêtres.

Causes de la puissance des prêtres et des lévites.

Une des choses qui a pu d'abord contribuer à la puissance des lévites et des prêtres, c'est le soin qu'ils ont toujours eu de ne point se mésallier, c'est-à-dire, qu'aucun d'eux n'auroit pris une femme dans une autre tribu. S'il arrivoit que quelqu'un eût manqué à cette loi, il étoit exclus du ministère de l'autel, et de tous les droits du sacerdoce. Il n'étoit pas possible d'entrer dans ce corps, à la faveur d'une naissance équivoque, parce que l'on conservoit, dans des registres, la généalogie exacte de toutes les branches de Lévi.

Si l'ordre sacerdotal, moins jaloux de ses prérogatives, se fût allié avec les autres tribus, il se seroit insensiblement confondu avec elles. Les prêtres et les lévites auroient eu des intérêts différens, suivant les familles où ils seroient entrés. Dès-lors, moins réunis, ils auroient été moins puissans.

La loi, qui défendoit ces alliances, formoit donc un corps, dont les membres étoient animés d'un seul et même esprit; et dont, par conséquent, l'autorité étoit d'autant plus grande, que les autres tribus, en se mêlant, en se confondant, brouilloient leurs intérêts, et semoient de nouvelles divisions parmi elles.

Ce corps dut encore sa puissance à ses richesses. Il ne pouvoit manquer d'en avoir de considérables, puisque les lévites levoient la dîme sur tous les revenus d'Israël. Ils payoient la dîme de cette dîme aux prêtres; et le souverain sacrificateur en avoit la principale partie. Chef du clergé, il étoit le juge et l'arbitre de tout ce qui concernoit la religion : il avoit la prééminence par ses richesses comme par ses fonctions, et son pouvoir n'étoit pas beaucoup au-dessous de celui du souverain.

Tout, dans le grand-prêtre, étoit digne de la majesté de son ministère. Sa naissance étoit sans tache; et les défauts du corps suffisoient pour exclure de cette dignité. Il ne paroissoit au temple qu'avec des habits d'une grande magnificence. Lui seul jouissoit du privilège d'entrer dans le sanctuaire: il n'y entroit qu'un seul jour de l'année, et ce jour n'en étoit que plus solemnel. Enfin, l'oracle de la vérité étoit attaché à sa personne, et il annonçoit l'avenir, lorsqu'il étoit revêtu des ornemens sacerdotaux.

La dernière cause de la puissance des prêtres, c'est que leurs fonctions n'étoient incompatibles avec aucune sorte d'emplois. Pendant que les autres tribus étoient exclues du ministère de l'autel, les prêtres entroient dans les charges de judicature, montoient aux grades militaires, participoient, en un mot, à toutes les dignités. Ils occupoient presque tous les tribunaux d'Israël. On les voyoit dans les troupes, en qualité de soldats, d'écrivains et de généraux. Il y avoit même à l'armée des emplois qui étoient réservés à eux seuls, tel étoit celui de sonner de la trompette. Enfin la souveraine sacrificature étoit à vie, ce qui donnoit au grand-prêtre tout le temps d'affermir son autorité, ou même de la transmettre plus grande qu'il ne l'avoit reçue. Ce ne fut que sous les Grecs et les Romains, que cette dignité, conférée au gré des rois et des empereurs, passa souvent d'une main dans une autre. Alors elle se vendoit même comme à l'enchère.

Variations du gouvernement des Hébreux. Il est certain que, dans l'origine, le gouvernement des Hébreux étoit une théocratie : Dieu gouvernoit son peuple par le moyen des prêtres : et toute l'autorité étoit dans le clergé. Ce sont les prêtres, dit Joseph, qui ont soin de faire observer la loi, et de maintenir la discipline : ils sont juges des différends, il ordonnent de la punition des coupables.

On ne trouve point qu'en Égypte, les Israélites aient eu une police particulière. Leur gouvernement n'a commencé que lorsque la loi fut donnée sur le mont Sinaï.

Alors Moyse jugea souverainement tout Israël. Peu après, il fut aidé par un corps de soixante-dix anciens, que Dieu choisit. Enfin ce législateur régla lui-même la police que les Israélites suivroient dans la terre promise. Il ordonna qu'on établiroit des tribunaux dans chaque ville; et, comme il réserva toutes les grandes affaires aux prêtres de la race d'Aaron, le grand-prêtre se trouva le chef de tous les juges, et le président de tous les tribunaux.

Cependant cette forme de gouvernement fut sujette à des variations. L'inconstance des Hébreux, leur penchant à l'idolâtrie, leurs schismes, leurs servitudes, en un mot, les vicissitudes auxquelles ils ont été exposés, ne pouvoient manquer de diminuer quelquefois l'autorité des prêtres, et d'altérer les premiers principes de la police.

Il ne nous est pas même possible de suivre toutes ces variations. Nous ne connoissons qu'imparfaitement comment les Israélites étoient gouvernés sous les juges. Il ne paroît pas même que l'administration fût alors assujettie à des règles générales et constantes; et ce n'est que sous Samuel que le gouvernement commence à reprendre l'ordre établi par Moyse.

Sous la monarchie, la puissance des prêtres dépendit beaucoup de la piété des souverains. Ils perdirent peut-être encore plus que Roboam, à la séparation des dix tribus. Après la captivité de Babylone, devenus les chefs de la nation, ils reprirent l'autotorité; et, lorsqu'ils eurent secoué le joug des rois de Syrie, ils montèrent sur le trône. Mais, après les temps prédits, la couronne passa sur une tête étrangère. La Judée fut ensuite réduite, à deux reprises, en province romaine. Enfin la révolte amena la ruine de Jérusalem et la dispersion du peuple.

<small>La chûte de David et celle de Salomon sont des leçons pour les souverains.</small>

Vous voyez, Monseigneur, dans l'histoire des Juifs, des exemples étonnans de l'aveuglement et de la foiblesse des hommes. En effet, comment tant de miracles ne les ont-ils pas garantis de l'idolâtrie? Comment, châtiés sévèrement et justement, n'ont-ils pas connu dès les premières fois, combien il étoit funeste d'abandonner le seigneur? Mais, ce qui doit être une leçon plus directe pour vous, c'est le crime de

David, et la chûte de Salomon. Si ces grands rois sont tombés, malgré leurs lumières et leur sagesse, que ne devez-vous pas craindre, et avec quel soin ne devez-vous pas veiller sur vous-même ? Considérez sur-tout combien l'exemple de Salomon idolâtre dut autoriser le peuple à s'abandonner au culte des faux dieux. Songez que ce fut la source de tous les maux qui inondèrent Israël. Alors, connoissant quelle est l'influence des mœurs du prince, vous serez convaincu que votre bonheur et celui de votre peuple dépendent des exemples que vous donnerez.

Pour achever le tableau du peuple Juif, il nous reste à considérer quelques objets, que je vais traiter séparément.

CHAPITRE II.

Des prophéties.

<small>Ce que les Hébreux entendoient par prophètes.</small> PRÉDIRE l'avenir, est ce que nous entendons par prophétiser. Mais les Juifs donnoient à ce mot une signification plus étendue. Tout homme inspiré, tout homme qui parloit de la part de Dieu étoit prophète.

<small>Nombre des prophètes.</small> On compte seize prophètes, Isaïe, Jérémie, Ézéchiel, Daniel, Osée, Joel, Amos, Abdias, Michée, Jonas, Nahum, Habacuc, Sophonie, Aggée, Zacharie et Malachie. Les quatre premiers sont nommés grands prophètes, parce qu'ils ont laissé un plus grand nombre d'écrits ; et, par une raison contraire, les douze autres sont nommés petits prophètes.

<small>La prophétie remonte à Adam.</small> La prophétie, dans le sens des Hébreux, remonte au commencement du monde. Joseph, Jacob, Abraham, Noé, Hénoch, Adam ont été inspirés.

<small>Orale sous les patriarches, elle a été écrite sous Moyse.</small> Sous les patriarches la prophétie ne paroît avoir été qu'orale. Dans la suite, elle fut

écrite. Comme la religion s'altéroit tous les jours, Dieu suscita Moyse pour donner une forme durable au culte qu'il voulut établir. Aaron et Josué furent aussi inspirés. Mais, sous les juges, il n'y eut proprement que la prophétesse Débora, quoique les Juifs aient donné le nom de prophète à plusieurs juges, qui avoient rendu de grands services à la nation.

Le nombre des prophètes fut grand du temps de Samuel. Ils se formoient par troupes sous sa conduite; et depuis ce juge jusqu'à la captivité de Babylone, la suite n'en est point interrompue. Ils cessèrent peu après, et Malachie est le dernier. Le peuple, devenu plus fidelle, n'avoit plus le même besoin de ce secours; et l'attente du Messie, tant de fois annoncée, suffisoit pour soutenir son zèle. *Prophètes du temps de Samuel.*

Un sac étoit l'habit ordinaire des prophètes. Leur frugalité étoit extrême. Ils vivoient dans la pauvreté, séparés du peuple, occupés à la prière, au travail, à l'instruction, à l'étude. *Leur genre de vie.*

Leurs oracles rendoient la divinité toujours présente dans Israël. Ils annonçoient *Leur courage.*

la vérité avec un courage que rien ne pouvoit ébranler; et ils défendoient la religion contre l'impiété des princes, et contre les déréglemens des particuliers. Respectés sous les rois pieux, ils ont joui d'une grande autorité : persécutés sou sles rois impies, plusieurs ont fini d'une mort violente.

Toutes les prophéties conduisent à J. C.

Toutes les prophéties conduisent à Jésus-Christ. Elles annoncent ses mystères, sa naissance, son ministère public, sa passion, sa mort, sa sépulture; sa résurrection, son règne, la réprobation des Juifs, la vocation des Gentils, la ruine de l'idolâtrie, et tout ce qui doit arriver par rapport à la religion jusqu'au dernier avénement de Jésus-Christ. L'événement qui les a justifiées dans les siècles passés, ne permet pas de douter qu'elles ne s'accomplissent encore dans les siècles à venir. La dispersion des Juifs dépose tous les jours de leur vérité. Quel autre que Dieu pouvoit avant le temps connoître la naissance d'un homme, son nom, ses actions miraculeuses, toutes les circonstances de sa vie, sa mort, et sa résurrection ?

CHAPITRE III.

Révolutions dans la doctrine des Juifs.

Les Juifs n'ont cultivé ni les arts, ni les sciences. Nous ne leur devons rien à cet égard. La religion fut leur unique étude; et dans ce genre, ils ont eu les plus grands maîtres. Par la religion, j'entends non seulement le culte rendu à la divinité, mais encore la police civile : car chez eux, celle-ci faisoit partie de la première, et lui étoit même subordonnée.

<small>La religion a été l'unique étude des Juifs.</small>

Jusqu'à Moyse, la tradition seule conserva le culte et la police. Après lui, Josué soutint les Israélites dans la pratique de la loi, par ses instructions, par ses miracles, par son autorité et par son exemple. Dans la suite, ce peuple eut de temps en temps des libérateurs, qui l'éclairèrent au moins par intervalles, et qui le rappelèrent à ses devoirs. Enfin Samuel établit une

<small>Pendant un temps leur doctrine est la même.</small>

école, d'où sortirent un grand nombre de prophètes. A ces hommes extraordinaires, il faut joindre les prêtres qui étoient les dépositaires de la loi, et qui tenoient des écoles ouvertes à Jérusalem et ailleurs. Tous ces docteurs ont enseigné les mêmes dogmes. Réunis contre l'idolâtrie qu'il falloit continuellement combattre, aucun d'eux ne s'est écarté de la doctrine de Moyse.

<small>Dans un autre temps des contestations s'élèvent.</small>
Mais, lorsque l'idolâtrie fut tout-à-fait étouffée, et que Dieu cessa d'envoyer des prophètes, on vit naître des doutes sur les choses de la religion, et les contestations commencèrent. Il semble que ce peuple inquiet fût condamné à être toujours divisé. On disputa donc sur le dogme, et il se forma plusieurs sectes.

<small>Les écoles et les opinions se multiplient.</small>
Les lieux où les docteurs enseignoient, se nommoient synagogues, mot qui signifie proprement assemblée du peuple. C'est encore ainsi que les Juifs nomment aujourd'hui les lieux où ils s'assemblent pour l'exercice public de leur religion. L'esprit de dispute s'introduisit bientôt dans ces écoles; il se répandit au dehors, et infecta

toute la nation. Chacun voulut prendre un parti, chacun voulut être disciple ou docteur. Il se forma continuellement de nouvelles synagogues. Il n'y eut point de classe de citoyens, qui ne voulût avoir la sienne, et ces écoles se multiplièrent au point, que sur la fin, il y en avoit dans Jérusalem jusqu'à quatre cents, ou même davantage. Cela seul étoit capable de hâter la ruine de la religion.

Chaque synagogue avoit ses juges, ses patriarches, ses apôtres, ses présidens, ses chefs, et d'autres ministres qu'on nommoit anges, c'est-à-dire, messagers. Les juges des synagogues exerçoient leur autorité sur ceux qui violoient la loi, et sur ceux dont ils condamnoient la doctrine. Cependant le temps approchoit, où ce peuple devoit être rejeté. L'esprit-saint qui avoit livré les docteurs juifs à de vaines disputes, se retira enfin tout-à-fait; et, depuis Jésus-Christ, les livres des rabbins, c'est-à-dire, des docteurs juifs, n'ont été qu'un tissu de fables, de visions et de puérilités.

Il y a eu trois sectes chez les Juifs: <small>Trois sectes principales parmi les Juifs.</small>

les Pharisiens, les Saducéens, les Esséniens.

Les Pharisiens. Les Pharisiens se piquoient d'une grande exactitude dans l'observation de la loi. Ils la portoient même jusqu'à la superstition, puisqu'ils prétendoient que, le jour du sabbat, il n'étoit pas permis à Jésus-Christ de guérir des malades, ni aux malades de venir demander leur guérison. Ils jeûnoient beaucoup, faisoient de longues prières, distribuoient de grandes aumônes, s'imposoient des austérités de toute espèce. Quoique toute cette vertu ne fût qu'ostentation, comme Jésus-Christ le leur a reproché, cependant elle leur attiroit la faveur du peuple. Ils furent regardés comme les plus pieux et les plus savans des hommes, et ils acquirent une grande autorité.

Les Pharisiens croyoient à la métempsycose : ils donnoient beaucoup à la fatalité, attribuant une grande influence aux astres, et ne croyant l'homme libre que par rapport aux actions de piété. Leur secte subsiste encore parmi les Juifs : on les nomme communément *rabbinistes*.

Les Saducéens. Les Saducéens nioient l'existence des anges et l'immortalité de l'ame. C'étoit une conséquence qu'ils ne crussent pas à la résurrection, et qu'ils établissent qu'il ne faut pas servir Dieu par intérêt. Ils tomboient encore dans une autre erreur : ils disoient que Dieu ne voit pas tout.

Les Esséniens étoient les plus religieux des Juifs. Ils mettoient leur biens en commun, vivoient sobrement, secouroient les pauvres, et observoient le sabat scrupuleusement, ou même avec superstition. Ils pensoient ne devoir point aller au temple, de peur de se souiller en s'y trouvant avec les autres Juifs. Mais nous aurons occasion de revenir à ces sectes ; et alors nous montrerons la source de leurs erreurs.

CHAPITRE IV.

De la cabale.

Ce que les Juifs entendent par cabale.

DIEU, en donnant la loi à Moyse, lui en donna l'intelligence. Pour élever sur ce principe certain un systéme frivole et absurde, il n'a fallu faire que quelques suppositions; on les a faites.

Il y a deux lois, a-t-on dit; une selon la lettre, une autre selon l'esprit : la première a été écrite pour le peuple, la seconde n'a été confiée qu'aux soixante-dix sages d'Israël, et a été conservée par une tradition orale. C'est cette tradition qu'on nomme cabale, du mot *chabal*, qui signifie recevoir.

Comme il n'est pas possible que les lois écrites ne soient quelquefois susceptibles de différens sens, il est naturel que le législateur en communique l'explication à ceux à qui il commet le soin du gouvernement. Si les prétentions des cabalistes se bornoient à cela, leur systême seroit raisonnable.

Mais la cabale est une science bien plus merveilleuse : elle renferme tous les secrets de la religion, et tous ceux de la nature. Voici les moyens qu'on emploie pour les découvrir.

Comment les Juifs croient trouver dans la cabale tous les secrets de la nature.

On ouvre les livres de Moyse : on considère les nombres qui résultent de différens mots, on les compare, on les combine, et on remarque les rapports qui en naissent. D'autres fois on prend séparément toutes les lettres d'un mot, et on les rend lettres initiales d'autres mots ; par où vous concevez qu'on trouve dans l'écriture sainte tout ce qu'on veut, comme on le trouveroit dans tout autre livre. Le dernier moyen n'est pas moins commode. Il consiste à lire les mots à rebours, à transposer les lettres de différentes manières, ou même à en substituer de nouvelles. Au reste on fait sur-tout attention à la figure des lettres, et à la variété des traits : on remarque les couronnes, les points, les lignes droites ou courbes, horizontales, perpendiculaires ou inclinées : on n'oublie rien.

Mais, demanderez-vous, comment découvre-t-on quelque chose par de pareils moyens ?

Suppositions sur lesquelles ils se fondent.

On répond que tous les êtres ont, par leurs essences, différens rapports les uns avec les autres, et qu'on peut remonter par degrés depuis le dernier jusqu'à Dieu. Or les lettres et les nombres sont très-propres à exprimer toutes ces choses. Rien n'empêchoit donc que Dieu n'imprimât sur ces lignes toutes ces essences et tous ces rapports, et rien n'empêchoit aussi qu'il ne révélât aux cabalistes la manière de consulter ces symboles pour découvrir tout ce qu'ils contiennent. On assure qu'il a fait l'un et l'autre, et on en conclut que la cabale est un art dont Dieu a lui-même prescrit les règles.

Absurdité des cabalistes.

Cependant les lettres de l'alphabet des Juifs ont souffert bien des altérations : elles ont même totalement changé avec le temps. On pourroit donc conclure que la cabale, qui seroit conforme aux caractères des derniers siècles, ne le seroit point à ceux dont Moyse s'est servi.

Cette difficulté seroit forte, si ceux qui adoptent des systêmes absurdes, étoient capables de sentir une difficulté. Elle n'a donc point arrêté les cabalistes, et ils sont persuadés, ou du moins ils veulent faire croire qu'ils jouissent des plus grands secrets. Ils sont étroitement unis à Dieu ; ils commercent avec les intelligences supérieures : ils sont affranchis des erreurs de l'humanité : il n'y a point de biens surnaturels, point de commodités de la vie, qu'ils ne puissent se procurer : ils possèdent le don des langues, l'esprit de prophétie, le pouvoir de faire des prodiges. Tels sont les hommes qui se donnent chez les Juifs pour les dépositaires des traditions. Leurs livres sont pleins de contes ridicules, dont il n'est pas même nécessaire d'apporter un exemple.

DES LOIS.

CHAPITRE PREMIER.

Des usages ou des conventions tacites, qui ont tenu lieu de lois.

<small>Les usages sont par eux-mêmes des lois très-variables.</small> Nous avons vu, Monseigneur, que les lois n'ont d'abord été que les premiers usages qui se sont établis chez les peuples. C'étoit des conventions tacites qui régloient ce que les citoyens se doivent les uns aux autres, ce que chacun d'eux doit à l'état, et ce que l'état doit à chacun d'eux.

Ces conventions sont tacites, parce qu'elles se font naturellement et sans délibération de la part de ceux qui s'y soumettent : c'est-à-dire, qu'elles sont l'effet de la nature de l'homme, combinée avec les circonstances où il se trouve; et, par la *nature de l'homme*, j'entends les besoins et les facultés qui naissent avec lui, et qui sont, par conséquent, une suite de son organisation.

Or l'organisation est au fond la même dans tous les hommes. Vous ne serez donc pas étonné de trouver, chez tous les peuples, les mêmes conventions tacites. Tous ont commencé de la même manière, parce que tous sont nés avec les mêmes besoins et les mêmes facultés.

Dès qu'il y a des conventions tacites, il y a des devoirs réciproques, et ces devoirs établis sont nécessairement des droits réciproques. Il est dû à chaque citoyen, puisque tous se doivent les uns aux autres.

On ne s'étoit réuni, que parce qu'on avoit senti le besoin de se réunir; et les circonstances, où l'on s'étoit trouvé lors de la réunion, avoient déterminé les devoirs auxquels on s'obligeoit, et les droits qu'on acquéroit.

La fin de cet engagement étoit l'avantage de tous pris ensemble, et de chacun pris en particulier; et cet avantage devoit être tel, qu'en général chacun se trouvât mieux après la réunion qu'auparavant

Cette recherche demandoit des observations, qu'on n'avoit pas pu faire, ou une prévoyance qu'on n'avoit pas encore. Les hommes ne la firent donc pas avec réflexion. Ils tâtonnèrent d'après leurs besoins, obéissant aux circonstances comme par instinct, et changeant d'usages, moins par raison que par inquiétude.

Dans de pareilles conjonctures, il étoit difficile de se faire des idées exactes. L'usage, susceptible d'interprétations différentes, suivant la différence des circonstances, étoit rarement une règle certaine. Souvent il servoit de prétexte à des prétentions, parce que tous vouloient se faire de nouveaux droits, et que personne ne vouloit contracter de nouveaux devoirs.

Comment des usages deviennent constans. Lorsque les circonstances ne changeoient pas, ou lorsqu'elles changeoient sans qu'on le remarquât, les usages, si on croyoit en avoir reconnu l'utilité, se maintenoient d'eux-mêmes et sans efforts. Mais, lorsqu'on n'étoit pas d'accord sur l'utilité dont ils pouvoient être, ils ne se maintenoient, qu'autant que ceux à qui ils étoient avantageux, étoient assez puissans pour y assujettir les autres.

Soit effet des circonstances, soit effet de la violence, il y eut donc enfin des usages constans. Alors dire, *c'est l'usage*, c'étoit dire, *voilà votre devoir, voilà mon droit*; et l'usage fut la loi.

Plus on suivit l'usage établi, plus on se fit une habitude de le suivre. Cette habitude tint lieu de raison, et l'antiquité parut mettre le sceau aux usages. C'est dans l'enfance même des sociétés qu'on se hâta de dire : *voilà comment nos pères se sont conduits, voilà donc comment nous devons nous conduire.* Tels sont les hommes : ils se conduisent par imitation et sans délibérer, et ils supposent toujours que ceux qu'ils imitent, n'ont rien fait qu'après une mûre délibération. Ce préjugé, qui confirma les usages reçus, ne permit plus d'innover, qu'autant qu'on y fut forcé par les circonstances.

Mais quels sont ces usages? Nous découvrirons ceux qui sont de tous les temps et de tous les climats, si nous considérons que les hommes n'ont formé des sociétés, que parce qu'ils ont senti le besoin de se donner des secours mutuels. Alors nous voyons qu'en

Règles générales qui sont l'objet des usages dans l'établissement des sociétés.

général ils doivent avoir eu pour règles, de ne pas se nuire, d'être fidelles aux engagemens qu'ils contractoient, de se réunir contre l'ennemi commun, d'assurer à chacun d'eux la propriété de ses biens et de sa personne, et de s'opposer à quiconque tenteroit de troubler l'ordre établi.

Ces règles sont vagues.

L'essence de la société civile est dans l'observation de ces règles: mais la manière dont on les peut appliquer, est susceptible de mille modifications. Dans quelle occasion est-on censé nuire aux autres? quelles sortes d'engagemens est-il permis de contracter? avec quelles précautions faut-il se réunir contre l'ennemi commun? quelles mesures faut-il prendre pour assurer à chacun la propriété de ses biens et de sa personne? de quelle manière doit-on s'opposer à ceux qui troublent l'ordre? etc.

Les usages varient trop pour déterminer toujours l'application qu'on doit faire de ces règles.

Si les usages ne répondent pas clairement à toutes les questions qu'on peut faire à ce sujet, les règles générales qui font l'essence de la société civile, seront peu capables d'assurer la tranquillité publique. Or c'est ici que les usages varient. Les réponses ont été différentes, suivant la différence des

circonstances, qui souvent ont été mal vues.
Pour prendre toujours le parti le plus sage,
il eût fallu plus d'expérience qu'on n'en
avoit. On s'est donc conduit au jour le jour,
suivant les temps, suivant les lieux, suivant
le caractère dominant, suivant le progrès
des connoissances. Il semble, en général,
qu'en paroissant répondre aux questions que
nous avons faites, les hommes ne cherchoient pas quel est le meilleur ordre possible ; et qu'ils n'ont répondu, que parce
qu'il leur falloit des réponses.

Voilà le principe de la variété qu'on Les usages for-
ment et détrui-
sent les sociétés
civiles.
remarque dans les usages des peuples. S'il
est des nations privilégiées, où la succession
des usages est une réforme qui tend continuellement au perfectionnement de la société, il en est d'autres, et c'est le plus
grand nombre, où les usages, se succédant
sans se réformer, sont une suite d'abus et
de désordres.

Bien plus, dans ces nations privilégiées
dont je parle, les temps florissans ont un
terme après lequel la corruption des mœurs
entraîne nécessairement la décadence de
la société. Alors les vices deviennent des

usages ; on s'imite, parce qu'on est corrompu; parce qu'on s'imite, on se corrompt tous les jours davantage; et la contagion, qui gagne insensiblement toutes les conditions, ruine enfin les fondemens de la société.

On peut remarquer que les sociétés civiles sont des corps lents à se former, et prompts à se détruire. Dans l'origine, la succession des usages qui tendent à l'ordre, ne l'établit que peu-à-peu; et dans la décadence, la succession des usages qui tendent au désordre, l'amène brusquement.

Il est un temps où un peuple tient aveuglément à ses anciens usages, quoiqu'il fût avantageux pour lui d'en changer; et ce temps est celui où il reste encore bien des choses à faire pour établir le meilleur ordre. Lorsque Lycurgue voulut réformer les Spartiates, il employa la force; et, si Solon n'usa pas de la même violence avec les Athéniens, c'est que les circonstances avoient forcé ce peuple à lui demander des lois.

Quand la société a fait ses derniers progrès, et qu'il seroit à desirer qu'elle se maintint dans la situation où elle se trouve, c'est alors qu'un peuple tient moins à ses anciens usages, et que, les regardant comme de vieux préjugés, il court après des nouveautés qui le perdent. Tels étoient les Athéniens au siècle de Périclès.

Cette maxime, *il est dangereux d'innover*, est donc bonne ou mauvaise, suivant les circonstances. Mais vous remarquerez qu'en général, les peuples l'adoptent, lorsqu'il la faut rejeter ; et qu'ils la rejettent, lorsqu'il la faut adopter. C'est pourquoi ils paroissent souvent ne changer que par inquiétude ; éprouvant des révolutions, qu'ils n'ont ni méditées, ni prévues, et se conduisant comme au hasard.

L'influence des usages sur les sociétés civiles est donc de les former et de les détruire. Il est vrai qu'il y a des peuples qui, après avoir fait certains progrès, s'arrêtent tout-à-coup, et persévèrent dans les usages anciens. Nous en parlerons, lorsque nous pourrons remarquer la cause de cette persévérance.

Jusqu'ici nous avons observé les usages de citoyen à citoyen dans une même société : il

Les usages de nation à nation sont des lois sans force.

nous reste à les observer de nation à nation.

Dans une société civile, les usages tiennent lieu de lois, parce que les membres, qui s'accordent à vivre ensemble sous certaines conditions tacites, s'accordent à les faire observer ; et que par conséquent, les usages, qui sont en général favorables à tous, ont dans le corps de la société une force qui les protège.

Les nations ne sont pas entre elles dans le rapport où sont les membres d'une même société. Elles forment autant de corps indépendans, qui, chacun assez puissant pour se conserver, ou qui croyant l'être, ne pensent qu'à se maintenir dans l'indépendance où ils sont les uns des autres. Les usages, qui s'introduisent parmi elles, ne peuvent donc pas trouver dans leur concours une force capable de les protéger. Uniquement favorables aux nations dominantes, ils ont les vices d'une puissance aveugle, dont la supériorité fait seule tous les droits, et ils sont un principe de guerres et de révolutions.

Ces usages fondent le droit des gens. Les usages, reçus entre plusieurs nations, ne sont donc pas, par rapport à elles, ce que sont, dans une société civile, les usages qui s'introduisent parmi ses membres. Quels qu'ils soient néanmoins, ils règlent ce que les nations croient se devoir les unes aux autres; et à cet égard, ils constituent ce que je nommerai droit des gens.

Chez les anciens peuples de l'Asie, l'usage donnoit au vainqueur le droit de piller, de détruire, de réduire en servitude, d'exterminer. C'est une convention que tous paroissoient avoir faite tacitement; les plus puissans, parce qu'ils jouissoient de ce droit; les plus foibles, parce qu'ils avoient espérance d'en jouir. Personne n'imaginoit donc de réclamer, et les dévastations étoient regardées comme un malheur pour le vaincu, plutôt que comme une injustice de la part du vainqueur. Tel est le préjugé barbare, qui armoit les peuples de l'Asie pour leur ruine mutuelle. *Droit des gens des anciens peuples de l'Asie.*

En Grèce, d'heureuses circonstances tendoient à réunir tacitement tous les peuples de cette contrée dans une association générale. Accoutumés à se regarder comme une seule nation, les Grecs se faisoient des usages communs, qui parois- *Droit des gens des Grecs.*

soient confirmer qu'ils n'étoient en effet qu'une même nation. En conséquence, il s'établit parmi eux un droit des gens, tout différent de celui qu'ils avoient avec les Barbares, comme il l'étoit de celui que les Barbares avoient entre eux. Ce droit des gens n'étoit pas un recueil de conventions expresses; c'étoit des conventions tacites, connues par la pratique plutôt que par la théorie. On faisoit comme on avoit toujours fait : on consultoit l'usage, et on n'imaginoit pas encore de chercher dans des principes généraux, ce que les peuples se doivent les uns aux autres.

Cet usage étoit pour les Grecs un guide sûr à bien des égards. De plusieurs sociétés, qui se gouvernoient séparément, il formoit une seule société, dans laquelle tous les peuples trouvoient un intérêt commun, et dont la conservation, prescrivant des devoirs à chacun d'eux, rendoit les cités presque aussi sociables que les citoyens. Cet esprit, qui se montroit dès les temps héroïques, préparoit les Grecs à se soumettre un jour à des lois : il devoit même tôt ou tard leur en faire désirer, parce que l'expérience devoit tôt ou tard leur faire sentir l'insuffisance de leurs usages.

C'est par-là que la sociabilité devint le caractère distinctif des peuples de la Grèce. Cependant, comme ils se civilisoient les uns après les autres, quelques-uns des usages des troupes, encore barbares, se conservoient au milieu des usages des sociétés civiles qui se formoient ; et ils s'y conservoient d'autant plus facilement, qu'elles-mêmes elles sortoient à peine de la barbarie. De ce mélange, il se forma un droit des gens, où l'on apperçoit encore des restes du premier état où tous les Grecs avoient vécu.

Usages qui rendoient vicieux ce droit des gens.

Suivant ce droit des gens, les prisonniers de guerre étoient esclaves ; et nous avons vu que les Lacédémoniens usoient même cruellement de ce droit avec les Ilotes. Il est évident que c'est-là une suite du droit de vie et de mort, que le vainqueur s'arrogeoit sur le vaincu : usage barbare, d'où on concluoit que le prisonnier appartenoit en propre à celui qui avoit été maître de lui ôter la vie. Telle est cependant la force des usages, que ce droit, qui choque la nature et la raison, a été reçu chez les nations les plus éclairées.

<small>Causes de ces usages.</small> Les Barbares vivent de brigandage, et ce genre de vie a toute leur estime : c'est une lâcheté à leurs yeux d'attendre d'un travail long et pénible, ce qu'on peut, avec du courage, se procurer en un instant : et la gloire, qu'ils attachent à la force du corps, est le titre qui les autorise à toutes sortes de violences.

Tels avoient été les Grecs, et leur droit des gens en fut altéré. Barbares à certains égards, jusques dans les temps où ils avoient le plus de vertus, ils ont eu tant de peine à se défaire des préjugés que le courage paroissoit ennoblir, que Platon et Aristote n'ont regardé le brigandage que comme une espèce de chasse ; et que Solon lui-même crut devoir faire une classe des brigands, défendant seulement d'exercer le brigandage sur les citoyens de la république.

Nous-mêmes n'accordons-nous pas toute notre considération aux conquérans ? Cependant cette considération n'est autre chose qu'un reste de l'estime que nos pères barbares accordoient aux brigands. Car la conquête ne cesse pas d'être un brigandage, parce qu'au lieu de dépouiller quelques particuliers, elle dépouille des nations, et détruit des empires. Qu'on ne dise pas qu'il y a des conquêtes justes. Il y en a en effet; et c'est lorsqu'ayant été dans la nécessité de repousser la force par la force, on a droit de conquérir, parce qu'on a droit à un dédommagement, ou encore parce qu'on a droit d'affoiblir un ennemi qui montre une ambition injuste. Mais nous applaudissons à toutes les conquêtes.

L'étude de l'histoire, Monseigneur, vous fera connoître l'injustice de la plupart des guerres. C'est l'ambition qui fait prendre les armes, c'est une fausse idée de gloire, c'est une intrigue de cour, c'est l'intérêt d'un ministre qui veut se rendre nécessaire, c'est la jalousie qu'une nation conçoit pour une autre, quelquefois c'est seulement l'inquiétude qu'une longue paix produit dans un peuple courageux, parce qu'elle le laisse trop long-temps dans un état tranquille. Ces guerres cependant paroissent encore aujourd'hui faire partie de notre droit des

Guerres injustes, autorisées par un faux droit des gens.

gens : parce qu'elles ont été en usage dans tous les siècles, elles sont en usage dans le nôtre. L'usage malheureusement semble rendre tout légitime.

CHAPITRE II.

Des lois positives, et particulière-
ment de celles qui constituent l'es-
sence de chaque gouvernement.

Nous venons de voir que les usages, lorsqu'ils sont l'unique règle d'un peuple, conduisent nécessairement de désordres en désordres. Par conséquent si, pendant un temps, ils ont paru suffire au maintien de la tranquillité publique, l'expérience n'a pu manquer de faire connoître tôt ou tard les abus qu'ils faisoient naître. On sentit donc la nécessité de corriger les usages; et, en les corrigeant, on fit ce qu'on a depuis nommé *lois positives*. Ainsi les premières lois positives n'ont été que des usages corrigés. *Les premières lois positives n'ont été que des usages corrigés.*

Quelque raisonnables que soient des conventions tacites, elles sont vicieuses, parce qu'elles sont tacites; et ce vice seul en doit produire plusieurs autres. *Les conventions tacites sont vicieuses, parce qu'elles sont tacites.*

En effet, elles ne sont ni assez claires, ni assez précises, ni assez notoires. On les a adoptées sans délibération, on les suit par instinct ; on s'en écarte sans le vouloir, on les change sans l'avoir projeté ; et on ne s'apperçoit pas des variations qu'elles éprouvent.

Elles deviennent d'ailleurs tout-à-fait arbitraires, parce qu'étant susceptibles d'applications et d'interprétations différentes, il est au pouvoir des plus puissans de les appliquer et de les interpréter au gré de leurs passions et de leurs caprices.

En les rendant expresses et solemnelles, on fit des lois positives.

On sentit ces vices ; et plus on les sentit, plus on fut forcé à délibérer sur les usages qu'on avoit jusqu'alors suivis aveuglément.

On délibéra donc. On prononça, et les conventions devinrent expresses. Chacun dit ou put dire à quoi il s'obligeoit, et les précautions, qu'on prit publiquement pour mettre le sceau aux engagemens contractés, donnèrent aux conventions la solemnité nécessaire.

Tout cela se fit d'abord, comme en tâtonnant, et on fut long-temps, sans doute, avantde corriger les principaux usages, de tout ce qui nuisoit à la clarté, à la précision et à la notoriété. Cette révolution fut d'autant plus lente, qu'il y eut toujours des hommes intéressés à s'y opposer. Mais enfin, à mesure qu'elle se fit, les conventions devinrent expresses et solemnelles, et c'est alors qu'elles furent proprement des lois positives.

Lorsque les conventions tacites conduisent seules les peuples, la collection de ces conventions est une masse informe, où l'on a de la peine à démêler les droits et les devoirs des citoyens. Or la nécessité de réfléchir sur ces conventions fut une nécessité de les observer les unes après les autres, de les rapporter à des fins différentes, et par conséquent, de les distinguer par classes. Vous voyez donc qu'à mesure qu'on fit cette recherche avec ordre, on eut des lois positives de différentes espèces.

Comment sti distingua les lois positives en différentes classes.

Cette recherche a pour objet la tranquillité publique, à laquelle toutes les sociétés civiles tendent naturellement, quoique par des moyens différens. Il sera plus sage d'observer ceux qui ont été employés par les peuples que nous connoissons : par-là, nous nous préparerons à observer dans la suite ceux qui seront employés par les peuples dont il nous reste à étudier l'histoire.

Dans les grandes monarchies de l'Asie, les trois pouvoirs qui constituent la souveraineté, résidoient dans le monarque.

Dans toute société civile où l'ordre se maintient, nous remarquons une puissance qui se fait respecter de tous les membres, et que par cette raison on nomme *souveraine.*

Cette puissance fait les lois, et force à les exécuter. En la considérant sous ces deux rapports, on la divise en deux puissances; l'une législative et l'autre exécutive.

Dans les grandes monarchies de l'Asie, cette double puissance résidoit toute entière dans le monarque. La souveraineté étoit donc en lui seul.

Cette puissance se faisoit respecter, parce que le monarque avoit à ses ordres toutes les forces de l'état : ceux qu'il armoit, étoient seuls armés, et ils l'étoient pour lui contre tous.

Maître absolu de la nation, un pareil souverain disposoit d'elle. Formoit-il le projet d'une conquête, il falloit marcher, parce qu'il le commandoit. Il avoit seul le droit de faire la guerre et la paix.

Or le droit de faire les lois, celui de les faire exécuter, et celui de faire la guerre et la paix sont les trois pouvoirs qui constituent la souveraineté.

Dans les petites monarchies, comme nous l'avons remarqué, la puissance du monarque étoit limitée parce que les trois pouvoirs n'étoient pas réunis dans sa personne.

Comment aux temps héroïques dans les petites monarchies de la Grèce les trois pouvoirs étoient partagés.

Chez les Grecs, par exemple, dans les temps héroïques, le peuple avoit la puissance législative : mais l'usage, qui considéroit le monarque comme seul juge et seul général, lui donnoit en conséquence le droit de faire exécuter les lois, et lui laissoit celui de faire la guerre et la paix.

Il arriva de-là, que le monarque limitoit la puissance du peuple, et que le peuple limitoit la puissance du monarque. Car, dès que les pouvoirs sont partagés, ils se balancent, et par conséquent, il se limitent mutuellement.

Le peuple avoit conservé la législation ; parce que tous les citoyens étant soldats, ils étoient armés de droit, ils l'étoient pour eux, et au besoin, ils l'étoient contre le monarque.

Il est vrai que les deux autres pouvoirs laissoient aux rois de la Grèce une grande autorité, et qu'ils pouvoient être tentés d'en abuser : mais s'ils en abusoient, ils trouvoient un juge dans le peuple, c'est-à-dire, dans un législateur armé.

Ils en abusèrent : ausitôt le trône chancela, et le monarque tomba avec le trône.

<small>En détruisant la tyrannie, les villes de la Grèce tomboient dans l'anarchie, parce que le peuple se saisissoit des troi pouvoirs.</small>

Alors le peuple recueillit les trois pouvoirs de la souveraineté, et il en fut embarrassé : car il ne pouvoit pas les garder tous, et cependant il n'osoit plus les partager. Jaloux de sa liberté, et ne sachant quelles mesures prendre pour l'assurer, il se trouva plus foible, depuis qu'il avoit repris toute l'autorité. Plus il faisoit d'efforts pour la retenir, plus il sentoit sa foiblesse; et dans son inquiétude, il éprouva que, lorsque tous prétendent à la souveraineté, la souveraineté n'est à personne; et que, par conséquent, il n'y a plus de souverain, plus de lois, plus de sûreté. Ce temps est celui de l'anarchie : temps de désordre, où chaque citoyen prétend en quelque sorte réunir en lui les trois pouvoirs de la souveraineté.

L'anarchie pouvoit ramener la tyrannie, et cette crainte fut le principal motif, qui détermina les peuples de la Grèce à songer aux moyens de partager les trois pouvoirs, de manière à les tenir dans une espèce d'équilibre.

Le partage des trois pouvoirs constitue proprement ce qu'on nomme république, comme la réunion des trois pouvoirs dans une même personne, constitue ce qu'on nomme monarchie. *Deux gouvernemens, l'un républicain et l'autre monarchique.*

Or, ou les trois pouvoirs sont réunis, ou ils sont partagés. Il n'y a donc en général que deux sortes de gouvernement, l'un monarchique, l'autre républicain.

Mais, parce que ces deux gouvernemens sont susceptibles de différentes modifications, ils peuvent se rapprocher et se confondre à certains égards. Dans les temps héroïques, par exemple, les gouvernemens de la Grèce étoient républicains, si nous considérons que les trois pouvoirs étoient partagés ; et ils étoient monarchiques, si nous considérons la grande puissance des rois, et la part qu'ils avoient à la législation, lorsqu'ils savoient se conduire.

Puisque les trois pouvoirs se limitent, aussitôt qu'ils se partagent, vous concevez qu'ils peuvent être limités de bien des manières. Or leur limitation, comme le partage qui s'en fait, donne lieu à différentes combinaisons, qui, chacune, constituent autant de gouvernemens différens. Ces gouvernemens sont placés entre les monarchies où le monarque a seul toute la souveraineté, et les républiques où les citoyens ont tous à la souveraineté une part égale.

Il y a donc différentes espèces de monarchies et différentes espèces de républiques; et l'essence de chacun de ces gouvernemens est uniquement dans la combinaison des trois pouvoirs confiés avec plus ou moins de limitation.

Or on nomme *politiques* et *fondamentales* les lois positives qui rendent cette combinaison notoire et solemnelle : politiques, parce qu'elles règlent l'usage de l'autorité; fondamentales, parce que si elles changent, le gouvernement n'est plus le même.

Dans les grandes monarchies d'Asie, la loi politique donnoit au monarque, sans aucune limitation, les trois pouvoirs, et cette loi étoit fondamentale : car, si le peuple ou quelque corps eût pu entrer en partage de la souveraineté, ou eût pu la limiter, le monarque n'eût pas été absolu.

Dans les monarchies de la Grèce, aux temps héroïques, la loi politique qui partageoit les trois pouvoirs, étoit fondamentale : car, si les pouvoirs, cessant d'être partagés, se réunissoient dans le monarque, la monarchie devenoit absolue ; et, s'ils se réunissoient dans le peuple, elle dégénéroit en anarchie.

En vous rapelant la constitution d'Athènes et celle de Lacédémone, vous jugerez également que la loi politique et fondamentale n'étoit pas la même pour ces deux républiques, puisque les trois pouvoirs s'y combinoient différemment, et que ces deux combinaisons formoient deux républiques essentiellement différentes.

Vous voyez par ces exemples, que les lois positives, qu'on nomme politiques et fondamentales, sont, pour les monarchies, celles qui réunissent solemnellement les trois pouvoirs dans une même personne;

et que pour les républiques, ce sont celles qui partagent les pouvoirs avec la même solemnité, et qui déterminent clairement la distribution qu'elles en font.

CHAPITRE III.

De la nature des gouvernemens libres.

Sans considérer si les pouvoirs de la souveraineté sont réunis ou séparés, on appelle *souverain* la personne physique ou morale, à laquelle ils appartiennent. Ainsi le peuple entier étoit le souverain à Sparte, comme Cyrus l'étoit en Perse. C'est dans ce sens que je prendrai ce mot.

Il est de fait que les circonstances qui font les gouvernemens, tendent à l'esclavage ou à la liberté. Ces deux points sont fixes; ils le sont seuls, et ils sont les seuls aussi dont nous pouvons nous faire des idées bien déterminées. Quand nous aurons vu quel est le gouvernement où on est libre, nous verrons quel est le gouvernement où on ne l'est pas; et alors il nous sera facile d'observer ceux qui participent de l'un ou de l'autre. Ce sera le sujet de ce chapitre et du suivant.

La liberté exclut l'arbitraire et la violence.

Un gouvernement est libre, lorsque les lois règlent la puissance souveraine.

Lorsque le souverain ne dispose de rien arbitrairement, on jouit avec sécurité de ce qu'on a.

On fait encore ce qu'on veut, sans être forcé à faire ce qu'on ne veut pas. Car, dès que la puissance souveraine n'est pas arbitraire, elle n'a pas besoin d'user de violence pour se faire obéir, et elle n'en use pas.

Elle assure donc la liberté dans le rapport que les citoyens ont à elle; et, parce qu'elle protège les foibles, elle l'assure encore dans le rapport que les citoyens ont les uns avec les autres. C'est une puissance qui fait respecter les lois, qui les respecte elle-même, et sous laquelle personne ne peut impunément user de violence.

Cette puissance maintiendroit l'ordre sans obstacles, si elle étoit la réunion de toutes les forces particulières; en sorte que tous les membres de la société concourussent également et unanimement au même but. C'est ce qui n'arrive pas.

La puissance souveraine ne se trouve donc que dans la réunion des forces prépondérantes. Elle ne consiste même qu'en cela. Comme elle n'est puissance, que parce qu'elle est une force comparée à une autre force, elle n'est puissance souveraine, que parce qu'elle est une force prépondérante à toutes.

Cette puissance, dira-t-on, fait donc violence aux uns pour assurer la liberté des autres. Sans doute; et la chose ne peut pas être autrement. Si la licence régnoit, il n'y auroit point de liberté, puisque la licence de tous nuiroit à la liberté de tous. Pour assurer la liberté, il faut donc mettre un frein à la licence. Voilà ce que fait la puissance souveraine ou prépondérante; et le gouvernement est libre, lorsqu'elle n'emploie la violence que contre ceux qui veulent abuser de leur liberté : c'est-à-dire, que le gouvernement est libre, lorsque les lois règlent l'usage de la puissance souveraine, et en bannissent tout arbitraire.

Dans tous les gouvernemens, il y a une force prépondérante, et ils ne subsistent qu'autant que cette force subsiste elle-même. Or cette force a été contraire à la liberté, toutes les fois qu'il n'a pas été possible

<small>En Asie, l'usage de la puissance souveraine a été contraire à la liberté.</small>

d'en régler l'usage par des lois fondamentales. C'est ce qu'on remarque en Asie, où les circonstances ont formé de grands empires.

En Grèce il lui a été favorable.

En Grèce, au contraire, l'usage de cette puissance a été mieux réglé, parce que les circonstances n'y ont formé que de petites monarchies : et en conséquence, les Grecs ont été plus libres que les Asiatiques.

Je dis *plus libres*, et je ne dis pas *absolument libres*. Un peuple approche plus ou moins de l'état de liberté auquel il tend, et d'ordinaire il en approche sans y arriver : car les révolutions qui paroissent l'y conduire, l'arrêtent en deçà ou le poussent au-delà, jusqu'à ce qu'après l'avoir, à plusieurs reprises, jeté et rejeté d'un côté à l'autre, elles l'ensevelissent dans la servitude, tombeau des nations.

Combien il est difficile de régler l'usage de cette puissance.

C'est qu'il est difficile de régler l'usage de la puissance souveraine. S'il est vrai que la liberté est assurée, lorsque les lois qui la protègent, sont la règle de cette puissance, il est vrai aussi que c'est cette puissance qui fait elle-même les lois. Voilà donc un cercle vicieux ; et le résultat est que la puissance souveraine se règle elle-même. L'histoire des peuples, jaloux de leur liberté, n'est que le tableau des efforts qu'ils ont faits pour sortir de ce cercle.

Il est encore difficile de donner des fondemens solides à la liberté, parce que les lois, qui suffisoient pour la protéger dans les circonstances où elles ont été faites, ne suffisent plus pour la protéger, lorsque les circonstances sont changées. Alors, si on s'obstine à ne pas faire de nouvelles lois, la liberté est en danger ; et elle est en danger encore, si on entreprend d'en faire. C'est un moment critique, où les partis qui se forment par des vues particulières, ne permettent pas aux citoyens de concourir tous également au bien général. Or, si ces momens se répètent, il arrivera tôt ou tard qu'un parti plus fort commandera ; et le peuple, qui se croyoit libre, sera asservi.

Et de donner des fondemens solides à la liberté.

Mais enfin, quelque difficulté qu'il y ait à établir un gouvernement libre, il est certain, d'après ce que nous avons dit, que la nature de ce gouvernement est de régler l'usage de la puissance souveraine, de ma-

Ces fondemens ne peuvent se trouver que dans des lois qui bannissent tout arbitraire, et qui répriment la licence.

mière que les citoyens soient soustraits à toute autorité arbitraire, et que la force soit employée uniquement à réprimer la licence.

CHAPITRE IV.

De la nature des gouvernemens qui ne sont pas libres, et qu'on nomme despotiques.

Les trois pouvoirs, réunis sans limitation dans une seule personne, constituent le gouvernement despotique. Un pareil souverain jouit d'une autorité absolue et arbitraire. Il a seul la propriété de tout : il est autorisé à disposer de tout à volonté : il exerce sur ses sujets la puissance d'un maître sur ses esclaves.

Mais, s'il est difficile qu'un peuple soit absolument libre, il est impossible qu'il soit absolument esclave, à prendre le mot esclave à la lettre. Le gouvernement despotique, tel que nous l'avons défini, est une chose aussi idéale, qu'une anarchie où l'on supposeroit que chaque membre de la société réunît en lui les trois pouvoirs. Entre ces deux extrêmes, qui sont également impossibles, nous trouverons tous les gouvernemens possibles.

Aucun despote ne peut s'approprier tout.

Il n'est pas vrai que le monarque le plus absolu puisse s'approprier tout. Un dur esclavage peut être le partage de plusieurs de ses sujets ; chacun, pris séparément, peut en être menacé ; mais il n'est pas possible que tous ensemble portent les mêmes chaînes. Le despotisme le plus grand est donc limité par l'impuissance où il est de s'exercer également sur tous ensemble.

Ce qui caractérise le despote, c'est qu'il ne connoît point de lois fondamentales.

Ce qui caractérise les despote, c'est qu'il met, autant qu'il peut, sa volonté à la place des lois, et qu'il ne connoît point de lois fondamentales qui doivent lui servir de règles. C'est pourquoi chacun de ses sujets se voit sans défense contre ses caprices. Mais, pour lui échapper, il suffit d'en être inconnu ; et, heureusement le despote ne connoît guère que ceux qui ont l'imprudence de se faire connoître. On sent plus sa tyrannie aux maux dont on est menacé, qu'au maux qu'on souffre.

Sa foiblesse le caractérise encore.

Une chose qui caractérise encore le despote, c'est la foiblesse ; plus il veut qu'on dépende, plus il dépend lui-même. Sa garde, qui veille pour lui, veille aussi contre lui. Sa tête tombe, comme la tête du plus vil de ses sujets: l'empire ne s'apperçoit pas qu'il change de maître : et le trône ensanglanté, fait voir ce que c'est qu'un monarque qui croit pouvoir tout ce qu'il veut.

Le despotisme n'est donc pas une puissance illimitée, c'est seulement une puissance qui ne connoît point de lois fondamentales. On dit que cette puissance est arbitraire, parce que le despote, ayant réuni en lui-même toutes les forces prépondérantes, paroît n'avoir qu'à commander pour être obéi. Cependant elle n'est pas absolument arbitraire, parce qu'il n'y a point de despote qui ne soit forcé à se faire des règles, ou même à s'assujettir à celles que lui prescrit l'opinion publique. Quand nous observerons le gouvernement des anciens empires, nous remarquerons les différentes causes qui en limitoient le despotisme.

<small>En quel sens on peut dire que sa puissance est arbitraire.</small>

CHAPITRE V.

Des républiques.

<small>La nature du gouvernement républicain tient à une sorte d'équilibre.</small>

LES Grecs ont partagé la souveraineté entre différens corps et différens magistrats : et en opposant les forces qu'ils confioient aux uns, aux forces qu'ils confioient aux autres, ils ont cherché un équilibre, dans lequel aucune puissance ne fût assez prépondérante, pour se soustraire aux lois fondamentales, et pour commander arbitrairement. Telle est la nature du gouvernement républicain.

<small>En politique, l'équilibre parfait est impossible.</small>

Mais en politique il n'y a point d'équilibre parfait ; et le moment où l'on croit le tenir, est précisément celui où la balance va pencher. C'est qu'il n'est pas possible de partager également les forces, et que d'ailleurs elles sont de nature à croître et à décroître alternativement.

<small>Dans la démocratie, le partage des forces est nécessairement inégal.</small>

Nous avons vu que Solon fit un partage inégal, en donnant le droit de suffrage à tous les citoyens. Car, par cette seule disposition, la quatrième classe eut une force prépondérante, parce qu'étant la plus nombreuse, elle eut aussi la plus grande part à la puissance législative.

Lorsque la souveraineté est dans le peuple en corps, ce gouvernement est celui qu'on nomme démocratie. Or, dans un pareil gouvernement, il est impossible que les forces se balancent, parce que c'est une nécessité que le partage en soit tout-à-fait inégal. De-là, devoient naître des désordres que Solon ne pouvoit ni prévenir ni empêcher.

En effet, si le peuple fait les lois, il peut les abroger : il peut les changer, et il semble ne faire jamais que des réglemens provisionnels. En pareil cas, la puissance souveraine est donc, par sa nature, assujettie à tous les caprices de la multitude; et par conséquent, dire alors que les lois en règlent l'usage, c'est dire qu'elle se règle elle-même ou qu'elle n'a point de règles.

Ce gouvernement, fait pour changer continuellement, va nécessairement de révolution en révolution, et se perd enfin dans

Ce gouvernement est fait pour les révolutions.

l'anarchie ou dans la servitude. Sa durée est toujours un état violent. Il ne se maintient, qu'autant que ses causes étrangères le forcent à persévérer dans les mêmes maximes. Les temps florissans pour les Athéniens sont ceux où ils ont été en guerre avec les Perses. La paix, qui fut le fruit des victoires de Cimon, est l'époque où ces temps finissent, et où la démocratie tend à sa dissolution.

L'aristocratie tient de la démocratie ou de la monarchie. Le gouvernement qu'on nomme aristocratie, est celui ou une partie du peuple commande, et où l'autre partie obéit.

L'aristocratie tient donc de la démocratie ou de la monarchie, suivant qu'on augmente ou qu'on diminue le nombre de ceux qui ont part à la souveraineté : et par conséquent elle a nécessairement les vices et les avantages de l'une des deux.

Lorsqu'Antipater ôta le droit de suffrage aux Athéniens qui n'avoient pas deux mille drachmes, il réduisit à la condition de sujet tous ceux qui ne se trouvèrent pas avoir cette somme. Mais ceux qui l'avoient étoient en grand nombre, et cette aristocratie approcha beaucoup de la démocratie.

Lorsqu'au contraire, Lysandre établit trente tyrans dans Athènes, cette aristocratie, que les Grecs nommoient oligarchie, approcha de la monarchie, et elle en eut les vices, sans en avoir les avantages, parce qu'elle fut absolue et tyrannique. Les Athéniens étoient faits pour de pareilles révolutions. Observons les Spartiates.

On nomme *mixte* le gouvernement de Sparte, comme si c'étoit un mélange de démocratie, d'aristocratie et de monarchie; et cependant il n'y avoit proprement dans cette république, ni démocratie, ni aristocratie, ni monarchie. On voit seulement que Licurgue avoit partagé la souveraineté, et en avoit distribué les parties dans un certain ordre. Mais, pour ne pas changer une dénomination reçue, je nommerai gouvernement mixte celui où l'on cherche à balancer les pouvoirs, et où l'on veut empêcher qu'une force prépondérante n'altère la constitution. Voilà en effet ce que cherchoit Lycurgue, et ce qu'il a trouvé.

Gouvernement mixte.

Lorsque Solon disoit de ses lois, qu'elles

Solon prévoyoit dans les mœurs

étoient les meilleures qu'on pût donner aux Athéniens, sans doute, il pensoit encore qu'elles n'étoient les meilleures que pour le temps où il les donnoit, puisqu'il reconnoissoit qu'il faudroit quelque jour y faire des changemens. C'est qu'il prévoyoit les révolutions que les circonstances produiroient dans les mœurs d'un peuple riche, qui aimoit les arts, qui s'adonnoit au commerce, et qui étoit ambitieux de toute espèce de gloire.

{.sidenote}
Lycurgue prévint et empêcha une pareille révolution.

Ces révolutions, auxquelles Solon laissoit un libre cours, Lycurgue les avoit prévenues et empêchées. Dès qu'il eut banni de sa république, les richesses, les arts, le commerce et jusqu'à l'ambition de s'agrandir, les mœurs ne pouvoient plus changer; et les lois, bonnes dans le siècle où il les donnoit, devoient l'être encore dans les siècles suivans.

{.sidenote}
Et les mœurs, qui ne changeoient pas maintinrent les pouvoirs en équilibre.

Par la distribution qu'il avoit faite de la souveraineté, les pouvoirs n'étoient pas dans un équilibre parfait : mais ils se contre-balançoient jusqu'à un certain point, et les mœurs ne pouvoient donner à aucun assez de prépondérance pour altérer la constitution. Au contraire, elles venoient naturellement au secours du plus foible, et par-là, elles tendoient à rétablir l'équilibre. Dans cette république les mœurs faisoient à-peu près ce que fait dans une horloge le pendule, dont les vibrations égales forcent chaque roue à se mouvoir d'un mouvement égal et uniforme.

Changeons les mœurs, aussitôt le mouvement sera altéré. Au lieu de se faire uniformément, il se fera par secousses; et les forces foibles seront détruites, peu-à-peu, ou tout-à-coup, par les forces prépondérantes. La distribution des pouvoirs, de quelque manière qu'elle se fasse, est donc par elle-même peu propre à maintenir l'équilibre. C'étoient les mœurs des Spartiates qui le rétablissoient : les mœurs des Athéniens auroient augmenté la prépondérance.

Nous verrons, dans la suite de l'histoire, des peuples qui s'enrichiront par le commerce, qui cultiveront les arts, qui feront des conquêtes, et qui néanmoins, après avoir fait un partage de la souveraineté, se flatteront d'en avoir mis toutes les parties

Un pareil équilibre ne pourra pas s'établir chez les peuples dont les mœurs seront exposées à des révolutions.

en équilibre. Vous prévoyez, que n'ayant pas les mœurs des Lacédémoniens, ils seront exposés à bien des révolutions, et que leur gouvernement n'aura pas la durée de celui de Sparte.

CHAPITRE VI.

Des monarchies modérées.

P<small>ISISTRATE</small> fit respecter les lois données par Solon, et les respecta lui-même. L'aréopage continua d'en avoir le dépôt, et le sénat fut encore, ou du moins parut être le conseil du prince, comme il l'avoit été de la république.

<small>Exemple d'une monarchie modérée.</small>

Il ne fut pas au pouvoir de Pisistrate de gouverner arbitrairement. Il gouverna par les lois, parce qu'il fut dans la nécessité de ménager l'aréopage et le sénat, qui veilloient sur son administration : deux corps d'autant plus redoutables, que leur mécontentement eût soulevé tous les citoyens.

Si, dans la démocratie, ces deux corps étoient trop foibles pour balancer la puissance du peuple assemblé, on voit que, lorsque le gouvernement est devenu monarchique, ils sont assez puissans pour balancer la puissance du monarque. Or cette monarchie est un exemple des monarchies que je nomme modérées.

Dans une pareille monarchie, on est véritablement libre.

C'est dans ces monarchies qu'on est véritablement libre. La licence du peuple a un frein dans les lois que le monarque lui fait respecter ; et la licence du monarque a également un frein dans les lois, que l'aréopage et le sénat le forcent à respecter lui-même.

Les citoyens sont à l'abri de l'anarchie, parce que ce n'est pas le peuple qui se gouverne : ils sont encore à l'abri du despotisme, parce que le monarque ne gouverne pas avec une autorité absolue. Leur liberté consiste à n'être soumis qu'aux lois ; et tant que ce gouvernement subsiste, on peut dire, sans craindre de faire un cercle vicieux, que les lois règlent l'usage de la puissance souveraine.

Le monarque ne peut pas tout.

Dans les monarchies, telles que celle d'Athènes sous les Pisistratides, le monarque ne peut donc pas tout : il peut le bien, il ne peut pas le mal.

Il ne peut pas le mal, dis-je : car il ne faut qu'une injure faite à un citoyen pour soulever tout le peuple ; et le tyran est renversé. Hipparque et Hippias en sont la preuve.

Vous voyez que les Athéniens ne se seroient pas crus libres, si le monarque avoit pu offenser impunément un seul citoyen. Or cette opinion suffisoit pour forcer l'autorité à se modérer, c'est-à-dire, à se contenir dans les bornes prescrites par les lois.

Dans ce gouvernement, l'aréopage et le sénat ne tenoient pas leur autorité du monarque; ils la tenoient des lois fondamentales données par Solon : lois auxquelles Pisistrate étoit soumis : lois qu'il ne pouvoit pas changer, parce qu'elles étoient protégées par des corps puissans, et par l'opinion dont il portoit lui-même le joug. *Il est soumis aux lois fondamentales.*

Toutes les monarchies modérées ne sont pas constituées comme celle d'Athènes, sous les Pisistratides; et nous en verrons de plusieurs espèces. *Il y a plusieurs espèces de monarchies modérées.*

Ce gouvernement, par sa constitution, est même sujet à des variations continuelles, parce que les puissances qui se contre-balancent, font continuellement des efforts pour avoir chacune la prépondérance. Le monarque veut étendre son autorité, et l'- *Elles sont sujettes à bien des variations.*

miter celle des corps : les corps veulent étendre la leur, et limiter celle du monarque. Ainsi la balance penche alternativement, tantôt d'un côté, tantôt de l'autre. Mais, ce qui est commun à toutes les monarchies modérées, et ce qui en fait la nature, c'est d'avoir des lois fondamentales, qu'il n'est pas au pouvoir du monarque de changer arbitrairement.

Nature des monarchies modérées.

CHAPITRE VII.

Considérations sur le despotisme des anciennes monarchies.

Aucun historien ne nous a fait connoître la constitution des anciens empires de l'Asie. Nous pouvons néanmoins nous en faire une idée approchante, en réfléchissant sur quelques faits, dont on ne peut douter, et qui donnent lieu à des conjectures assez vraisemblables. Peut-être nous tromperons-nous ; mais il en résultera un avantage : c'est que nous aurons réfléchi sur les causes qui étendent le despotisme et sur celles qui le limitent.

On est fondé à faire des conjectures sur la constitution des anciens empires.

Je suppose que, dans les empires de l'Asie, on ne connoissoit point de lois fondamentales, qui limitassent la puissance du monarque, et que par conséquent, ils ont été despotiques. Cette supposition est fondée, puisqu'il est certain que les anciennes monarchies se sont gouvernées par des usages plutôt que par des lois.

Ces empires ont été despotiques.

Or, dès qu'il y a des usages qui gouvernent, la puissance du monarque est nécessairement limitée : ce qui confirme ce que nous avons déjà dit, que le despotisme, pris pour une autorité absolue qui s'approprie tout, et qui n'a d'autres règles que le caprice est une chose purement idéal.

Mais des usages ne tracent les limites que vaguement et confusément. On ne voit donc pas clairement où l'autorité doit s'arrêter ; et le despotisme, à qui cette obscurité est favorable, s'étend insensiblement, et comme à l'insu des peuples.

Je dis *insensiblement et comme à l'insu des peuples,* parce que je ne présume pas qu'aucun monarque ait tout-à-coup affiché de vouloir gouverner sans aucun égard pour les usages reconnus. Il aura même paru les respecter, parce qu'il aura voulu les éluder impunément. Il ne les aura éludés, qu'à mesure qu'il aura senti le besoin d'étendre sa puissance ; et il n'aura tenté de nouveaux coups d'autorité, qu'autant que les premiers lui auront réussi. De la sorte, les anciens usages auront peu-à-peu disparu : les nouveaux, qui les auront remplacés, auront été favorables à l'autorité absolue qui les avoit introduits ; et les peuples, alors asservis, auront cru l'avoir toujours été. C'est ainsi que le despotisme, comme toutes les choses humaines, a eu ses commencemens et ses accroissemens.

La domination qu'un monarque étend sur plusieurs provinces, suppose deux choses ; l'une, que ces provinces sont occupées par des peuples cultivateurs ; l'autre, qu'elles ne sont pas séparées par des barrières difficiles à franchir. *Il a été un temps où l'Asie ne connoissoit pas les grands empires.*

Il a donc été un temps où l'Asie ne connoissoit pas les grands empires ; et c'est celui où les peuples cultivateurs, se renfermant dans quelques parties de chaque province, laissoient entre eux des pays incultes, qu'ils abandonnoient aux peuples pasteurs.

Par conséquent, les grands empires ne se seront formés, que lorsque plusieurs provinces ouvertes, contiguës et cultivées auront été habitées par des peuples, qui, s'y étant fixés depuis plusieurs générations, ne savoient plus comment vivre ailleurs. *Quand ils auront pu se former.*

Nous avons remarqué que l'art de con- *Circonstances qui paroissoient* alors favorables au despotisme.

quérir n'a été dans l'origine que l'art de dévaster ; que les nations, se soumettant pour n'être pas exterminées, ont été d'elles-mêmes au-devant du joug, et que ce sont elles qui ont imaginé d'offrir un empire au vainqueur, qui ne songeoit qu'à piller. De pareils sujets n'étoient pas faits pour rien contester ; et ces circonstances paroissoient avoir été favorables au despotisme.

L'usage qui laissoit à un peuple conquis le droit de s'assembler, étoit contraire au despotisme.

Mais les petites monarchies avoient des usages qui ne permettoient pas au despotisme de s'établir, aussitôt qu'elles devenoient provinces d'un empire. Comme auparavant, dans ces monarchies, le monarque ne décidoit pas seul des affaires ; au contraire, la nation s'assembloit, délibéroit, et déclaroit sa volonté ; lorsque plusieurs monarchies auront été réunies sous une même domination, il ne fut pas toujours au pouvoir du conquérant de proscrire l'usage qui donnoit à chaque peuple le droit de s'assembler.

Il ne faut pas être étonné si je suppose cet usage aussi ancien que les monarchies : il leur est même antérieur. Comme une troupe errante est toujours assemblée, et que par conséquent tous les membres ont part aux délibérations, il est naturel qu'après s'être répandue dans les lieux où elle s'est fixée, elle continue de s'assembler, toutes les fois qu'il s'agit de prendre un parti auquel tous ont le même intérêt. Vous verrez les barbares porter cet usage partout où ils s'établiront.

Il est vrai que ces monarchies, étant devenues les provinces d'un empire, le monarque attira insensiblement à lui les affaires importantes, et qu'il les régla par lui-même. Les assemblées n'eurent donc pas dans les provinces la même autorité qu'elles avoient eue dans les monarchies.

Cependant, comme le monarque auroit été embarrassé à donner à chaque province le gouvernement convenable, et que d'ailleurs il auroit soulevé des peuples encore peu accoutumés au joug, s'il en eût choqué ouvertement toutes les coutumes, il est vraisemblable qu'il leur laissa la liberté de se gouverner à bien des égards, d'après leurs usages.

D'ailleurs il ne faut pas croire qu'un monarque se hâte de faire tout ce qu'il peut Souvent il ne connoît pas lui-même toute sa puissance; et, lorsqu'il vient à la connoître, ce n'est pas toujours parce qu'il a osé faire des tentatives; quelquefois c'est uniquement parce qu'on l'a prévenu, en lui offrant ce qu'il ne pensoit pas à demander. Les premiers monarques absolus, l'ont été, sans avoir projeté de l'être.

Je conjecture que, dans l'origine des sociétés, le monde se gouvernoit sous les monarques, à-peu-près comme il se seroit gouverné tout seul : c'est-à-dire, d'après des usages que chaque monarque suivit, parce que chaque monarque les avoit suivis avant lui. Car, en général, les souverains se conduisent les uns d'après les autres : ils font comme ils voient qu'on faisoit, et l'exemple est sur-tout contagieux pour eux.

La manière dont les premiers empires se sont formés, fait donc voir que l'autorité du prince étoit nécessairement limitée. Plusieurs autres raisons la limitoient encore.

Les monarques d'Assyrie ne pouvoient pas mettre des impôts arbitraires. Premièrement il paroît que l'usage n'autorisoit pas les rois d'Assyrie à mettre arbitrairement des impôts sur les peuples, puisque, dans des siècles postérieurs, Cyrus et Cambyse se contentoient des sommes que les provinces offroient volontairement; et les précautions que prit Darius, lorsqu'il voulut pour la première fois, imposer ses sujets, prouvent bien que son despotisme avoit des bornes.

D'après ce fait, on peut conjecturer qu'avant Darius, il y avoit encore des assemblées provinciales : car autrement on ne voit pas comment on auroit pu régler, et les dons gratuits, et la part que chacun devoit contribuer.

En second lieu, quelle que fût en Asie la puissance du monarque, elle n'étoit pas également absolue sur toutes les provinces. Si le conquérant appesantissoit le joug sur les nations conquises, il ménageoit au moins la nation qui avoit conquis avec lui. Les historiens remarquent que Darius n'imposa pas les Perses Or, dès qu'il y a des peuples privilégiés, le despotisme a des bornes. *Leur autorité n'étoit pas également absolue sur toutes les provinces de leur empire.*

Les moyens que les rois d'Assyrie avoient pour s'enrichir, moyens auxquels ils étoient accoutumés, et autorisés par l'exemple, limitoient encore le despotisme, ou du *Ils n'étoient pas dans l'usage de les fouler, parce qu'ils avoient d'autres moyens pour s'enrichir.*

moins en détournoient le cours, et le faisoient tomber sur les voisins de l'empire, plutôt que sur les sujets.

Les richesses de ces monarques étoient immenses, quoiqu'ils ne connussent pas l'usage des impositions arbitraires, ou peut-être parce qu'en effet ils ne le connoissoient pas. Il est vrai que nous serions tentés de rejeter en partie des traditions qui paroissent exagérées. Cependant nous ne les pouvons pas rejeter entièrement, et nous sommes forcés de convenir que cet empire a eu de grandes armées, de grandes villes; qu'il a soutenu de grandes guerres; que les ouvrages publics avoient une grandeur qui nous étonne, et que la cour de ses princes étoit opulente et magnifique.

C'est la guerre qui fournissoit à toutes ces dépenses. Elle étoit une source de richesses, et la seule qu'on connût alors. Bien loin de coûter, elle se faisoit aux dépens des ennemis : on ne l'entreprenoit que pour dépouiller des nations riches. Sésostris n'eut pas d'autre dessein ; et on peut conjecturer que le pillage fut aussi le principal objet des entreprises de Ninus et de Sémiramis. Les esclaves étoient des richesses pour un conquérant, qui les employoit aux arts de luxe.

Or l'opulence du monarque mettoit les sujets à l'abri de l'oppression. Il n'imaginoit pas de les opprimer, parce qu'il n'en sentoit pas le besoin, parce qu'il pouvoit s'enrichir par une autre voie, et par une voie à laquelle le préjugé attachoit une sorte de gloire. Bien loin donc de fouler le peuple qui le faisoit vaincre, il partageoit avec lui les dépouilles, et le despotisme se limitoit de lui-même. On rapporte que Sésostris n'employoit aux ouvrages publics que les captifs qu'il avoit faits dans ses expéditions. Comme alors l'ambition des autres monarques étoit également d'avoir beaucoup d'esclaves, et d'entreprendre de grands ouvrages, on pourroit présumer qu'il avoient aussi la même conduite.

Parmi les usages qui pouvoient contenir la puissance souveraine dans de certaines limites, il y en a un que nous savons avoir été commun à presque toutes les nations de l'Asie. Je veux parler des professions héréditaires. Un fils ne pouvoit pas quitter celle

Un usage commun à presque toutes les nations de l'Asie, limitoit encore la puissance des monarques.

de son pere, et on divisoit un peuple en autant de classes ou de tribus, qu'on distinguoit de professions différentes.

Ces tribus avoient chacune leurs privilèges, leurs lois, leurs usages ou même leur culte. Plus ou moins considérées, et par conséquent, jalouses les unes des autres, la haine les divisoit autant que leurs professions; et plus elles se haïssoient, plus elles s'attachoient chacune aux pratiques qui leur étoient particulières. Voilà ce qu'on voit aujourd'hui aux grandes Indes, où cet usage subsiste encore; et c'en est assez pour conjecturer qu'il a produit les mêmes effets chez tous les peuples qui l'ont adopté.

Or il est évident que le monarque le plus absolu se compromettroit au moins, s'il osoit toucher aux privilèges, aux lois, aux usages ou au culte des classes qui jouiroient de quelque considération. Par cette seule division, tout le peuple est donc, à bien des égards, soustrait à l'autorité du monarque. Cependant il peut s'y soustraire encore plus d'un jour à l'autre, parce que les tribus, toujours jalouses, forment à l'envi des prétentions, et se font continuellement de nouveaux droits par de nouveaux abus.

Elles sont dans l'état comme autant de républiques ennemies, qui tendent toutes à se détruire mutuellement, parce que chacune tend à s'agrandir; et celles qui dominent, s'en prévalent avec d'autant plus de confiance, que l'opinion publique paroît leur assurer la supériorité qu'elles s'arrogent. Malgré cet état de guerre, aucune cependant n'est détruite. Toutes continuent de subsister, parce que l'opinion publique, qui paroît veiller à la conservation de toutes, protège les plus foibles contre les plus puissantes.

Dans une monarchie ainsi constituée, chaque tribu est gouvernée par ses préjugés, c'est-à-dire, par des opinions qui ne changent pas facilement. S'il se fait des changemens, ils sont lents et presque insensibles. Tout paroît dans un engourdissement qui offre, après plusieurs siècles, les mêmes usages et les mêmes mœurs; et qui les conserve encore à bien des égards, lors même que les révolutions renversent les empires sur les empires. Le monarque, engourdi lui-même sur son trône, et forcé à respecter tous les préjugés, n'a donc d'autorité, qu'autant qu'il ménage à-la-fois toutes les tribus, et qu'il les oppose les unes aux autres.

Les préjugés qui limitoient la puissance du monarque, étoient nécessaires à sa propre sûreté.

Cependant les préjugés qui limitent sa puissance, paroissent nécessaires à sa propre sûreté. Il craint les lumières, parce qu'après avoir discuté les prétentions de quelques tribus, on pourroit discuter les siennes. Il ne veut donc pas qu'on s'éclaire, et il plie, comme le dernier de ses sujets, sous le poids des chaînes que l'opinion fait porter à tous.

CHAPITRE VIII.

Continuation du même sujet.

Après avoir observé ce qui peut retarder les progrès du despotisme, voyons quels en sont les effets. <small>Dans une monarchie despotique, les grands sont esclaves.</small>

Dans un gouvernement absolument despotique, le monarque a sur les grands qui l'entourent, la même autorité qu'un maître a sur ses esclaves : ils dépendent immédiatement de ses caprices : aucune loi ne les protège; et, comme sa faveur les a créés, sa disgrace les anéantit.

Cette autorité s'établit sans violence. Ce n'est pas le monarque qui pense à réduire les grands en servitude; ce sont les grands qui l'avertissent qu'ils sont ses esclaves. Il les croit, et il les traite en conséquence.

Quand on dit que, dans un pareil gouvernement, toutes les richesses sont au despote; cela est vrai des richesses des grands, puisqu'ils n'ont que ce qu'ils tiennent, ou sont censés tenir de lui.

HISTOIRE

Les grands, dans leurs gouvernemens, s'arrogent sur leurs créatures à peu-près la même autorité, que le monarque sur eux.

Il est vraisemblable qu'à son exemple, les gouverneurs, sur-tout dans les provinces éloignées, s'arrogent une autorité despotique sur leurs créatures, et qu'ils l'exercent encore sur tous ceux dont ils envient la fortune. Ainsi dans cette monarchie rien n'est assuré à ceux qui paroissent avoir le plus.

Cette autorité se limite en se communiquant.

Cependant il importe au monarque de limiter les pouvoirs qu'il confie aux gouverneurs; et il est également de l'intérêt des gouverneurs, que l'autorité soit encore limitée dans tous ceux qui leur sont subordonnés. La puissance souveraine et despotique s'affoiblit donc, en se transmettant de main en main, depuis le monarque jusqu'aux derniers des officiers subalternes.

Cette limitation est la sûreté du peuple.

Or la limitation de tous ces pouvoirs est par contre-coup la sûreté du peuple. Car la loi, par laquelle il n'est pas en la puisssance des ministres de disposer à leur gré des biens et de la personne de chaque sujet, assure à chaque sujet la propriété de ses biens et de sa personne.

Le peuple est, à quelques égards sous la protection des lois.

Tous ces ministres sont moins les sujets d'un monarque, que les instrumens aveugles d'un despote qui les tient dans l'esclavage. Le peuple seul est sujet, parce qu'il est, à quelques égards, sous la protection des lois.

Il est sous la protection des lois : car, si le despote, au milieu de sa cour où il agit par lui-même, peut ne consulter que ses caprices, il est forcé de prescrire des lois à ceux qui agissent en son nom dans les provinces. Cependant les lois ne protègent le peuple qu'à quelques égards, parce que dans un gouvernement où le souverain n'agit que par des esclaves, elles ne sont respectées, qu'autant qu'on ne les peut pas violer impunément ; et, par conséquent, le peuple est exposé à de grandes vexations.

En effet, il est facile à des ministres d'en imposer à un monarque qui ne voit rien par lui-même, et qui est, pour ainsi dire, enseveli dans son palais. Mais il leur est impossible de s'accorder toujours pour le tromper tous par les mêmes mensonges. Divisés d'intérêt, envieux les uns des autres, ils ne songent qu'à se perdre mutuellement; et celui-là est perdu, qui est ac-

La surveillance des ministres, jaloux les uns des autres, est la sauve-garde des peuples.

cusé d'avoir peu respecté les ordres d'un maître jaloux de son autorité.

Ils s'observent donc, et cette surveillance mutuelle est, jusqu'à un certain point, la sauve-garde des peuples. Car celui qui abuseroit de son pouvoir, voit, dans ceux qui ambitionnent sa place, autant de délateurs prêts à élever la voix contre lui.

<small>Les grands empires sont tout-à-la-fois favorables et contraires au despotisme.</small>

Les grands empires sont donc tout-à-la-fois favorables et contraires au despotisme. Ils lui sont favorables, parce qu'ils sont grands; et, parce qu'ils le sont trop, ils lui sont contraires. Pour juger au reste des effets que ce gouvernement devoit produire sous les rois d'Assyrie, il faudroit avoir de leur monarchie et des provinces qui la formoient, une connoissance plus détaillée que celle que nous en avons. Je ferai néanmoins des conjectures.

<small>Sous les rois d'Assyrie, le gouvernement par rapport au peuple, étoit en général assez doux.</small>

De ce que l'autorité s'affoiblit en se communiquant, il s'ensuit que, plus les sujets étoient par leur condition loin du despote, moins ils ressentoient les effets du despotisme. Comme les grands étoient esclaves, parce qu'aucune loi ne les protégeoit, le peuple qui formoit les dernières classes, avoit quelque liberté, parce qu'il étoit sous la protection des lois.

Il semble qu'on pourroit conjecturer encore que le despotisme diminuoit à mesure qu'on s'éloignoit de la capitale; que par conséquent, les peuples des provinces intérieures étoient plus asservis; et que ceux des frontières, tributaires plutôt que sujets, étoient plus libres. Je présume néanmoins que le gouvernement étoit en général assez doux.

Avant les grands empires, et par conséquent avant le despotisme, on se bornoit à cultiver l'agriculture et les arts nécessaires. On ne connoissoit pas le luxe, on n'en sentoit pas le besoin; car la manière de vivre étoit fort simple, et l'a été encore long-temps après.

Parce que l'agriculture étoit en grande considération.

Si, par conséquent, nous nous transportons dans ces siècles, où l'intérieur de l'Asie étoit partagé entre une multitude de peuples cultivateurs, qui se gouvernoient chacun par leurs usages, nous jugerons que l'agriculture, qui pouvoit seule les faire subsister, devoit être en grande considération.

Elle dut souffrir beaucoup lors de l'établissement des grands empires, puisque c'est par la dévastation des provinces qu'on étendoit sa domination, et que la politique des monarques de l'Asie étoit d'éxterminer pour commander.

Et que les monarques eux-mêmes, la considéroient, et la protégeoient.

Mais ce n'étoit-là qu'un mal passager. L'opinion, qui faisoit considérer l'agriculture, la faisoit bientôt refleurir dans les provinces mêmes qui avoient été dévastées. Puisque les monarques, quelque despotes qu'ils soient, ne commandent pas aux opinions, ils étoient forcés à considérer eux-mêmes l'agriculture; et en conséquence, ils la protégeoient d'autant plus que l'utilité en étoit plus sentie, dans ces temps où les arts de luxe n'étoient pas connus.

Preuves de cette protection.

Tout nous atteste l'attention que les souverains, dans les temps les plus reculés, donnoient à l'agriculture. Nous voyons des pays que la nature rendoit peu fertiles; et il sont devenus abondans par des travaux auxquels on n'a pu penser, que lorsqu'il y a eu de grandes monarchies, et des monarques qui les ordonnoient. Je veux parler des canaux creusés en Egypte et dans la

Babylonie, pour faire servir à la fertilité des terres les débordemens du Nil, du Tigre et de l'Euphrate.

Plus ces travaux étoient grands, plus l'opinion, qui donnoit du prix à l'agriculture, s'établissoit ; et, par conséquent, l'agriculture étoit tout à-la-fois, et plus cultivée, et plus protégée.

Si les opinions, lorsqu'elles ne peuvent que nuire, durent uniquement parce qu'elles sont consacrées par le temps, il est naturel, à plus forte raison, qu'elles durent, lorsqu'elles sont confirmées par l'expérience, qui en fait sentir tous les jours l'utilité. C'est pourquoi l'agriculture a été considérée, jusques dans les temps où le luxe a eu fait de grands progrès. Cyrus le jeune, au rapport de Xénophon, s'en occupoit, et s'applaudissoit des connoissances qu'il avoit acquises en ce genre.

Pour se convaincre que les laboureurs n'étoient pas vexés, il suffit de se souvenir que les contributions des provinces étoient volontaires. Car, dès-lors, chacun cultivoit son champ, et jouissoit sans crainte des fruits de son travail. On en jouissoit avec

Un laboureur jouissoit des fruits de son travail, et ne craignoit pas d'être vexé.

d'autant plus de liberté, que le gouvernement n'étoit pas encore dans l'usage de mettre des obstacles au commerce. Car, si Darius est le premier qui ait mis des impôts, il y a lieu de conjecturer que les Assyriens n'avoient pas imaginé de faire payer des entrées, et d'établir des douanes d'une province à l'autre. Ils s'appliquoient au contraire à lever les obstacles que la nature opposoit à leur communication. Sémiramis, dit Diodore, avoit pratiqué des chemins dans toute l'étendue de son empire.

Les guerres n'étoient que des fléaux passagers. Il est vrai que la guerre étoit un fléau pour les campagnes, mais ce fléau ne faisoit que passer. Les puissances ne connoissoient pas encore l'art long et pénible de s'épuiser mutuellement pour ne produire aucune révolution. Elles faisoient la guerre avec moins de méthode, et elles la faisoient aussi avec des succès plus grands et plus rapides. Une seule victoire ouvroit plusieurs provinces au vainqueur, et suffisoit quelquefois pour donner un nouveau maître à l'empire.

Ou des irruptions momentanées, qui ne faisoient pas toujours autant de dommages. Tant qu'un conquérant, se maintenoit dans une province, il n'avoit garde de la ruiner, puisqu'il ne lui auroit plus été possible d'y subsister. Il ne la dévastoit, que lorsqu'il étoit forcé à se retirer. Alors il enlevoit les richesses des villes, il en égorgeoit les habitans, et il emmenoit un grand nombre de captifs. Cependant sa retraite, ordinairement précipitée, ne lui permettoit pas de porter le ravage sur une grande étendue de pays. Semblable à un torrent, il ne ruinoit que ce qui se trouvoit sur son passage. On pouvoit lui échapper par la fuite; et, lorsqu'il étoit passé, le calme, qui rappeloit chacun à ses travaux, réparoit les dommages, et laissoit à peine quelques traces des dévastations. Ces dévastations n'étoient pas même aussi grandes qu'on seroit porté à le croire, parce qu'alors les guerres étoient ordinairement moins des entreprises conduites avec méthode, que des irruptions momentanées. *qu'on seroit porté à le croire.*

Le brigandage des gouverneurs, qui commandoient dans les provinces, n'avoit ni le fracas, ni la rapidité de ces dévastations : il étoit sourd et lent, mais il étoit continu. *Ce n'étoit pas sur les campagnes que s'exerçoit le brigandage des gouverneurs de province.*

Cependant ce n'étoit pas sur les habitans des campagnes qu'il s'exerçoit davantage. La protection accordée à l'agriculture ne le permettoit pas. D'ailleurs cette partie du peuple avoit peu d'argent; car nous verrons bientôt que les denrées nécessaires à la vie étoient à très-bas prix. C'est dans les villes que l'industrie faisoit passer cet or et cet argent, qu'on nomme richesses, et qui étoient si propres à exciter l'avidité des gouverneurs. Les villes étoient donc le principal théâtre des rapines, et les grandes fortunes s'y trouvoient exposées à de grandes vexations.

C'étoit sur les villes.

Tel étoit donc le sort des provinces d'un empire. Les habitans des campagnes y jouissoient de quelque liberté, parce qu'ils n'avoient guère pour richesses que des denrées difficiles à enlever, et que d'ailleurs ils vivoient à l'abri de la protection accordée à l'agriculture. Ceux des villes n'étoient pas si heureux. Mais, à quelques rapines qu'ils fussent exposés, l'industrie n'étoit pas découragée, parce qu'elle étoit exempte de toute imposition. Comme l'art de la taxer étoit une découverte difficile à faire, il a été inconnu pendant long-temps. Avant Darius, père de Xerxès, les monarques de l'Asie ne connoissoient pas cet art, puisque l'usage ne

Cependant le gouvernement n'étouffoit pas toute industrie.

les autorisoit pas encore à mettre des impôts arbitraires sur les peuples. Le commerce se faisoit donc avec une grande liberté, et par conséquent, il portoit l'abondance dans les villes.

« Il est arrivé de grands changemens en Asie, comme le remarque M. de Montesquieu. La partie de la Perse qui est au nord-est, l'Hyrcanie, la Margiane, la Bactriane, etc., étoient autrefois pleines de villes florissantes qui ne sont plus ; et le nord de cet empire, c'est-à-dire, l'isthme qui sépare la mer Caspienne du Pont-Euxin, étoit couverte de villes et de nations, qui ne sont plus encore.

» Ératosthène et Aristobule tenoient de Patrocle, que les marchandises des Indes passoient par l'Oxus dans la mer du Pont. Marc Varron nous dit qu'on apprit, du temps de Pompée dans la guerre contre Mithridate, qu'on alloit en sept jours de l'Inde dans le pays des Bactriens, et au fleuve Icarus qui se jette dans l'Oxus ; « que par là les marchandises de l'Inde pouvoient traverser la mer Caspienne, entrer de là dans l'embouchure du Cy-

Peuples tributaires des anciens empires de l'Asie.

» rus; que de ce fleuve, il ne falloit qu'un
» trajet par terre, de cinq jours, pour aller
» au Phase, qui conduisoit dans le Pont-
» Euxin. C'est, sans doute, par les na-
» tions qui peuploient ces divers pays, que
» les grands empires des Assyriens, des
» Mèdes et des Perses, avoient une com-
» munication avec les parties de l'orient
» et de l'occident les plus reculées ».

Ces nations, plus commerçantes que guerrières, étoient, sans doute, tributaires des grands empires qui les menaçoient. C'est par-là qu'elles se mettoient à l'abri des entreprises qu'ils auroient pu former sur elles, et qu'elles s'assuroient une protection contre les peuples qui auroient pu troubler leur commerce.

Ils étoient vraisemblablement exposés à de grandes vexations.

Or il est vraisemblable que les rois d'Assyrie, se prévalant de la crainte de leurs armes et de la protection qu'ils accordoient, ne cherchoient que des prétextes pour exiger de ces peuples des tributs toujours plus grands. Ils autorisoient à les vexer par des demandes continuelles, les gouverneurs qu'ils envoyoient sur leurs frontières; et ces gouvernemens étoient apparemment réservés pour des hommes en faveur qu'on vouloit enrichir.

Mais, quel que fût le tribut, la nation qui le payoit, étoit d'ailleurs indépendante. Gouvernée par ses lois, elle donnoit donc un libre cours à l'industrie, qui paroissoit croître avec les contributions.

Mais ils étoient d'ailleurs indépendans,

D'ailleurs le luxe des Assyriens lui rendoit à-peu-près ce que leur puissance lui enlevoit. Car les peuples industrieux pouvant seuls fournir les choses de luxe, il est vraisemblable qu'ils y mettoient eux-mêmes le prix ; et que, par conséquent, ils le portoient le plus haut qu'il étoit possible.

Ils mettoient un haut prix aux choses de luxe, qu'ils fournissoient aux cours des grands empires.

Autant alors les choses de luxe étoient chères, autant les choses nécessaires l'étoient peu; et il n'y avoit point de proportion entre le prix des unes et celui des autres.

Alors il n'y avoit point de proportion entre le prix des choses de luxe et celui des choses nécessaires.

C'est que les choses nécessaires ne pouvoient être que fort abondantes dans un empire où l'agriculture étoit protégée, et où, par conséquent, un laboureur ne songeoit pas à quitter sa charrue, pour aller apprendre un métier dans quelque ville. Le peuple, sur-tout celui des campagnes, n'ambitionne pas de changer son état. Na-

Raison de cette disproportion.

turellement porté à rester où il se trouve, il ne cherche sa vie ailleurs, qu'autant qu'il y est forcé. Voilà pourquoi l'Asie, malgré les révolutions qui paroissoient devoir exterminer des nations entières, a été extrêmement peuplée sous les Assyriens, sous les Mèdes et sous les Perses. Les familles se reproduisent facilement, lorsque le gouvernement leur permet de vivre de leur travail.

Cette disproportion, que je suppose entre le prix des choses de luxe, et celui des choses nécessaires, ne subsiste pas aujourd'hui. Mais elle a subsisté chez les Perses. Elle a subsisté chez les Grecs, dans les temps où l'or et l'argent étoient communs, dans le siècle de Solon, dans celui d'Alexandre, et long-temps après (1). Les observations que nous avons faites, prouvent que cela devoit être; et nous pouvons nous en convaincre encore.

Autre raison de cette disproportion. Dans le temps de cette disproportion, la

---

(1) *Voyez* la Dissertation historique et politique sur la population des anciens temps; *par M. Wallace.*

manière de vivre étoit en général fort simple; et le luxe étoit une magnificence réservée aux souverains et aux grands, c'est-à-dire, aux hommes qui regardent le moins au prix des choses. On conçoit donc qu'ils étoient obligés de rendre aux nations industrieuses les tributs qu'ils leur avoient imposés.

Aujourd'hui le luxe est devenu si contagieux, qu'il suffit de n'être pas absolument pauvre, pour vouloir paroître comme ceux qui ont du superflu. En conséquence, l'appas du gain a multiplié ceux dont l'industrie peut fournir au luxe des autres : mais, comme il les a trop multipliés, ils sont forcés de vendre au rabais, et de mettre aux choses un prix proportionné aux conditions moins riches. C'est ainsi qu'il s'est établi une sorte de proportion entre le prix des choses superflues, et celui des choses nécessaires. On voit, par-là, que cette proportion ne pouvoit pas avoir lieu dans les siècles où le luxe étoit moins commun.

C'est la grande population et le bas prix des choses nécessaires, qui faisoient la richesse et la puissance des anciens empires

La grande population et le bas prix des choses nécessaires faisoient la richesse et la puissance

des anciens empires.

Les monarques pouvoient avoir de plus grandes armées, ils pouvoient entretenir un plus grand nombre d'esclaves, ils pouvoient exécuter de plus grands ouvrages, en un mot, ils pouvoient être plus grands dans toutes leurs entreprises. On commence donc à comprendre qu'il n'y a peut-être pas, dans ce qu'on rapporte de leur magnificence, autant d'exagération qu'on le croit communément.

D'après les observations que nous avons faites, on ne voit pas que le despotisme soit aussi destructeur qu'il paroît devoir l'être. Comment donc le deviendra-t-il ? C'est ce que nous allons examiner dans le chapitre suivant.

CHAPITRE IX.

Continuation du même sujet.

Le despotisme ne devient destructeur qu'à proportion des progrès du luxe.

C'est le luxe qui a rendu le despotisme destructeur.

Le luxe consiste dans les choses superflues, et j'en distingue de trois espèces : le luxe de magnificence, le luxe de commodités, le luxe de frivolités.

Trois espèces de luxe.

Je mets le luxe de magnificence dans la grandeur des villes, dans celle des palais, dans celle des ouvrages publics, dans la pompe qui suit les grands, et dans les trésors dont il font ostentation. Telle étoit la magnificence des Assyriens.

Luxe de magnificence des Assyriens.

On regardoit, sans doute, cette magnificence comme un attribut de l'empire, du monarque et des grands. On n'y prétendoit donc pas, lorsque, par sa condition, on n'étoit pas fait pour y prétendre; et, par conséquent, ce luxe n'étoit pas contagieux.

Il n'étoit pas contagieux.

Les dépouilles des nations vaincues et les

Il n'étoit pas à charge au peuple.

contributions des nations tributaires suffisoient pour l'entretenir. On employoit les esclaves aux travaux publics ; ou si l'on y faisoit travailler les sujets, c'étoit un moyen de faire circuler parmi le peuple une partie des richesses des grands. Ce luxe n'étoit donc pas à charge. Il l'étoit, d'autant moins, que, se trouvant dans des choses qui ont par elles-mêmes une longue durée, il ne mettoit pas dans la nécessité de recommencer continuellement les mêmes dépenses.

<small>Le luxe de commodités est dispendieux.</small>

Il n'en est pas de même des recherches pour se procurer les commodités de la vie, c'est-à-dire, des recherches dans le logement, dans les meubles, dans la table, dans le vêtement, dans les équipages, etc. Ce luxe est dispendieux, parce que les dépenses dans lesquelles il jette, se renouvellent continuellement; et il le devient tous les jours davantage, parce qu'on ne se contente pas de jouir des commodités, on veut encore y joindre une sorte de magnificence.

<small>Il est contagieux ;</small>

Il gagne peu-à-peu et de proche en proche toutes les conditions. Toutes y prétendent, ou croient avoir droit d'y prétendre, et on seroit honteux de n'être pas comme les autres.

Lorsque ce luxe est une fois répandu, les moins riches se ruinent pour le soutenir ; les pauvres, dans l'espérance d'en jouir un jour, songent à s'enrichir par toutes sortes de moyens, et les mœurs se corrompent.

Ruines.

Alors les conditions tendent à se confondre, et elles se confondroient, si les hommes opulens, qui se procurent les choses commodes, sans déranger leur fortune, ne s'appliquoient pas à mettre de la magnificence dans les commodités dont ils jouissent; et ils se ruinent, en ajoutant le luxe de magnificence au luxe de commodités.

D'autant plus qu'on veut jouir des commodités avec magnificence.

Mais par cette magnificence même, qui leur devient commune à tous, ils se confondent encore; et cependant ils veulent se distinguer à l'envi. Il ne reste donc plus qu'à donner dans les frivolités. On y donne; et c'est alors qu'on voit les grands s'occuper sérieusement de hochets. On diroit que le monde est tombé en enfance.

Le luxe de frivolité achève la ruine des fortunes et des mœurs.

Quand on en est venu à ce point, le goût du luxe n'est dans le vrai qu'un travers d'imagination, qui met notre vanité à avoir, pour la montre plutôt que pour l'usage, des choses commodes, magnifiques ou frivoles, que tout le monde ne peut pas se procurer.

La magnificence a des bornes, les commodités en ont encore, les frivolités n'en ont point. Le luxe des choses frivoles doit donc achever la ruine des plus grandes fortunes, et il achève aussi celle des mœurs.

La manière simple dont vivoient les anciens, prouve qu'ils ne connoissoient ni le luxe de commodités, ni celui de frivolités.

Peu recherchés dans les commodités de la vie, les Assyriens ne connoissoient que le luxe de magnificence. Leur manière de vivre étoit fort simple. Cette simplicité a passé aux Mèdes et aux Perses. Elle ne s'est altérée que fort insensiblement. Elle a subsisté pendant plusieurs siècles; et ce n'est guère que depuis Alexandre, que le luxe de commodités a prévalu sensiblement chez les nations de l'Asie.

La plus grande simplicité bannit toutes les commodités, toutes les frivolités, et borne les dépenses à l'usage des choses purement nécessaires. Les Assyriens, sans doute, n'étoient pas à ce degré de simplicité; mais ils en approchoient beaucoup, ou du moins ils s'en écartoient peu, en comparaison des Asiatiques, sous les successeurs d'Alexandre. Observons quels devoient être les effets de cette manière de vivre, et nous observerons ensuite ceux que le luxe a dû produire.

Si la richesse d'un état consiste, comme je le crois, à pouvoir entretenir une grande population, elle consiste par conséquent dans la quantité des matières premières, destinées aux arts, et dans la quantité des denrées propres à nourrir les habitans des villes et des campagnes. Si cette quantité est en proportion avec la consommation, l'état est riche; si elle ne l'est pas, l'état est pauvre.

Cette simplicité faisoit tout-à-la-fois la richesse de l'état et celle des particuliers.

Or, dans les siècles où la manière de vivre est simple, cette proportion s'établit facilement; parce que l'agriculture fournit en abondance les matières premières et les denrées; et que d'ailleurs les hommes se bornant aux arts dont ils ont absolument besoin, rien ne se perd en consommations superflues.

Par la même raison que l'état est riche, aucun particulier n'est pauvre, ou du moins chacun peut vivre de son travail. Car l'abondance des choses nécessaires les tient à bas prix, et les impôts, qu'on ne connoît pas encore, ne les peuvent pas renchérir. La simplicité, qu'accompagne le bas prix des choses, fait donc tout-à-la-fois la richesse des particuliers et celle de l'état.

Les empires ont été successivement moins riches, à proportion qu'on a vécu avec moins de simplicité.

Si on suppose que la manière de vivre des Mèdes a été moins simple que celle des Assyriens, il en faudra conclure qu'ils ont fait plus de dépenses en luxe, c'est-à-dire, en consommations superflues. Or, plus il y a de consommations superflues, plus il est difficile que la masse des denrées et des matières premières soit en proportion avec les consommations. Dans cette supposition, l'empire des Mèdes aura donc été moins riche que celui des Assyriens. Je fais le même raisonnement sur les Perses, sur les successeurs d'Alexandre, etc.; et je vois que, dans la succession des empires, le dernier est toujours moins riche que celui qui le précède.

Quelles que soient les richesses d'un particulier, il n'est censé riche, qu'autant qu'elles sont en proportion avec ses dépenses. Que les richesses ne diminuent pas, et que ses dépenses augmentent, aussitôt il sera moins riche, et bientôt il sera pauvre. Il en est de même des états; ils ne sont riches que par l'économie.

Depuis les Perses, nous voyons croître le luxe en Asie, et par conséquent, les dépenses. Mais nous ne voyons pas croître les richesses, prises pour la masse des denrées et des matières premières. Au contraire, cette masse diminue de siècle en siècle, parce que de siècle en siècle l'agriculture y est toujours moins florissante.

Depuis les Perses, on voit croître le luxe en Asie, et où ne voit pas croître les richesses.

Mais, dira-t-on, les arts de luxe n'apportent-ils pas l'opulence? Je réponds qu'ils donnent en effet aux matières premières une valeur relative aux besoins que nous nous faisons. Ils ajoutent par conséquent aux richesses qu'on avoit déjà : mais ils n'y ajoutent que parce qu'ils nous donnent de nouveaux besoins.

Les arts de luxe enlèvent le nécessaire au peuple.

Je ne nie donc pas que la forme que prend la matière première dans les ouvrages de l'art, n'ait une valeur. Il faut bien qu'elle en ait une, puisque la matière première acquiert par cette forme, une utilité reconnue par ceux qui recherchent les ouvrages de luxe. Je ne nie pas non plus que cette valeur ne soit une richesse, et que cette richesse ne s'accumule, à mesure que les ouvrages se multiplient : mais ce que le luxe dissipe en consommations superflues, est autant de retranché sur les consommations nécessaires ; et, dans cet état des choses, le nécessaire manque au peuple, pendant que les riches jouissent des superfluités, et se ruinent. C'est une triste vérité, qui a pour garants tous les siècles où le luxe a régné.

On dira, sans doute, que les consommations occasionnées par le luxe, invitent les cultivateurs à augmenter les productions. J'en conviens : mais est-il aussi aisé aux cultivateurs d'augmenter les productions, qu'au luxe d'augmenter les consommations ? d'ailleurs suffit-il d'inviter à mieux cultiver ? ne faudroit-il pas encore en donner les moyens ? que sera-ce donc si le luxe les ôte ?

Car ils font renchérir les choses nécessaires.

Il est évident que les artisans du luxe sont, pour la plupart, enlevés à l'agriculture, et qu'elle devient, par conséquent, moins florissante, à proportion que le luxe fait de plus grands progrès.

D'un côté, moins il y a de cultivateurs, moins la terre produit; et de l'autre, plus il y a de non-cultivateurs, plus on auroit besoin que la terre produisît davantage. Or, dans les siècles de luxe, le nombre de ceux qui la cultivent, diminue tous les jours, et le nombre de ceux qui ne la cultivent pas augmente tous les jours. Il faut donc que les choses nécessaires à la vie renchérissent continuellement, et par conséquent, il faut encore que le peuple ait d'un jour à l'autre plus de peine à se les procurer.

Dans cette révolution, ceux dont les terres sont en valeur, ont de plus grands revenus en argent, puisqu'ils vendent leurs denrées à plus haut prix. Mais, si tout renchérit dans la même proportion, ils n'en sont pas plus riches; et si, au contraire, il y a des choses qui restent au même prix où elles étoient auparavant, ce sera parce qu'on n'aura pas augmenté les gages et les salaires de ceux qui n'ont que des gages et des salaires pour vivre. Alors les propriétaires des terres ne sont plus riches, que parce qu'ils abusent de la misère qui met

<small>Ce renchérissement est une preuve que l'état s'appauvrit.</small>

les pauvres dans la nécessité de travailler pour eux. C'est donc au détriment d'une partie du peuple que le luxe se soutient ; et par conséquent, le renchérissement qu'il amène, est une preuve que l'état s'appauvrit.

<small>Pourquoi l'agriculture a toujours été plus florissante dans les monarchies qui ne connoissoient pas le luxe.</small> Qu'on ne dise donc pas, en faveur du luxe, qu'il peut être un encouragement à l'agriculture, on voit au contraire que tous les siècles, dont il reste quelque tradition, attestent que l'agriculture n'a jamais été plus florissante que dans les monarchies où la simplicité des mœurs étoit une barrière aux progrès du luxe.

Dans ces monarchies, les arts nécessaires ne se cultivent pas seulement dans les villes, ils se cultivent encore dans les bourgs, dans les villages, dans les hameaux, par-tout. Or, puisque ces arts sont les seuls dont on sente le besoin, on trouve donc par-tout les mêmes avantages ; et, par conséquent, un homme riche ne songe pas à quitter son hameau, pour en aller manger le produit dans une ville. La consommation des denrées et des matières premières se fait dans les lieux mêmes où elles se recueillent. Le superflu d'un hameau s'échange contre le superflu d'un autre hameau, celui d'une province contre celui d'une province voisine; et ce commerce se fait avec d'autant plus de facilité, que le transport de proche en proche est moins dispendieux. D'ailleurs l'argent qui le facilite encore, est répandu dans toutes les parties de la monarchie. Il garde partout son niveau, ou à-peu-près. Il en circule mieux, et par conséquent, il soutient par-tout l'état florissant de l'agriculture et des arts nécessaires.

Mais les arts de luxe se retirent dans les villes. C'est là qu'ils se cultivent, et ce n'est même que dans les plus grandes qu'ils fleurissent. Il faudra donc les suivre dans ces villes, si on veut jouir des commodités qu'ils procurent. Or on le voudra; et par conséquent, les villages et les hameaux seront insensiblement abandonnés à ceux qui, étant moins riches, ont aussi moins de moyens pour faire valoir les terres. Il faut peu compter sur les soins des grands propriétaires, qui sont éloignés de leurs possessions, et à qui le luxe fait une nécessité de les négliger. Souvent ils les dégradent pour se procurer des ressources momentanées. Il est au moins certain que leurs terres ne sont pas aussi bien cultivées que les champs d'un paysan qui ne sort pas de son hameau. Il n'y a des friches que dans les domaines des grands propriétaires.

Par le concours que le luxe attirera dans les grandes villes, tout l'argent y sera peu-à-peu porté. Il deviendra donc rare dans les autres : il le sera encore plus dans les bourgs, et il n'en restera presque pas dans les villages.

Alors le prix des choses nécessaires haussera pour les villes, parce qu'il en faudra faire venir de fort loin, pour fournir à la subsistance des habitans ; et il haussera encore sensiblement de génération en génération, parce que de génération en génération, le concours y sera plus grand, et l'argent plus commun. Les grandes villes sont des abymes que le luxe paroît avoir creusés, pour engloutir toutes les richesses d'une monarchie.

Effet du despotisme dans les temps de luxe. Il nous reste à considérer ce que devient le despotisme, quand les peuples renoncent à la simplicité des mœurs, et se livrent aux arts de luxe.

Nous venons de voir que, lorsque la manière de vivre est simple, l'agriculture est florissante, et que les richesses se répandent également par-tout. Les peuples paient donc facilement les impôts; et ces impôts suffisent au monarque, qui, à la magnificence près, vit dans la même simplicité que les peuples.

Mais nous avons vu aussi que, lorsque le luxe règne, l'agriculture devient moins florissante, que les richesses se concentrent peu-à-peu dans les villes, et que la misère augmente continuellement dans les campagnes.

Les peuples n'ont donc plus la même facilité à payer les mêmes impôts. Cependant la guerre cesse d'être une ressource pour le monarque ; parce que le luxe avec lequel on la fait, et le haut prix des choses nécessaires, l'ont rendue trop dispendieuse.

Les contributions des nations tributaires sont aussi d'un foible secours. Elles deviennent tous les jours moins considérables.

Il faut armer pour les exiger, il faut avoir des succès; et, quand on en a eu, les frais de la guerre ont dissipé d'avance les contributions qu'on retire. Que sera-ce donc, si l'empire, dont la puissance est diminuée, n'est plus redoutable à ses voisins, s'il les redoute lui-même, et s'il en devient tributaire à son tour?

Dans de pareilles circonstances, les anciennes impositions ne suffisent pas au monarque, qui a son luxe à soutenir, celui des grands, celui de tous les hommes employés dans l'administration. Elles suffisent d'autant moins, que les ressorts du gouvernement sont plus compliqués que jamais, depuis que le luxe a multiplié les affaires, et ceux qui en vivent. Il faut payer plus de gages, plus d'appointemens, plus de pensions, plus de gratifications : il les faut payer au triple, ou au quadruple. Il faut donc mettre de nouveaux impôts.

De nouveaux impôts cependant sont une nouvelle charge pour le peuple, et ne sont pas, dans la même proportion, une augmentation de revenu pour le monarque. Car la perception en détourne une grande partie, et d'ailleurs ils retombent sur lui-même, parce qu'ils haussent le prix des consommations de toute espèce. On voit donc que, plus il emploiera ce moyen, plus il ruinera ses provinces; et cependant il continuera de l'employer, parce qu'il n'en a pas d'autre.

Mais cette administration a un terme, après lequel on ne verra plus qu'une misère générale dans des provinces autrefois florissantes. Tel est l'état où est tombée l'Asie, depuis le siècle d'Alexandre. Ce ne sont pas les grandes révolutions qui l'ont dévastée. Auparavant il y en avoit eu de pareilles, et elle avoit continué d'être florissante. Mais le despotisme est devenu destructeur, lorsque le luxe a eu rompu toutes les digues qui le contenoient.

Jusqu'à présent l'Europe a été plus heureuse. Quand vous en étudierez l'histoire moderne, vous verrez s'y former des républiques, des gouvernemens mixtes et des monarchies modérées, d'où le despotisme sera banni, et par la façon de penser des peuples, et par les lois fondamentales auxquelles les monarques se soumettront.

CHAPITRE X.

Des lois positives qu'on nomme lois civiles.

<small>Ce qu'on entend par lois civiles.</small> LES lois que le souverain, c'est-à-dire, la personne physique ou morale en qui réside la puissance souveraine; les lois, dis-je, que le souverain fait pour déterminer ce que les sujets qui vivent sous son gouvernement, doivent à l'état, et ce qu'ils se doivent les uns aux autres pour le maintien de l'ordre, sont celles qu'on nomme *lois civiles*.

<small>Objet de ces lois.</small> L'objet, en général, de ces lois est de régler le culte public, de constater l'état des particuliers, d'assurer à chacun la propriété de ses biens et de sa personne, et de punir ceux qui se rendent criminels en les violant.

Sans partialité, et favorables aux plus foibles comme aux plus puissans, elles doivent empêcher que les sujets ne se fassent des injustices les uns aux autres.

La collection de ces lois est devenue l'objet d'une science qu'on nomme jurisprudence. Ce n'est pas néanmoins sous ce point de vue que je les envisagerai : je me borne à les considérer par rapport aux gouvernemens que nous avons observés.

Dans les anciennes monarchies despotiques où la manière de vivre étoit simple encore, je présume qu'il y avoit peu de lois civiles. Il me semble qu'on sentoit rarement le besoin d'en faire, parce qu'en général tout pouvoit être réglé par les coutumes des peuples, ou par les usages de chaque tribu. *Dans les anciennes monarchies, il y avoit peu de lois civiles.*

Lorsque le despotisme n'a plus été contenu, les lois civiles auront été fort rares encore. Comme ce gouvernement ôte tout ressort aux ames, on aura continué par habitude de prendre pour règles les usages anciens ; et on ne se sera conduit d'après de nouveaux usages, qu'autant qu'ils se seront introduits insensiblement, et qu'on n'aura pas remarqué le temps où ils commençoient. Ce qui confirme cette conjecture, c'est que le despote et ceux qui agissent en son nom, jaloux d'exercer un pou- *Il y en a eu peu encore, lorsque le luxe a donné un libre cours au despotisme.*

voir arbitraire, pensent moins à faire les lois qui manquent, qu'à faire oublier celles qui existent.

<small>Cependant le despote ne peut pas tout s'approprier.</small>

Cependant il n'est pas possible qu'il n'y ait point de lois, à moins qu'on ne suppose que le monarque, ayant seul droit à tout, dispose aussi de tout à volonté. Or cette supposition se détruit d'elle-même : le despote seroit forcé de renoncer à ce droit, et par conséquent, de reconnoître d'autres propriétés que les siennes ; parce qu'il ne peut pas, et qu'il ne veut pas faire de tous ceux qui agissent en son nom, autant de despotes semblables à lui, c'est-à-dire, autant de despotes qui lui disputeroient cette propriété qu'il s'attribue. Sa puissance, comme nous l'avons remarqué, s'affoiblit en se communiquant ; elle ressemble à cette lumière de Zoroastre, d'où tout émane, et qui s'obscurcit d'émanation en émanation.

<small>A Sparte tout étoit, de fait comme de droit, au souverain.</small>

C'est à Sparte que tout étoit de fait comme de droit au souverain. Rien ne limitoit une puissance, qui ne se communiquoit pas par une suite d'émanations, et qui restoit toute entière dans son principe. Un Spartiate, comme sujet, n'avoit rien :

comme citoyen, il avoit part à tout; parce qu'il avoit part à la souveraineté.

Les Ilotes n'étoient ni citoyens ni sujets : c'étoient des animaux que le souverain employoit à la culture de ses terres. Aussi n'y avoit-il point de lois pour eux, comme en Perse, il n'y en avoit point pour les grands.

Les Spartiates, égaux comme citoyens, parce qu'ils avoient tous la même part à la souveraineté, l'étoient encore comme sujets parce qu'ils étoient tous également pauvres. On conçoit donc qu'il ne leur falloit pas beaucoup de lois civiles; et en effet, il en avoient fort peu. *Les Spartiates avoient peu de lois civiles.*

Dans la république d'Athènes, tout citoyen avoit droit de suffrage : par conséquent, toute la souveraineté résidoit dans le peuple, ainsi qu'à Sparte. Les Athéniens étoient donc égaux comme citoyens : mais il étoient inégaux comme sujets, puisqu'à cet égard, ils étoient plus ou moins riches. Il leur falloit donc un plus grand nombre de lois, et ce besoin s'accrut avec le progrès des arts. *Les Athéniens en avoient un plus grand nombre.*

Les lois, dans cette république, se multiplioient d'autant plus, qu'elles embrassoient tout. Elles changeoient même la condition des esclaves : en les protégeant, elles les faisoient participer aux droits des sujets.

Mais le souverain qui les fai-soi , étoit un despote absolu, aveugle et capricieux.

Cependant il semble que le peuple, quand il se gouverne, est le despote de lui-même. Il n'en est même point de plus absolu, de plus aveugle, ni de plus capricieux. Il est vrai qu'il est un temps où tout paroît le porter au grand : mais on diroit que les circonstances le forcent seules à être vertueux. En effet, si elles changent, il cesse de l'être : il suit alors son penchant, et il va de désordre en désordre. Il bannit un citoyen, comme un roi de Perse condamne un grand, uniquement parce qu'il s'en dégoûte, ou parce qu'il le redoute. Il ne se contente pas, comme le grand roi, de dissiper ses finances : il veut que ses dissipations passent en lois ; et il ordonne que les fonds, destinés à la défense de la patrie, seront employés à lui donner des fêtes. Législateur, il veut encore être juge ; et parce que, dans ses jugemens, il se prévaut de sa puissance législative, il met sa volonté momentanée à la place des lois qu'il a faites; et, par conséquent, au lieu des lois, il n'y a plus que des caprices.

Tel est ce despote. Il ne faut donc pas s'étonner s'il est dur avec ses alliés. Il ne faut pas s'étonner non plus s'il finit par être asservi.

Au reste, les lois civiles, chez tous les peuples de la Grèce, ont été en petit nombre et fort simples. Elles n'avoient pas besoin d'être expliquées, ni commentées: l'étude en étoit courte et facile, et elles n'exigeoient pas que des citoyens s'en occupassent uniquement.

<small>Les lois civiles étoient en petit nombre chez tous les peuples de la Grèce.</small>

C'est pourquoi les Grecs n'ont point eu de jurisconsultes. Nous verrons, dans la suite de l'histoire, comment les lois civiles se sont multipliées, et ont fait naître la jurisprudence.

CHAPITRE XI.

De la loi d'opinion.

La loi d'opinion statue sur les actions, dont la loi civile ne prend pas connoissance.

LES lois sont établies pour le maintien de l'ordre ; mais, sans troubler l'ordre on peut ne pas faire tout ce qu'on doit pour le maintenir : on peut le choquer indirectement : on peut s'en écarter par des délits que le législateur n'a pas prévus : enfin on peut commettre des fautes, sur lesquelles il n'a pas dû statuer ; parce qu'étant de nature à ne pouvoir être connues, ou à ne pouvoir l'être que difficilement, elles demanderoient des recherches qui troubleroient la société.

Les coupables cependant ne sauroient se soustraire à tout châtiment ; ils sont punis par le jugement que le public porte de leur conduite. Ainsi l'opinion est une loi qui statue sur les actions, dont la loi civile ne prend pas connoissance. Le mépris est la peine qu'elle inflige : l'estime est la récompense qu'elle accorde.

Je mets cette loi au nombre des lois positives. Quoiqu'elle ne soit pas proclamée solemnellement, elle n'en est pas moins notoire. Le public, par les jugemens qu'il porte, la proclame, en quelque sorte, à chaque instant.

Pourquoi on la met au nombre des lois positives.

Cette loi a pourtant un des défauts que nous avons remarqués dans les conventions tacites. Comme elles, l'opinion n'est souvent que l'effet des circonstances, où nous nous sommes trouvés, et où nous avons jugé des choses avec prévention, plutôt qu'avec réflexion. C'est une habitude de dispenser inconsidérément notre estime et notre mépris, et de retomber continuellement dans les mêmes erreurs : c'est une source de préjugés. Voilà pourquoi on voit les opinions changer de siècle en siècle, comme de contrée en contrée.

Défaut de cette loi.

En Perse, l'opinion accordoit la considération aux grands. Or on étoit grand par la faveur du monarque : et on étoit encore plus grand, lorsqu'assez puissant pour se soutenir par soi-même, on pouvoit se soustraire au maître qu'on avoit servi. La loi d'opinion prescrivoit donc d'être es-

En Perse la loi d'opinion tendoit à dépouiller de toute vertu.

clave pour s'élever, et d'être rebelle pour cesser d'être esclave. Elle ne blâmoit dans les grands ni les bassesses, ni les perfidies; et, par conséquent, elle tendoit à les dépouiller de toute vertu.

Ils étoient, par rapport au monarque, ce que sont, par rapport à un maître dur, des esclaves bas et perfides; et, comme l'opinion autorisoit les Spartiates à disposer de la vie des Ilotes, elle autorisoit le roi de Perse à disposer de la vie des grands. Il ne leur faisoit pas leur procès, il les condamnoit.

<small>Et elle écartoit toute idée de justice.</small>

Le peuple stupide voyoit, avec indifférence, les révolutions qui faisoient tomber les grands, et quelquefois le monarque même; et, si les coups frappoient sur lui, il les souffroit comme un mal nécessaire, sans oser chercher si on étoit juste ou injuste à son égard. L'opinion n'étoit donc qu'un préjugé barbare, qui écartoit toute idée de justice.

<small>En Grèce elle pouvoit être une source de vertus sociales.</small>

En Grèce, l'opinion donnoit à tous les citoyens le même droit à la liberté; et cette façon de penser, qui portoit aux grandes choses, conduisoit naturellement à une législation fondée sur la justice, et pouvoit devenir une source de vertus sociales.

A Lacédémone, néanmoins, elle fut modifiée de manière qu'elle produisit de mauvais effets. C'est que Lycurgue ayant assuré la liberté dans une égalité parfaite à tous égards, l'opinion, particulière aux Spartiates, fut que chaque citoyen n'avoit à lui que sa liberté ; que d'ailleurs il ne pouvoit rien acquérir, et que tout étoit au souverain, c'est-à-dire, au corps qui se formoit par la réunion de tous. Or cette opinion avoit des inconvéniens.

Cependant elle rendoit les Spartiates cruels, durs et injustes.

En effet, le souverain de Sparte est une espèce de despote. Il est vrai que son autorité n'est pas arbitraire, mais elle est absolue. Il fonde sa puissance dans la pauvreté de ses sujets: il les dépouille pour sa sûreté: il étouffe jusqu'aux talens, parce qu'il les redoute; et, ne connoissant d'autres droits que ceux qu'il s'arroge, il fait de son utilité l'unique règle de sa justice. Or cette façon de penser est celle de tous les membres, dont se forme la personne du souverain : elle leur paroît d'autant plus naturelle, que chacun d'eux, comme sujet, s'est soumis au despote ; a renoncé en quelque sorte au droit d'exercer ses facultés, et s'est condamné à être sans talens, parce que le despote lui défend d'en avoir. Voilà pourquoi les Spartiates ont été cruels avec leurs esclaves, durs avec leurs alliés, infidelles envers tous les Grecs.

Elle a rendu les Athéniens plus justes, et leur a donné des mœurs plus douces.

Tous les Athéniens, ainsi que les Spartiates, avoient le même droit à la liberté. Mais l'inégalité des fortunes laissoit des propriétés à chacun d'eux, et rien ne les empéchoit d'exercer leurs talens. Les lois civiles protégeoient ces propriétés et ces talens. Le souverain, ou le corps des citoyens, les respectoit ; et chacun, comme sujet, s'accoutumoit à penser qu'il les devoit respecter lui-même.

Dans cette république, l'opinion étoit, par conséquent, que les citoyens ont chacun séparément la propriété de leurs biens et de leurs talens, comme ils ont tous ensemble la propriété de la souveraineté. Cette façon de penser, qui leur donnoit de la justice une idée plus développée et plus étendue, leur apprenoit à respecter les propriétés jusques dans les étrangers, et à aimer les talens, de quelque part qu'ils vinssent : c'est pourquoi les Athéniens ont été plus justes que les Spartiates, et ont eu des mœurs plus douces.

L'inégalité des fortunes leur a donc été avantageuse : et en effet elle doit l'être, tant que les richesses ne sont pas la mesure de l'estime publique. Si, dans une république, un Aristide, malgré sa pauvreté, est plus considéré qu'un citoyen opulent, qu'importe que les biens soient inégalement partagés ? L'opinion qui met la vertu au-dessus de tout, enrichira la république, de toute l'opulence des citoyens. Si les richesses de Cimon ont contribué à sa considération, c'est que, par la façon de penser, dans laquelle il avoit été élevé, et qui étoit celle de ses pères, il croyoit les devoir à sa patrie, ainsi que ses talens. Dans les beaux temps d'Athènes, de grandes richesses n'auroient été qu'à charge à un citoyen qui auroit voulu les réserver pour lui seul : il n'auroit su quel usage en faire.

En un mot, l'inégalité des fortunes est avantageuse à une république, lorsque l'o-

Il a été un temps où l'opinion enrichissoit la république d'Athènes, de toute l'opulence des citoyens riches.

pinion, qui règle l'usage des richesses, ne permet pas à un citoyen de les employer à son luxe. Car, si en pareil cas, il ne les employoit pas pour la patrie, il n'en auroit que l'embarras. Il les donne donc à l'état ; et l'état est d'autant plus riche, qu'il a plus de citoyens opulens.

Cette opinion fait naître l'égalité de l'inégalité même. Car les citoyens, ne réservant pour eux que le nécessaire, tous, à cet égard, sont égaux, parce qu'ils l'ont tous ; et le superflu, qui paroissoit les distinguer, les rend égaux encore, puisqu'étant donné à la patrie, il est donné à tous. Cette opinion fait une communauté des biens que l'industrie avoit partagés inégalement.

Alors il est véritablement beau d'avoir des richesses, parce qu'il est beau d'avoir ce moyen de plus pour servir la patrie. Cette façon de penser devient, pour des ames républicaines, le plus puissant mobile de l'industrie, et une source de talens utiles.

Les Spartiates, à qui elle ne pouvoit être commune, étoient privés de tous les bons effets dont elle est le principe. Il est vrai que l'égalité assuroit la durée de leur gouvernement ; mais elle appauvrissoit la république, en appauvrissant les citoyens.

Les Athéniens changèrent de façon de penser. Cette révolution, que les vertus de Cimon avoient retardée, s'acheva brusquement, après la mort de ce citoyen. Les succès l'amenèrent insensiblement ; parce qu'en dissipant la crainte des ennemis, ils diminuèrent la vigilance pour la patrie : et qu'en diminuant la vigilance, ils affoiblirent l'attachement.

Une révolution dans l'opinion appauvrit la république et les citoyens d'Athènes.

La victoire de Salamine est donc l'époque où cette révolution a commencé. Ses progrès furent ensuite comme les progrès des armes. Elle se trouva bien avancée, lorsque Cimon eut fait la loi au roi de Perse. Alors elle se fût achevée d'elle-même : mais Périclès la hâta, parce qu'il ne fut occupé qu'à flatter les nouveaux goûts du peuple.

Après cette révolution, l'économie et la frugalité cessèrent d'être des vertus, ou furent même des ridicules. Le superflu devint la chose nécessaire. On crut donc n'être jamais assez riche pour soi, et par conséquent, il ne fut plus possible de l'être pour la république. C'est alors que les richesses amenèrent réellement l'inégalité. Il n'y eut plus que des riches et des pauvres, et les riches furent pauvres eux-mêmes, parce que l'accroissement des richesses ne fut pas en proportion avec l'accroissement du luxe. C'est ainsi que les états commencent dans la pauvreté, se corrompent avec le superflu, et finissent dans la misère.

<small>Opinion qui mit le comble aux malheurs des Athéniens.</small> Une opinion mit le comble aux malheurs des Athéniens, quand les meilleurs esprits crurent ne pouvoir trouver le bonheur que dans l'éloignement des affaires. C'est alors que la république, livrée à des ames vénales, accéléra sa ruine.

<small>Pouvoir de l'opinion.</small> Vous voyez, Monseigneur, quel est le pouvoir des opinions. Il est d'autant plus grand et d'autant plus étendu, qu'elles n'influent pas seulement, comme les lois, sur quelques-unes de nos actions; elles, influent encore sur toute notre conduite, sur toutes nos habitudes, sur tous nos mouvemens, sur notre pensée en un mot, et elles nous règlent au gré de leurs caprices

Tantôt elles sont le principe de la simplicité, de la frugalité, de l'amour du bien public, du désintéressement et de toutes les vertus. D'autres fois, elles consacrent les pratiques les moins sages, les plus absurdes, les plus nuisibles, les plus barbares. Elles les encouragent, elles les mettent au nombre des choses louables, elles en font des devoirs, et elles attachent la considération au vice. Plus vous observerez les nations, plus vous vous convaincrez qu'elles sont heureuses ou malheureuses, suivant que les opinions qu'elles suivent, sont conformes ou contraires à la raison.

Nos actions, considérées par rapport à l'opinion, sont estimables ou méprisables, décentes ou indécentes, honorantes ou diffamantes, glorieuses ou honteuses, bienséantes ou ridicules, grandes ou basses, nobles ou viles, etc.

<small>Il dépend des dénominations qu'elle donne à nos actions.</small>

Or l'opinion ne donne un si grand nombre de dénominations aux actions humaines, que parce qu'elle y distingue autant de caractères, que d'accessoires propres à nous déterminer. Il semble qu'elle se soit occupée à développer tous les motifs qui peuvent agir sur nous. Elle nous récompense ou nous punit, en qualifiant notre conduite par quelqu'un de ces noms; et, suivant l'application qu'elle en fait, les peuples sont vertueux ou vicieux.

Il n'y a point de peuple exempt de reproches à cet égard.

Une application convenable de toutes ces dénominations est une chose si difficile, qu'il n'y a point de peuple, à cet égard, tout-à-fait exempt de reproches : c'est que dans les siècles les plus éclairés, l'opinion conserve encore des restes de la barbarie dans laquelle on a vécu; et qu'au lieu de se corriger, toutes les fois qu'elle change, elle se corrompt souvent par les vices que le luxe introduit.

Les opinions se corrompent avec rapidité, et se corrigent lentement.

Elle se corrompt avec rapidité, et se corrige lentement.

Elle se corrompt avec rapidité, parce que ce sont de nouveaux goûts et de nouvelles passions, qui nous invitent à changer de façon de penser.

Elle se corrige lentement, parce qu'elle ne peut se corriger, qu'autant que nous abandonnons de vieilles passions qu'elle favorise.

Ainsi les opinions les plus dangereuses sont les plus durables. Elle durent, parce qu'elles ont duré. Parce que c'étoient celles des pères, ce sont celles des enfans : et chaque génération juge qu'on ne peut pas mieux penser qu'on pensoit avant elle. Les dernières générations sont à cet égard à un tel degré de stupidité, qu'on seroit tenté de dire qu'elles n'auroient pas pensé si elle étoient venues les premières.

Les plus dangereuses sont les plus durables.

Il est d'autant plus difficile de détruire les abus accrédités par de vieilles opinions, que souvent les remèdes qu'on y apporte sont d'autres abus. Alors les esprits se préviennent contre toute innovation, et s'attachent de plus en plus à leurs préjugés. Il faut bien des circonstances pour préparer dans les opinions une révolution utile.

Il faut bien des circonstances pour amener dans les opinions une révolution utile.

CHAPITRE XII.

Des réglemens de police.

<small>Objets des réglemens de police.</small> LES lois civiles et les lois d'opinion, quelque parfaites qu'on les suppose, ne suffisent pas encore à la tranquillité publique. Pour maintenir le plus grand ordre, il ne faut pas attendre que le désordre ait fait des progrès, il faut l'arrêter dans son principe. Quelquefois il faut, au moment même du délit, sévir pour des fautes sur lesquelles le législateur n'a rien statué, parce qu'elles sont légères, et qui néanmoins auroient des suites, si elles étoient tolérées. Telles sont les indécences, les injures, les querelles, etc. Les lois qui les répriment, sont celles qu'on nomme réglemens de police. Elles veillent continuellement sur tous les citoyens, et châtient sur-le-champ ceux qui manquent.

Comme l'objet des lois civiles est d'assurer les propriétés, et par conséquent, d'empêcher les crimes, l'objet des réglemens de police est de conserver les mœurs, et par conséquent, de les garantir de tout ce qui tend à les corrompre.

Cet objet néanmoins n'a rien de fixe : car la police souffre souvent, chez un peuple, ce qu'elle châtie chez un autre, indulgente ou sévère suivant les temps et suivant les lieux.

A Sparte, elle avoit peu d'exercice, parce que le gouvernement, par sa nature, fermoit tout accès aux nouvelles opinions comme aux nouvelles mœurs. Il étoit d'ailleurs inutile de faire des réglemens pour empêcher des abus, qu'on avoit prévenus par les soins donnés à l'éducation. Élevés dans le même esprit, les citoyens s'y entretenoient mutuellement ; parce qu'étant tous censeurs les uns des autres, chacun d'eux étoit sous l'inspection de tous. Or, dans une pareille république, les mœurs se conservent d'elles-mêmes.

Les mœurs des Spartiates avoient peu besoin de réglemens de police.

Il n'en étoit pas de même dans la république d'Athènes, où la liberté dégénéroit en licence, et où les esprits se portoient aux nouveautés. Mais malheureusement

Les Athéniens en avoient besoin, et ils leur étoient presque inutiles.

les réglemens de police sont une foible barrière contre un peuple souverain, qui aime les changemens.

<small>Réglemens de police dans les anciennes monarchies.</small> Il seroit difficile d'imaginer ce que devoit être la police dans les anciennes monarchies de l'Asie, où les peuples, continuant de penser et de vivre comme ils avoient toujours pensé et vécu, n'avoient ni le goût des nouveautés, ni la hardiesse d'innover. On adoptoit les abus, s'ils étoient anciens; et, s'ils ne l'étoient pas, on les adoptoit encore, parce que, dans ces sortes de gouvernemens, un exemple, s'il est toléré, devient une règle.

Il est vraisemblable qu'il n'y avoit rien de fixe sur les fautes dont la loi ne prenoit pas connoissance, et que les peines étoient infligées au gré des esclaves, auxquels le monarque communiquoit l'administration. Or, comme de pareils ministres sont naturellement cruels et jaloux de leur autorité, on peut juger que la police étoit aussi dure qu'arbitraire, et qu'elle sévissoit, sur-tout, contre ceux qui osoient blâmer leur conduite.

CHAPITRE XIII.

Du droit public.

D'APRÈS les observations que nous avons faites, on voit que la constitution des différens gouvernemens porte sur quatre espèces de lois: les lois politiques et fondamentales, les lois civiles, les lois d'opinion et les réglemens de police. *Tout gouvernement porte sur quatre espèces de lois.*

Mais ces lois ne constituent que le gouvernement intérieur; et cependant il faut que les sociétés, qui, s'étant formées séparément, sont chacune indépendantes, sachent ce qu'elles se doivent les unes aux autres. C'est ce qu'elles apprennent des usages qui s'introduisent, lorsqu'elles ont des intérêts à discuter; et ces usages, qui ne sont que des conventions tacites, fondent, comme nous l'avons dit, ce qu'on nomme le droit des gens. *Comme les usages fondent le droit des gens, les traités fondent le droit public.*

Ce droit, par sa nature, trop incertain et trop équivoque, met les nations dans la nécessité de déterminer leurs prétentions respectives avec plus de précision. A cet effet, elles conviennent expressément des engagemens auxquels elles s'obligent mutuellement, c'est-à-dire, qu'elles font des traités. Alors le droit des gens, mieux déterminé, acquiert une publicité qui le fait nommer droit public.

Pendant plusieurs siècles, les peuples de la Grèce n'ont connu que le droit des gens. Par exemple, lorsqu'ils commencèrent à se former en républiques, c'est d'après des conventions tacites qu'ils jugèrent devoir se donner des secours mutuels contre la tyrannie.

Dans les guerres suscitées par la rivalité d'Athènes et de Lacédémone, les traités furent fréquens; et par conséquent, le droit public devient lui-même la règle des engagemens que les peuples contractoient.

Le droit public est naturellement variable. Cette règle est naturellement variable. Aussi le droit public de la Grèce varia-t-il comme les ligues.

La cause de cette variation vient de ce que les peuples traitent suivant leurs intérêts, qui varient enx-mêmes; et suivant la manière de les voir, qui varie encore davantage. Mus par les factions qui les divisent, et qui prévalent tour-à-tour, ils obéissent à toutes les impulsions qu'ils reçoivent, et il leur est impossible d'avoir un jugement arrêté.

Les peuples traitent librement ou forcément. C'est librement que les villes de l'Achaïe formèrent leur association. C'est librement encore que les peuples de la Grèce entroient dans les ligues qui se formoient contre Athènes ou Lacédémone. Je parle au reste en général; car les circonstances n'ont pas toujours permis à chacun d'eux de traiter avec la même liberté.

Le droit public est mal assuré sur des traités libres.

De pareilles associations, de pareilles ligues tendent à ne former qu'un peuple et qu'un gouvernement de plusieurs peuples et de plusieurs gouvernemens. C'est proprement une république de souverains, et cette république a pour lois politiques et fondamentales, les traités qui ont été faits.

Le vice de ce gouvernement est de n'avoir pas une force capable de retenir les souverains, qui en sont les membres, sous les lois qu'ils se sont faites. Quand il se forme, tous y concourent avec empressement, et paroissent n'y rechercher que l'avantage commun. Aussitôt qu'il est formé, chacun y veut trouver, en particulier, son plus grand avantage. On se plaint, on se fait mutuellement des reproches, on s'observe avec défiance, la mésintelligence fait oublier l'objet de l'association ; et, comme il n'y a point de juges pour terminer les différends qui naissent, on se croit bientôt libre de tout engagement. Le droit public est donc bien peu assuré, lorsqu'il est fondé sur des traités conclus librement.

Il est mal assuré sur des traités forcés.

Les traités de paix entre deux peuples sont par leur nature des traités forcés. Car celui qui juge qu'il n'est pas en son pouvoir de vaincre, n'a pas la liberté de refuser les conditions qui lui sont offertes. Le droit public, fondé sur ces traités, n'est donc assuré qu'autant que la puissance du vainqueur est assurée elle-même.

En effet, le peuple qui a subi la loi, s'il devient plus puissant, croit dès-lors avoir le droit de commander à son tour ; c'est pourquoi le droit public de la Grèce a varié continuellement.

Lorsque des peuples jaloux sont, comme les Grecs, dans une position où aucun d'eux ne peut assurer sa domination sur les autres, il ne leur reste qu'un moyen pour rendre moins variable le droit public, qu'ils tentent vainement de fixer par des traités ; c'est de contracter, sous la garantie d'une puissance, capable de les forcer tous également à remplir les engagemens qu'ils prennent. Voilà pourquoi nous avons vu les Grecs prendre successivement pour garants de leurs traités, le roi de Perse, le roi de Macédoine et les Romains. Mais, se mettre sous la garantie d'une pareille puissance, ce n'est pas toujours assurer ses droits, c'est s'exposer à tomber tôt ou tard sous une domination étrangère.

Les garanties ne l'assurent pas toujours.

Tel est donc le sort des peuples : ils se forment dans l'indépendance, et ils ne peuvent s'y maintenir. Tour-à-tour chacun force, chacun est forcé tour-à-tour.

Qu'ils contractent librement ou forcément, le droit public est donc par sa nature incertain dans l'un et l'autre cas, parce qu'il ne peut pas, comme les lois civiles, être sous la protection d'une puissance capable de le faire respecter.

En observant les peuples, dont nous avons étudié l'histoire, nous avons découvert des lois politiques ou fondamentales, des lois civiles, des lois d'opinion, des réglemens de police et des traités qui fondent le droit public. Voilà toutes les lois positives qui concourent au maintien des sociétés.

CHAPITRE XIV.

Des lois naturelles.

Les lois positives, lorsqu'elles tendent à la conservation de la société, ne sont que les lois naturelles expliquées ou dévelopées. C'est pourquoi on traite des lois naturelles avant de traiter des lois positives, et en conséquence, on considère les hommes dans un état de nature, auquel on donne une réalité qu'il n'a pas. *Quand on a observé les lois positives, il ne faut plus que quelques abstractions, pour concevoir l'état de nature.*

J'ai cru, Monseigneur, devoir commencer par vous faire observer les conventions que les hommes ont faites, et d'après lesquelles se sont formées toutes les lois positives, car ce sont-là des faits dont il est aisé de se faire des idées; et il ne reste plus qu'à faire quelques abstractions, pour concevoir ce qu'on doit entendre par l'état de nature.

En effet, considérons tous les hommes à-la-fois, et oublions les différentes sociétés dans lesquelles ils vivent, alors nous ne *Ce que c'est que l'état de nature.*

penserons ni aux conventions tacites qu'ils ont faites, ni aux lois positives qu'ils se sont prescrites, ni aux gouvernemens qu'ils ont formés. Toutes ces choses seront à nos yeux comme si elles n'étoient pas : nous ne verrons dans les hommes que les besoins et les facultés qu'ils tiennent de l'auteur de la nature, et nous ne pourrons les considérer que sous les rapports qui naissent de ces besoins et de ces facultés.

Voilà l'état de nature. C'est une abstraction qui n'existe que dans notre esprit, et d'après laquelle nous nous représentons les hommes sous les seuls rapports que mettent entre eux les besoins naturels et les facultés naturelles.

<small>Lois naturelles qui sont le principe de toute justice.</small> La première obligation des hommes, considérés sous ce point de vue, est de reconnoître qu'ils doivent tout à l'être qui les a créés. Par conséquent, la première loi naturelle est d'adorer la divinité.

Cette loi, dis-je, est la première, d'obligation. Si elle ne l'est pas, de fait, c'est que le premier usage des facultés ne conduit pas tout-à-coup les hommes à la connoissance de leurs devoirs les plus essentiels. L'idée d'un seul Dieu créateur suppose des raisonnemens qu'ils ne sont capables de faire, que lorsqu'ils ont déjà beaucoup raisonné.

La seconde loi naturelle est que tous les hommes sont égaux : car, dans l'état de nature, chacun d'eux n'a pour supérieur que le Dieu qui l'a fait.

De-là naît, comme une conséquence, cette troisième loi : que chacun a le même droit à sa conservation ; que personne n'est en droit de nuire à la conservation d'un autre, et que chacun ne doit faire à autrui que ce qu'il voudroit qu'il lui fût fait.

On voit que toutes les idées de justice ont pour fondement ces trois premières lois. Elles sont donc indépendantes de toutes conventions expresses ; elle n'en supposent aucune.

Voilà les principes sur lesquels toutes les lois positives auroient été fondées, si elles n'avoient jamais été que le développement des lois naturelles. C'est ce que l'ignorance et les passions n'ont pas permis. *Erreurs des hommes à ce sujet.*

Les erreurs des hommes, à cet égard, ont commencé avec les premiers engagemens exprès ou tacites, qu'il ont contractés.

Conduits par l'instinct, ils ont fait les lois; comme ils ont fait le culte; et si enfin ils se sont éclairés dans l'art de se gouverner, ce n'est qu'après avoir passé par bien des révolutions, et avoir reconnu, dans les calamités qu'ils s'attiroient, le faux des préjugés qu'ils avoient pris pour règles.

Les peuples les plus barbares n'ignorent pas entièrement la loi naturelle.

Cependant la loi naturelle n'est pas tout-à-fait inconnue aux peuples, même les plus barbares. Il est vrai que les idées qu'ils se font de la divinité sont bien absurdes : mais ils n'ignorent pas que les hommes naissent égaux. S'ils ne sont pas capables de prouver cette vérité, ils la supposent au moins, et ils n'en doutent pas.

C'est d'après cette supposition qu'ils se conduisent. Le chef d'une troupe errante n'est que le premier entre ses égaux; et, si cette troupe se fixe, il n'est encore que le premier. Les membres veulent bien consentir à une subordination qu'ils jugent nécessaire au maintien de l'ordre : mais ils ne se soumettroient que forcément à une subordination qui détruiroit toute égalité.

Les lois positives peuvent expliquer, ou modifier la loi naturelle.

Au moins ne s'y soumettroient-ils que forcément dans l'établissement des sociétés, parce qu'alors aucun d'eux ne seroit autorisé à s'arroger des avantages qu'il ne partageroit pas avec les autres. Il n'en est pas de même, lorsque, dans la suite des générations, des citoyens acquièrent, par leurs talens ou par leurs services, des droits ou des privilèges qu'on leur cède volontairement, ou qu'on ne leur consteste pas. Alors la loi positive les met réellement au-dessus des autres ; et, puisque cette loi est une convention solemnelle, ce qu'ils ont de plus, ils l'ont à juste titre.

La loi positive peut donc, sans injustice, altérer l'égalité. Mais il seroit difficile de marquer jusqu'à quel point. Est-il juste, par exemple, qu'un homme soit l'esclave d'un autre ? Je ne le crois pas. La loi positive peut expliquer la loi naturelle : elle la peut modifier : elle ne doit pas l'anéantir.

CHAPITRE XV.

Continuation du même sujet.

<small>Comment se fait le contrat social.</small> Nous venons de voir que l'état de nature est celui où nous considérons les hommes sous les seuls rapports que mettent entre eux leurs besoins naturels et leurs facultés naturelles. C'est un état où ils ne sont encore liés par aucun engagement : mais tous ont besoin d'être secourus, et tous aussi ont le pouvoir de secourir.

Or il suffit de les considérer sous ce double rapport, pour reconnoître qu'ils sont naturellement conduits à former des associations, dans lesquelles chacun, comptant trouver les secours dont il a besoin, s'engage aussi à donner tous les secours qui dépendent de lui.

C'est un contrat qui se fait tacitement, et sans aucune délibération, parce qu'il est uniquement l'effet des rapports où les hommes sont entre eux : rapports, qui, étant sentis de tous, ne peuvent manquer de réunir ceux que les circonstances mettent à portée de se donner des secours mutuels.

Ils ne se réuniroient pas assez tôt, s'ils ne se réunissoient qu'après avoir pesé tous les motifs de se réunir, et avoir arrêté toutes les conditions de leur association. Le sentiment est pour eux un guide plus sûr et plus prompt. Ils se rapprochent donc, et ils se trouvent engagés, sans avoir pensé à former aucun engagement.

C'est ainsi qu'il contractent; et le contrat qu'ils font, se nomme social, parce qu'il est le fondement de la société qui se forme. C'est un acte par lequel chacun s'engage tacitement envers tous, et tous envers chacun. Aussitôt qu'il est passé, chaque membre est protégé par le corps entier de la société, et la société elle-même est défendue par les forces réunies de tous les membres.

Lorsque nous considérions les hommes, en faisant abstraction de toute société, ils étoient égaux : ils le sont donc encore, lorsque nous les considérons, au moment qu'ils viennent d'achever le contrat social.

Les hommes sont égaux au moment qu'ils achèvent le contrat social.

En effet, puisque ce contrat se passe entre égaux, les avantages doivent être égaux pour tous. Tous sont censés avoir, dans ce premier moment, les mêmes droits, parce que tous sont censés apporter dans la société les mêmes besoins et les mêmes secours.

Comment ils deviendront inégaux.
Une conséquence de cette égalité, c'est que chacun ait également le droit de jouir des fruits de son travail. Or tous ne travailleront pas également, ni avec le même soin, ni avec le même talent. Les fruits du travail ne seront donc pas également partagés. Il arrivera donc que les uns auront plus, les autres moins, et les fortunes seront inégales. C'est ainsi qu'après le contrat passé, l'inégalité naîtra naturellement de l'égalité même, qui étoit auparavant entre les contractans.

En quoi ils doivent continuer d'être égaux.
Mais, quoiqu'inégaux par la fortune, ils continuent d'être tous égaux, en ce que chacun, ayant le même droit à sa conservation, a aussi le même droit à la protection de la société. Elle doit à tous de quoi subsister; et, par conséquent, les lois doivent veiller indistinctement à la conservation de tous.

Malheureusement ces lois, comme nous l'avons remarqué plusieurs fois, ne sont d'abord que des usages; et des usages sont souvent des abus.

Les abus qui s'introduisent n'autorisent aucun membre de la société à troubler l'ordre établi.

Les lois positives devroient corriger ces abus : c'est ce qu'elles ne font pas toujours, parce que la puissance législative n'est pas infaillible.

Il est donc impossible de ne jamais tomber dans des abus, comme il est impossible de ne jamais tomber dans des erreurs.

Les abus ne sauroient autoriser à troubler l'ordre établi : premièrement, parce qu'aucun membre n'a droit à l'infaillibilité; en second lieu, parce que si chaque membre s'arrogeoit ce droit, la société ne subsisteroit plus ; enfin, parce que la puissance législative, unique juge en pareil cas, a seule le droit de changer les lois.

Les lois positives d'une société civile sont donc censées les conditions expresses du contrat social; et elles en sont les conditions expresses, jusqu'à ce qu'il plaise à la puissance législative de les changer.

Les lois positives sont censées les conditions expresses du contrat social.

D'après ces observations, les idées du juste et de l'injuste se développent ; et elles

Idée complète du juste et de l'injuste.

deviennent complètes, lorsqu'ayant considéré que Dieu nous destine à la société, et que par conséquent, il veut les moyens propres à la conserver ; nous en concluons qu'il nous ordonne d'observer les lois établies pour le maintien de l'ordre. Dès que nous savons qu'obéir aux lois, c'est obéir à Dieu ; nous avons une notion exacte de la justice.

La volonté de Dieu se manifeste dans la loi naturelle.

La volonté de Dieu se manifeste, surtout, dans la loi naturelle, dont il est le seul législateur. Il l'a écrite lui-même en formant l'homme, dont la nature, c'est-à-dire, les facultés et les besoins donnés à tous, la proclame à chaque instant. C'est pourquoi cette loi se nomme divine. On la nomme encore immuable, parce qu'elle ne change pas, comme la loi positive : ainsi que la nature de l'homme, elle est la même dans tous les temps et dans tous les lieux.

Les nations sont par elles-mêmes dans l'état de nature.

Les sociétés civiles peuvent subsister, sans avoir contracté aucun engagement les unes avec les autres. Elles sont donc par elles-mêmes dans l'état de nature. Par conséquent, quelque inégales qu'elles soient en puissance, elles sont égales en ce sens, qu'étant toutes indépendantes, les obligations sont réciproques, et les mêmes pour les plus puissantes comme pour les plus foibles. Si elles sont équitables, elles traiteront donc d'égales à égales, à moins que, par des traités ou par des usages reçus et reconnus, elles ne soient convenues de se distinguer par des titres, par des prééminences ou par d'autres droits.

Dès que les nations sont par elles-mêmes dans l'état de nature, c'est une conséquence que, lorsqu'elles n'ont point encore contracté d'engagemens, la loi naturelle soit l'unique règle de la conduite qu'elles doivent tenir les unes avec les autres. Cette loi, considérée de nation à nation, est ce qu'on nomme plus particulièrement *droit de la nature* ou *droit naturel*. Le droit de la nature est donc l'unique fondement du droit des gens et du droit public ; et, par conséquent, le droit des gens et le droit public sont injustes, s'ils sont contraires au droit de la nature.

En se fixant, chaque société acquiert un droit de propriété sur les pays qu'elle cultive. Ce droit n'est pas fondé sur ce qu'elle

La loi naturelle est la règle de ce qu'elles se doivent mutuellement.

Cette loi se nomme droit de la nature ou droit naturel.

Le droit de premier occupant, dépouillé du titre que donne la culture, est un droit sans fondement.

s'en est saisie avant toute autre : car il seroit absurde de dire qu'on est maître d'un pays, pour y être arrivé le premier. Tout terrain qui n'est pas cultivé, appartient également à tous les hommes : il leur est nécessairement commun, parce que la nature produit, sans distinction, les fruits pour la conservation de tous, lorsqu'elle les produit seule. C'est donc la culture qui fonde le droit de propriété des habitans. Les terres leur appartiennent exclusivement, parce que les productions sont dues à leur travail; et le droit de premier occupant, dépouillé du titre que donne la culture, est un droit sans fondement.

Un état n'a par lui-même aucun droit sur les terres, ni sur les citoyens d'un autre état.

Un état ne peut donc, sans injustice, s'emparer des terres que cultivent les citoyens d'un autre état. S'il n'a aucun droit sur les terres, il est évident qu'il n'en a point sur les personnes, ni sur la société qu'elles forment; et tous les états souverains sont, de droit, égaux et indépendans.

Le droit du plus fort est une contradiction dans les termes.

Tout gouvernement conquérant par sa constitution, est donc, dans le vrai, un brigandage, quelque admirable qu'il soit d'ailleurs.

En effet, la force seule ne donne aucun droit : car, si elle met dans la nécessité d'obéir par prudence, elle ne peut jamais changer l'obéissance en devoir. Elle détruiroit, au contraire, toute obligation ; puisqu'elle transporteroit l'autorité au plus foible, lorsqu'il deviendroit assez puissant pour désobéir impunément. Le droit du plus fort est donc une vraie contradiction dans les termes.

Le droit de conquête n'est pas mieux fondé ; lorsqu'ayant pris les armes par ambition, on a fait la guerre à un peuple, qui ne se l'est pas attirée par quelque injustice. Mais, si les provinces conquises ne sont qu'un dédommagement des torts qu'on a reçus, on est autorisé à les retenir. Dans tout autre cas, le droit de conquête n'est qu'un mot pour couvrir une usurpation. *Comment le droit de conquête peut être un droit légitime.*

Voilà, je pense, les principes qui devroient régler les droits et les devoirs des nations ; mais toute l'histoire fait voir combien ils ont été peu connus, au moins dans la pratique : à la place de ces principes, chaque peuple met ses préjugés, ses habitudes, ses intérêts, ses passions. Dès-lors, *Combien en général les nations sont injustes les unes à l'égard des autres.*

les prétentions deviennent des droits, les prétextes sont des raisons, et les entreprises les plus injustes se voilent des apparences de la justice. Telle est, en général, la conduite des états souverains. La politique n'est pour eux que l'art de tromper avec adresse, lorsqu'ils n'osent pas se fier en leurs forces; ou de s'engager ouvertement et sans scrupule dans une entreprise injuste; lorsqu'ils se croient assez puissans pour la soutenir. Les exceptions malheureusement sont bien rares. En général, l'artifice et la violence semblent faire les droits des nations.

CHAPITRE XVI.

Considérations générales sur la législation.

Nous avons vu la Grèce changer de face. Des villes se sont élevées, où il n'y avoit auparavant que des forêts; et des sauvages sont devenus citoyens. Cette révolution lente est l'effet des circonstances qui, conduisant les Grecs d'usage en usage, les ont peu-à-peu préparés à se mettre enfin d'eux-mêmes sous le joug des lois; et les législateurs n'ont fait qu'achever ce qu'ils trouvoient commencé, et déjà bien avancé par les circonstances mêmes. {*Les législateurs n'ont fait qu'achever l'ouvrage des circonstances.*}

Les circonstances changent; mais les usages ne changent pas aussi rapidement. Ainsi, parce que les troupes, lorsqu'elles erroient dans les bois, avoient un chef, elles ont continué d'en avoir un, lorsqu'elles se sont fixées dans les villes; et le premier gouvernement a été monarchique. {*Pourquoi les premiers gouvernemens ont été monarchiques.*}

Dans les troupes errantes, ce chef n'avoit été que le premier entre ses égaux; et, par cette raison il ne fut encore que le premier entre ses égaux, dans les troupes fixées.

Loi fondamentale des monarchies. Cette idée d'égalité conservoit dans les hommes, devenus citoyens, ce sentiment de liberté ou même d'indépendance qu'ils avoient eu, lorsqu'ils étoient encore sauvages; et cette maxime, *nous sommes tous égaux*, a été la loi fondamentale des premières monarchies.

L'histoire de la Grèce en est la preuve. Car les villes de cette contrée n'abolirent la monarchie, que parce que les tyrans ne se bornoient pas à être les premiers entre leurs égaux; et elles ne songèrent à former des républiques, que parce que tous leurs efforts tendoient à ramener les choses à l'égalité naturelle.

Toutes les nations, dont nous connoîtrons les commencemens, confirmeront cette observation. Nous verrons, par exemple, l'Europe entière, divisée en petites cités, qui regarderont chacune, comme une loi fondamentale, que tous les hommes naissent égaux.

Nous aurions, sans doute, remarqué la même chose en Asie, si la tradition nous avoit permis d'y observer les monarchies dans les temps où les peuples commençoient à se fixer. Nous aurions vu que les hommes, parce qu'ils avoient été égaux avant de bâtir des villes, jugèrent devoir l'être encore après en avoir bâti. Ils ne renoncèrent donc pas à l'égalité : ils la supposèrent au moins tacitement; et, par conséquent, l'égalité naturelle a été en Asie, comme en Grèce, la loi fondamentale des premières monarchies.

Cependant, parce que les provinces de l'Asie ne sont pas toujours séparées par des barrières difficiles à franchir, elles ont été, dès les premiers temps, exposées à plus de révolutions que les provinces de l'Europe; et c'est parce que ces circonstances étoient favorables à l'agrandissement des monarchies, que l'Asie a eu de grands empires, lorsque l'Europe n'avoit encore que de petites cités.

Pourquoi l'Asie a eu de bonne heure des grands empires.

Dans ces grands empires, l'égalité ne subsista plus. Peut-être même se sont-ils formés, avant que les peuples aient pu penser à se gouverner en républiques. En

Pourquoi les peuples n'y ont pas pensé à se gouverner en républiques.

effet, comment y auroient-ils pensé, dans des temps où, se voyant chacun exposés continuellement aux irruptions des troupes errantes, ils étoient dans la nécessité d'être toujours armés sous les chefs qui les commandoient? Les circonstances concouroient donc à maintenir le gouvernement monarchique : elles écartoient toute idée d'un gouvernement républicain. Par conséquent, il ne faut pas s'étonner, si l'amour de la liberté ne se montre pas chez les Asiatiques, comme chez les Grecs.

Les empires de l'Asie devoient être despotiques. Les empires, établis en Asie par la force ou par le droit de conquête, ne pouvoient être que despotiques. Il est vrai, comme nous l'avons remarqué, qu'il l'ont été plus ou moins, suivant les circonstances : mais ils ne pouvoient pas avoir des lois fondamentales, propres à concilier l'autorité du monarque et la liberté des sujets.

Comme la force fait seule ces empires, c'est elle aussi qui fait seule les lois. Elle s'appesantit continuellement sur des peuples, qui sont eux-mêmes tous les jours plus incapables de secouer le joug. Le despote peut tomber; son empire peut être détruit:

mais le despotisme renaît toujours des ruines du despotisme.

Dans cette suite de révolutions, où la force règle tout, la législation ne sauroit faire des progrès : au contraire, elle doit être de siècle en siècle toujours moins connue. Il ne nous reste donc, pour l'étudier, qu'à observer les Grecs. {.sidenote}C'étoit un obstacle aux progrès de la législation.{/}

Lorsque nous observons les nations florissantes nous voyons ce que peut l'esprit humain : nous voyons aussi quelle est sa foiblesse, lorsque nous observons les commencemens des nations. Mais la législation trouvoit des obstacles, qui ne lui permettoient pas des progrès rapides. {.sidenote}Difficultés que les Grecs avoient à se donner des lois.{/}

Les citoyens d'une ville grecque ayant pour maximes qu'ils étoient tous égaux, la difficulté qu'ils avoient à se donner des lois, étoit de trouver une subordination qui maintînt l'ordre, et qui néanmoins conservât l'égalité.

Leurs premières tentatives à cet égard furent des méprises. Il en naquit des abus, et ces abus à corriger devinrent des difficultés plus grandes que celles qu'on croyoit avoir vaincues.

Les difficultés croissoient d'autant plus, que le caractère du peuple est de ne voir la nécessité d'un changement, que lorsque les maux sont à leur comble. Il tient à ses usages par habitude, par une liberté mal entendue, et souvent par les abus mêmes qui en naissent. Tour-à-tour, il aime les désordres, et il en est effrayé. Il résiste à l'autorité, et il cède à la séduction. Parce qu'il a été trompé, il refuse sa confiance; et il l'abandonne, parce qu'il ne la sait pas donner. Enfin, dans son inquiétude, il fait des lois, il les défait, il s'agite sans pouvoir se rendre compte de ce qu'il veut. Vous avez vu les Grecs occupés à concilier deux choses incompatibles, la société civile et une liberté illimitée. Vous les avez vu s'obstiner à vouloir ramener tous les citoyens à une égalité chimérique, et chercher, en quelque sorte, cette égalité jusques dans l'anarchie.

Cependant ces désordres ont un terme; car, si la multitude brave témérairement les maux dont elle n'est encore que menacée, elle s'abat lâchement sous ceux qu'elle éprouve. Voilà le moment propre à lui faire subir le joug des lois. C'est un animal féroce : il faut saisir le temps de son sommeil pour l'enchaîner.

Dans les grands empires, tels que ceux d'Asie, ce sommeil est une léthargie d'où le peuple ne sort plus. Au contraire, dans les petites monarchies, telles que celles de la Grèce, ce n'est qu'un assoupissement d'où le peuple sort comme en sursaut, et les troubles recommencent avec son réveil.

Heureusement les lumières naissent du choc des factions. Alors les meilleurs esprits s'occupent des choses du gouvernement. On fait des projets, on les propose; on les discute. Le peuple, avide de nouveautés, essaie de tout : l'expérience lui montre les avantages et les inconvéniens de tout ce qu'il essaie; et, plus il s'éclaire, plus il soupire après de meilleures lois. Il ne reste donc plus qu'à trouver un législateur.

Il a fallu bien des siècles pour amener là les esprits, et il en a fallu encore plus pour former un citoyen, capable de répondre aux vœux de sa patrie.

Méprises des premiers législateurs.

Comme il est difficile de secouer tous les préjugés de son siècle, les premiers législateurs tombèrent, sans doute, dans des méprises, et occasionnèrent de nouveaux désordres. Tantôt ils passèrent le but, et ils exigèrent plus qu'ils ne pouvoient obtenir. D'autres fois, ils furent trop timides, et ils laissèrent subsister des abus qu'ils auroient pu détruire. Afin donc qu'un législateur soit l'époque d'une révolution avantageuse, il faut que le passé ait préparé les progrès de son esprit.

Sagesse des législateurs qui ont fait époque.

Enfin le législateur est trouvé. C'est un homme qui a acquis de la considération dans la paix et dans la guerre. Son zèle, son intégrité, ses lumières sont reconnus. Toute sa conduite prouve son amour pour le bien public, et tous les citoyens mettent en lui leur confiance.

Voyant en quelque sorte, dans le présent, le passé et l'avenir, cet homme démêle les causes des abus qui subsistent; et il découvre, dans ces abus, les mauvais effets dont ils peuvent être le principe. Il considère qu'avant lui, on n'a pas saisi les circonstances favorables, ou que, les ayant mal saisies, on a tout changé sans rien corriger. Éclairé par les fautes où l'on est tombé, il ne se contente pas de parer à quelques inconvéniens. Il remonte à la source des désordres: il forme le projet d'une réforme générale; assez courageux pour l'entreprendre, assez sage pour employer les moyens convenables, assez respecté pour ne trouver que des obstacles qu'il peut vaincre.

Tels ont été Lycurgue, Solon, et en général tous les législateurs grecs. Tous ont regardé l'égalité comme la loi fondamentale de toute société civile. *Ils ont tous regardé l'égalité naturelle comme une loi fondamentale.*

Lycurgue établit une égalité rigoureuse à tous égards; et, par ses réglemens, il suspendit, pour plusieurs siècles, les révolutions qui la pouvoient altérer.

Solon ne considéra, dans l'égalité naturelle, que la part égale que chaque citoyen doit avoir à la souveraineté. Il accorda donc à tous le droit de suffrage, et tous à cet égard furent égaux.

Il ne jugea pas l'inégalité de fortune contraire par elle-même à l'égalité naturelle; et ce fut avec raison. Car si, dans une république, tous les citoyens ont le *Solon jugea avec raison que l'inégalité de fortune n'est pas par elle-même contraire à l'égalité naturelle.*

même droit à la souveraineté, c'est une conséquence qu'ils aient encore le même droit à jouir chacun des fruits de leur travail et de leur industrie.

<small>Elle ne peut le devenir.</small> Mais, si l'inégalité de fortune ôtoit à une partie des citoyens le pouvoir de subsister, elle choqueroit alors l'égalité naturelle, puisque chaque homme a, par la nature, le même droit à sa conservation : et si, dans cette supposition, la législation continuoit de donner le droit de suffrage à ceux à qui elle refuseroit la subsistance, ce seroit une absurdité : car elle feroit participer à la souveraineté, des hommes qui ne peuvent prendre aucun intérêt à l'état. En effet, ils n'ont que le nom de citoyens : ils sont, dans le vrai, les ennemis du gouvernement, qui, leur refusant tout, paroît lui-même les traiter en ennemis.

<small>Solon donna tous ses soins à l'empêcher.</small> Pour prévenir cet abus, Solon donna tous ses soins à ce que chaque citoyen pût subsister de son travail. Or il est certain que l'inégalité de fortune n'eût jamais eu d'inconvéniens pour les Athéniens, si le travail eût été pour eux l'unique moyen de s'enrichir. C'est par d'autres voies que se

forment ces fortunes scandaleuses, qui font la misère publique.

Cependant comment encourager l'industrie et empêcher le luxe ? comment empêcher d'un côté les grandes fortunes, et de l'autre la misère d'une multitude de citoyens qu'elles ont dépouillés ? Voilà un nœud difficile à dénouer. Lycurgue ôta toute industrie aux Lacédémoniens, c'est-à-dire, qu'il coupa le nœud. Solon dit qu'il faudroit un jour refaire ses lois. Il prévoyoit un temps où le luxe détruiroit tout-à-fait l'égalité naturelle.

Tôt ou tard le luxe détruit tout-à-fait l'égalité naturelle.

Vous voyez, par l'exemple de Solon, que le législateur est contraint de se borner aux lois dont le succès est assuré par le caractère des citoyens et par les circonstances où ils se trouvent. Il sait que les choses ont un cours qu'aucune puissance humaine ne peut arrêter. Il retarde ce cours, il le précipite, il le règle autant qu'il peut. Mais les digues qu'il lui oppose, seront tôt ou tard rompues.

Quel doit être en général l'objet de tout législateur.

Les états sont des machines que les circonstances font mouvoir. Les circonstances sont donc les forces, que le législateur doit appliquer, ou du moins diriger. Quoiqu'il reconnoisse que chaque citoyen est libre, ou plutôt parce qu'il veut assurer la liberté de chaque citoyen, il regarde le corps de la société comme un automate qui ne se meut que par une force supérieure. Dans cette vue, il se propose moins de conduire des êtres raisonnables, que de forcer des animaux qui n'ont que des passions.

<small>L'étude de l'histoire est un cours de législation.</small> Pour vous instruire sur cette matière, il faut, sur-tout, Monseigneur, observer les empires dans leur naissance, dans leur élévation, dans leur chûte, et remarquer les causes de leur grandeur et de leur décadence. Ce sera-là pour vous un cours de législation, parce que vous y trouverez tout ce que les hommes et les circonstances ont fait de bien et de mal à cet égard.

FIN DE CE VOLUME.

TABLE DES MATIÈRES

HISTOIRE ANCIENNE.

LIVRE TROISIÈME.

CHAPITRE PREMIER.

Objets de ce livre, page 1.

IGNORANCE et présomption des anciens. Comment l'étude des opinions des anciens peut être utile.

CHAPITRE II.

Considérations générales sur les opinions des anciens, page 6.

Les premières opinions sont plus anciennes que les monumens qui les auroient pu conserver. Causes qui ont altéré de bonne heure les premières opinions. Comment les mêmes opinions ont été communes à plusieurs peuples. Analogie par laquelle les hommes vont d'opinion en opinion. Dans les commencemens des sociétés, il n'y avoit point de doctrine secrète. Comment l'usage d'une doctrine secrète s'est introduit. Époque où l'usage d'une doctrine secrète s'établit plus particulièrement. Effets de cet usage. Nous connoissons mal, d'après les Grecs, les opinions des anciens. Nous les connoissons moins encore d'après les Romains. 7

CHAPITRE III.

Pourquoi les progrès de l'esprit humain sont dans quelques genres plus rapides et plus grands, et au contraire plus lents et plus foibles dans d'autres, page 25.

Causes des progrès de l'esprit humain dans les arts qu'il créé et qu'il perfectionne. Les progrès de l'art militaire ont dû être lents. Ceux de l'art de gouverner devoient être plus lents encore. Règle pour juger de la lenteur ou de la rapidité de nos progrès dans les arts et dans les sciences. Pourquoi les hommes ont tant de peine à ouvrir les yeux sur les superstitions. Principale cause des égaremens des philosophes.

CHAPITRE IV.

Des opinions des Chaldéens, page 38.

Idée que les Chaldéens se faisoient de la divinité.

Comment on a imaginé qu'on pouvoit lire l'avenir dans les astres. Les peuples en cela se sont trompés, avant qu'on ait pensé à les tromper. Superstitions qui sont nées de l'astrologie. Les Chaldéens croyoient le monde éternel. Ils regardoient Zoroastre comme l'auteur de toutes leurs opinions.

CHAPITRE V.

Des opinions des Égyptiens, page 44.

Les Égyptiens ont cultivé l'astronomie et la géométrie avec quelque succès. Idées que les Égyptiens se faisoient des dieux. Les ames humaines étoient, selon eux, des parcelles de l'esprit universel. La métempsycose. Ils avoient une idée vague de l'immortalité de l'ame. Usage contraire à l'opinion de la métempsycose. Trois principes des choses suivant les Égyptiens. Les philosophes Égyptiens ont été astrologues et magiciens. Thoot passoit pour avoir tout enseigné aux Égyptiens.

CHAPITRE VI.

Des opinions des Perses, page 52.

Les Perses ont pris les opinions des Chaldéens, et les ont défigurées. Les mages admettoient deux principes opposés. Système d'émanation de Zoroastre. Ce système ne signifie rien. Il a été une source d'erreurs.

CHAPITRE VII.*

Des opinions des Indiens, page 57.

Castes de Brachmanes. Les Brachmanes admettent un système d'émanations, et n'ont de Dieu qu'une idée confuse. Leur manière de vivre. Ils avoient une grande considération. Ils passoient pour savoir l'avenir.

CHAPITRE VIII.

Des opinions des Scythes et de celles des Celtes, page 61.

En quoi consistoient les vertus des Scythes. Leurs législateurs. Anacharsis et Toxaris. Les Scythes avoient des devins et des magiciens. Les peuples, compris sous le nom de Celtes, ont eu dans tous les temps à-peu-près les mêmes usages et les mêmes opinions. Puissance des Druides. Les Druides tenoient dans les forêts leurs écoles et leurs assemblées religieuses. On ne sait pas quelle étoit leur doctrine. Les chevaliers soumis aux Druides, asservissoient le peuple. Les usages étoient chez les Germains les mêmes que chez les Gaulois. Les Gaulois et les Germains n'avoient, ni temples, ni idoles. Ils croyoient ne sortir de cette vie que pour aller à une meilleure.

CHAPITRE IX.

Des causes qui ont avancé ou retardé les arts et les sciences dans leurs progrès, page 71.

Combien il importe de considérer les causes qui ont avancé les progrès de l'esprit humain, et celles qui les ont retardés. Dans l'origine la liberté et la considération contribuèrent aux progrès des arts. Comment s'établit l'usage des professions héréditaires et exclusives. Comment les lois autorisèrent cet usage. Ce défaut de liberté a nui aux arts, lorsque les professions moins lucratives ont cessé d'être considérées. Les sciences ont fait peu de progrès chez les Assyriens et chez les Égyptiens, parce qu'ils les ont cultivées dans les temps où les professions étoient héréditaires et exclusives. Comment les arts et les sciences ont recouvré chez les Grecs leur première liberté et leur première considération. Pourquoi les ministres des idoles ont eu chez les Grecs moins d'autorité que chez les Assyriens et chez les Égyptiens.

CHAPITRE X.

Observations sur la manière dont les hommes ont distribué les arts et les sciences en plusieurs classes, page 88.

Les distributions des objets de nos études en différens arts et en différentes sciences ont été mal faites. Les arts et les sciences, dans leur premier état, n'ont été que des collections informes. Il a été un temps où les Grecs ne sentoient pas la nécessité de faire de pareilles collections. Comment l'éloquence, la poésie, la musique, l'histoire, la religion, etc., n'ont été qu'un seul art ou qu'une seule science. Comment cet art fit des progrès. On a commencé à écrire en prose, lorsque la poésie a eu fait des progrès. Comment on distingua différens genres de poëmes et différentes espèces de sciences. Pourquoi ces distinctions étoient défectueuses.

CHAPITRE XI.

Des poëtes grecs avant la guerre de Troye, p. 97.

Plusieurs de ces poëtes ont voyagé en Égypte. Doctrine d'Orphée. Tous ces poëtes ont été inférieurs à leur réputation.

CHAPITRE XII.

Des poëtes, des rapsodes et des sophistes après la guerre de Troye, page 101.

Les poëtes étoient dans l'usage de réciter leurs vers devant le peuple. Dans quel esprit ils écrivoient. Les poëtes devinrent les théologiens du paganisme. Homère. Hésiode. Les rapsodes récitent les poëmes connus. Ils en deviennent les interprètes, et on les nomme sophistes. La considération accordée aux sophistes, produit des législateurs. Circonstances où la Grèce produit des talens de toute espèce. Sophistes célèbres. Les sophistes enseignèrent la réthorique et la grammaire.

CHAPITRE XIII.

Des sept sages, page 109.

Fable sur ce qui a donné occasion de compter sept sages. Chilon. Pittacus. Bias. Cléobule. Pé-

riandre. Ce que les Grecs entendoient par sages.
Ésope. Les sept sages ont écrit en vers.

CHAPITRE XIV.

De la secte Ionique, page 113.

Thalès, chef de la secte Ionique. Il a été chez les Grecs le premier géomètre et le premier astronome. Ses connoissances sur la sphère. Ses principes sur la génération des choses sont peu connus. Anaximandre, disciple de Thalès. Anaximène, disciple d'Anaximandre. Anaxagore. Fin de la secte Ionique.

CHAPITRE XV.

De la secte Italique ou Pythagorique, page 121.

Voyages de Pythagore. Il transporte son école dans la grande Grèce. Sa vie a été écrite avec peu de vérité. Pythagore a eu pour premier maître Phérécide de Scyros. Il avoit une double doctrine. Manière de vivre des Pythagoriciens. Usage qu'ils faisoient de la musique. Ils ne mangeoient d'ordinaire ni viande ni poisson. Ruine de leur secte. Époque où ils commencent à écrire. Hommes illustres parmi les Pythagoriciens. Opinions des Pythagoriciens en astronomie. Leurs opinions sur Dieu et sur le monde. Idée fausse qu'ils se faisoient de la sagesse. Les Pythagoriciens n'étoient que des enthousiastes. Abus que Pythagore fit de la géométrie. Heureuse application qu'il fit des nombres à la musique. Il a imaginé que les corps célestes font un concert. Il abusoit de la crédulité.

CHAPITRE XVI.

De la secte Éléatique, page 135.

Xénophane, chef de la secte Éléatique. Pourquoi cette secte a été nommée Eléatique. Tout le système de Xénophane, de Parménide et de Zénon, n'est qu'une notion abstraite qu'ils ont réalisée. Pourquoi Xénophane rejetoit la divination. Comment Zénon expliquoit l'être unique. Par la manière dont les anciens philosophes ont commencé, ils ne pouvoient pas penser à faire des observations. Système des atomes de Leucippe et de Démocrite. Démocrite disoit qu'il n'y a point de vérité pour nous : et Protagoras, au contraire, que nos sens sont la règle de la vérité. Tous les systèmes des anciens se réduisent à celui des atomes. Il y a des philosophes qui paroissent n'appartenir à aucune secte. Tel est Héraclite. Protagoras.

CHAPITRE XVII.

De Socrate, page 148.

Naissance de Socrate. Ses vertus. De son temps les Grecs étoient prévenus pour le savoir des Barbares. Combien les sophistes étoient applaudis. En quoi consistoit l'art des sophistes. Conduite de Socrate avec les sophistes. Sa conduite avec ses disciples. Il rapportoit toutes les études à l'utilité. Il s'appliqua, sur-tout, à la morale. Le génie de Socrate. Quelques-unes de ses maximes. Fondement de sa morale. Pourquoi il disoit ne savoir rien. Sa mort.

CHAPITRE XVIII.

De quelques sectes formées par des disciples de Socrate, page 167.

Les abus que Socrate avoit combattus, renaissent et se multiplient plus que jamais. La secte Éléaque ou Érétriaque. La secte Cyrénaïque. Les Cyniques. Antisthène, chef des Cyniques. Diogène, disciple d'Antisthène. Cratès, disciple de Diogène. D'où les Cyniques ont tiré leur nom. La secte Mégarique.

CHAPITRE XIX.

De Platon, page 181.

Merveilleux qu'on a répandu sur l'enfance de Platon. Platon renonce à la poésie. Ses voyages dans la grande Grèce et en Égypte. Il établit son école dans un gymnase, nommé académie. Ses voyages en Sicile. Sources où il a puisé. Pourquoi les opinions de Platon doivent être étudiées. Pourquoi il les a exposées dans des dialogues. Inscription qu'il avoit mise sur la porte de son école. Il distingue trois parties dans la philosophie. Principes et raisonnemens des philosophes qui ont précédé Platon. Idée que Platon se fait de Dieu. Idée que Platon se fait de la matière. Comment dans ses principes se forme l'univers sensible. Les essences de Platon. Ce qu'il appelle l'ame du monde. Dieux et démons qui émanent de cette ame. Dieu confie aux démons une semence pour animer leurs ouvrages. Ces démons sont des médiateurs entre Dieu et les hommes. Toutes les ames sont enfermées dans la semence qui est confiée aux démons. Ce sont les démons qui les forcent à descendre dans les corps. La science que nous acquérons, n'est qu'une réminiscence. En quoi consiste le bonheur, selon Platon. Comment l'ame s'y élève.

CHAPITRE XX.

Des Académiciens, page 206.

Speusippe. Xénocrate. Polémon. Arcésilas, chef de l'académie moyenne. Successeurs d'Arcésilas. Carnéade, chef de la nouvelle académie. Autres académiciens.

CHAPITRE XXI.

D'Aristote, chef de la secte péripatétique, p. 217.

Principales circonstances de la vie d'Aristote. Célébrité d'Aristote. Raisons de l'obscurité de ses écrits. Aristote avoit un grand génie. Sa physique est le plus imparfait de ses ouvrages. On lui reproche d'avoir exposé infidellement les opinions des autres. Ses opinions ne sont pas mieux fondées que celles qu'il combat. Selon Aristote, il y a trois principes des choses. Idée qu'il se fait de la matière. Idée qu'on doit se faire des formes d'Aristote et du principe qu'il nomme privation. Comment il raisonne sur le mouvement. Quatre élémens des choses sublunaires, selon Aristote. Il admet pour les choses célestes un cinquième élément. Pourquoi il juge que les cieux sont incorruptibles. Dieu gouverne les choses célestes, et laisse à la fortune les choses sublunaires. Comment Aristote conçoit l'ame. Théophraste lui succède. Les successeurs de Théophraste.

CHAPITRE XXII.

Des Pyrrhoniens ou Sceptiques, page 235.

Pourquoi le scepticisme ne pouvoit manquer de s'introduire. Pyrrhon, chef des Sceptiques. Comment les Pyrrhoniens combattoient les dogmatistes. Absurdités où ils tombent. Comment ils les défendent. Ils jettent des doutes sur la divinité. Ils disent que tous les grands hommes ont été sceptiques. Ils sont forcés à ne se donner que pour académiciens.

CHAPITRE XXIII.

De Zénon ou des Stoïciens, page 243.

Comment les philosophes ont été conduits à chercher le bonheur dans une tranquillité parfaite. Notre bonheur ne peut se trouver dans une tranquillité parfaite. Zénon et Epicure tentent d'arriver à cette tranquillité par des routes différentes. Dessein de Zénon en formant un système. Son système sur l'univers. Différence entre la doctrine des Stoïciens et celle des Cyniques. Idée que Zénon se fait de l'homme. Le sage des Stoïciens. Ce sage n'étoit qu'un enthousiaste. La dialectique des Stoïciens. Idée que les Stoïciens se faisoient de la mort.

CHAPITRE XXIV.

Considérations sur le bonheur et sur les opinions des philosophes à ce sujet, page 261.

La distinction qu'on fait des plaisirs de l'ame e des plaisirs du corps n'est pas exacte. Les plaisirs sont de sensation ou de réflexion. Il y a aussi des besoins de sensation et des besoins de réflexion. Comment ces plaisirs et ces besoins concourent au bonheur. Circonstances où les disputes sur le bonheur se sont élevées parmi les Grecs. En quoi consiste le bonheur, selon Socrate. Opinions de quelques autres philosophes.

CHAPITRE XXV.

D'Épicure, page 272.

Épicure met le bonheur dans la volupté, c'est-à-dire, dans l'exercice des vertus. Il aimoit la clarté. Comment il recevoit le témoignage des sens. Le plaisir étoit, selon lui, la fin de toutes nos actions. Il distinguoit deux choses dans la volupté. Maximes morales d'Epicure. En quel sens Épicure a mis le bonheur dans la tranquillité de l'ame. Il s'appliquoit à dissiper la crainte de la mort. Pourquoi Épicure adopta le système des atomes. Absurdité de ses principes. Exposition de son système. Réfutation de ce système. Comment Épicure explique la vision. Autres absurdités de ce philosophe. Mort d'Épicure. Nombre de ses ouvrages. Pourquoi il a été calomnié. Ses successeurs.

CHAPITRE XXVI.

Réflexions sur la manière dont les anciens ont raisonné, page 294.

La crédulité a été long-temps un obstacle à l'art de raisonner. Chez les Grecs la politique a contribué aux premiers progrès de l'art de raisonner. Les beaux-arts lui ont fait faire de plus grands progrès. Pourquoi la philosophie ne lui en a pas fait faire. Les Éristiques ont retardé les progrès de cet art. L'art de raisonner, enseigné par Socrate, suffisant pour détruire l'erreur, ne suffisoit pas pour conduire à la vérité dans toutes nos recherches. Pourquoi dans la suite on étudia inutilement l'art de raisonner. En distribuant les choses par classes, les philosophes crurent en déterminer la nature. Ces classes ne font que montrer l'ordre qu'ont les choses dans notre manière de concevoir. Pourquoi en géométrie les définitions font connoître l'essence des choses. Pourquoi en physique les définitions ne font pas connoître les choses en elles-mêmes. Erreur des philosophes à ce sujet. Pourquoi les anciens n'ont pas connu les principes de l'art de raisonner.

CHAPITRE XXVII.

De l'influence des langues sur les opinions, et des opinions sur les langues, page 305.

Comment les langues influent sur notre façon de penser, et notre façon de penser sur les langues. Quel est l'effet de l'influence réciproque des langues sur les opinions, et des opinions sur les langues. Premier exemple de plusieurs opinions nées d'un seul mot. Deuxième exemple. Troisième exemple. Quatrième exemple. Cinquième exemple. Dernier exemple.

LIVRE QUATRIÈME.

Des jeux de la Grèce.

CHAPITRE PREMIER.

De la gymnastique en général, page 327.

Les jeux de la Grèce sont un monument de la première barbarie des Grecs. L'objet de la gymnastique fut d'abord de former des soldats. L'art de la guerre s'étant perfectionné, la gymnastique athlétique fut différente de la gymnastique militaire. La gymnastique athlétique donna lieu à des observations. Gymnastique médicinale.

CHAPITRE II.

Des réglemens de la gymnastique athlétique, et des récompenses accordées aux vainqueurs, page 334.

Temps où la gymnastique athlétique s'est perfectionnée. Passion des Grecs pour cette gymnastique. Soins qu'on donnoit à former des athlètes. Athlètes admis aux jeux publics. Magistrats qui présidoient aux jeux. Défauts des athlètes. Précautions qui précédoient les combats. Honneurs accordés aux vainqueurs. Les athlètes étoient des citoyens au moins à charge.

CHAPITRE III.

De la course, page 341.

La course étoit le premier des jeux. La course à cheval a été connue la dernière. Le stade dans lequel se faisoient les courses à pied. Trois sortes de courses à pied. Les athlètes couroient nus. Hippodromes dans lesquels se faisoient les courses à cheval ou en char. Forme des chars. Courses à cheval.

CHAPITRE IV.

Des autres exercices athlétiques, page 348.

Le pugilat. La lutte. Le pancrace. Le disque. Autres jeux. Les pentathles.

CHAPITRE V.

Des combats littéraires, page 354.

Ce qui donna occasion aux combats littéraires. On n'en connoît pas l'époque. Combats des poètes tragiques. Autres combats littéraires.

CHAPITRE VI.

Des prix, page 356.

Dans les différens jeux, on donnoit des prix différens. Couronnement de l'athlète vainqueur. S'il n'avoit pas observé les lois prescrites, il étoit puni. Le prix, remporté aux jeux Olympiques, étoit le plus glorieux. Ces jeux devoient attirer un grand concours.

CONSIDÉRATIONS SUR LES JUIFS.

CHAPITRE PREMIER.

Principales révolutions du peuple Juif, page 360.

Différens noms qu'ont eus les Juifs. Accroissement de la famille de Jacob. On ne peut pas supposer que toutes les familles ont, en général, également multiplié. Penchant des Israélites à l'idolâtrie. Apostasies fréquentes avant le règne de Saül. Autorité des juges. Saül. David. Salomon. Roboam. Jéroboam. Captivité des dix tribus. Captivité des Juifs. Après leur délivrance, ils sont gouvernés par les souverains pontifes, qui réunissent la royauté au sacerdoce. Causes de la puissance des prêtres et des lévites. Variations du gouvernement des Hébreux. La chûte de David et celle de Salomon sont des leçons pour les souverains.

CHAPITRE II.

Des prophéties, page 374.

Ce que les Hébreux entendoient par prophètes. Nombre des prophètes. La prophétie remonte à Adam. Orale sous les patriarches, elle a été écrite sous Moyse. Prophètes du temps de Samuel. Leur genre de vie. Leur courage. Toutes les prophéties conduisent à Jésus-Christ.

CHAPITRE III.

Révolutions dans la doctrine des Juifs, page 377.

La religion a été l'unique étude des Juifs. Pendant un temps, leur doctrine est la même. Dans un autre temps, des contestations s'élèvent. Les écoles et les opinions se multiplient. Trois sectes principales parmi les Juifs. Les Pharisiens. Les Saducéens. Les Esséniens.

CHAPITRE IV.

De la cabale, page 382.

Ce que les Juifs entendent par cabale. Comment les Juifs croient trouver dans la cabale tous les secrets de la nature. Suppositions sur lesquelles ils se fondent. Absurdité des cabalistes.

DES LOIS.

CHAPITRE PREMIER.

Des usages ou des conventions tacites qui ont tenu lieu de lois, page 386.

Les usages sont par eux-mêmes des lois très-variables. Comment des usages deviennent constans. Règles générales qui sont l'objet des usages dans l'établisement des sociétés. Ces règles sont vagues. Les usages varient trop pour déterminer toujours l'application qu'on doit faire de ces règles. Les usages forment et détruisent les sociétés civiles. Les usages de nation à nation sont des lois sans force. Ces usages fondent le droit des gens. Droit des gens des anciens peuples de l'Asie. Droit des gens des Grecs. Usages qui rendoient vicieux ce droit des gens. Cause de ces usages. Guerres injustes, autorisées par un faux droit des gens.

CHAPITRE II.

Des lois positives, et particulièrement de celles qui constituent l'essence de chaque gouvernement, page 401.

Les premières lois positives n'ont été que des usages corrigés. Les conventions tacites sont vicieuses, parce quelles sont tacites. En les rendant expresses et solemnelles, ou fit des lois positives. Comment on distingua les lois positives en différentes classes. Dans les grandes monarchies de l'Asie, les trois pouvoirs qui constituent la souveraineté, résidoient dans le monarque. Comment aux temps héroïques, dans les petites monarchies de la Grèce, les trois pouvoirs étoient partagés. En détruisant la tyrannie, les villes de la Grèce tomboient dans l'anarchie, parce que le peuple se saisissoit des trois pouvoirs. Deux gouvernemens : l'un républicain et l'autre monarchique. Les différentes limitations des trois pouvoirs constituent différentes républiques et différentes monarchies. On nomme *politiques* et *fondamentales* les lois qui déterminent la nature de chaque espèce de gouvernement.

CHAPITRE III.

De la nature des gouvernemens libres, page 411.

Le souverain est une personne physique ou morale. Tout gouvernement tend à l'esclavage ou à la liberté. Un gouvernement est libre, lorsque les lois règlent la puissance souveraine. En Asie, l'usage de la puissance souveraine a été contraire à la liberté. En Grèce, il lui a été favorable. Combien il est difficile de régler l'usage de cette puissance, et de donner des fondemens solides à la liberté. Ces fondemens ne peuvent se trouver que dans des lois qui bannissent tout arbitraire, et qui répriment la licence.

CHAPITRE IV.

De la nature des gouvernemens qui ne sont pas libres et qu'on nomme despotiques, page 417.

Le despotisme pris à la rigueur. C'est une chose purement idéale. Aucun despote ne peut s'approprier tout. Ce qui caractérise le despote, c'est qu'il ne connoît point de lois fondamentales. Sa foiblesse le caractérise encore. En quel sens on peut dire que sa puissance est arbitraire.

CHAPITRE V.

Des républiques, page 420.

La nature du gouvernement républicain tient à une sorte d'équilibre. En politique, l'équilibre parfait est impossible. Dans la démocratie, le partage des forces est nécessairement inégal. Ce gouvernement est fait pour les révolutions. L'aristocratie tient de la démocratie ou de la monarchie. Gouvernement mixte. Solon prévoyoit dans les mœurs une révolution, qui forceroit à faire des changemens à ses lois. Lycurgue prévint et empêcha une pareille révolution; et les mœurs, qui ne changeoient pas, maintinrent les pouvoirs en équilibre. Un pareil équilibre ne pourra s'établir chez des peuples dont les mœurs seront exposées à des révolutions.

CHAPITRE VI.

Des monarchies modérées, page 427.

Exemple d'une monarchie modérée. Dans une pareille monarchie, on est véritablement libre; et le monarque ne peut pas tout. Il est soumis aux lois fondamentales. Il y a plusieurs espèces de monarchies modérées. Elles sont sujettes à bien des variations. Nature des monarchies modérées.

CHAPITRE VII.

Considérations sur le despotisme des anciennes monarchies, page 431.

On est fondé à faire des conjectures sur la constitution des anciens empires. Ces empires ont été despotiques. Ce despotisme étoit limité par des usages. Comment il aura changé les usages, et se sera accru. Il a été un temps où l'Asie ne connoissoit pas les grands empires. Quand ils auront pu se former. Circonstances qui paroissoient alors favorables au despotisme. L'usage, qui laissoit à un peuple conquis le droit de s'assembler, étoit contraire au despotisme. Les monarques d'Assyrie ne pouvoient pas mettre des impôts arbitraires. Leur autorité n'étoit pas également absolue sur toutes les provinces de leur empire. Ils n'étoient pas dans l'usage de les fouler, parce qu'ils avoient d'autres moyens pour s'enrichir. Un usage, commun à presque toutes les nations de l'Asie, limitoit encore la puissance des monarques. Les préjugés, qui limitoient la puissance du monarque, étoient nécessaires à sa propre sûreté.

CHAPITRE VIII.

Continuation du même sujet, page 443.

Dans une monarchie despotique, les grands sont esclaves. Les grands, dans leurs gouvernemens, s'arrogent sur leurs créatures à peu-près la même autorité que le monarque a sur eux. Cette autorité se limite en se communiquant. Cette limitation est la sûreté du peuple. Le peuple est à quelques égards sous la protection des lois. La surveillance des ministres, jaloux les uns des autres, est la sauve-garde des peuples. Les grands empires sont tout-à-la-fois favorables et contraires au despotisme. Sous les rois d'Assyrie, le gouvernement, par rapport au peuple, étoit en général assez doux: parce que l'agriculture étoit en grande considération, et que les monarques eux-mêmes la consideroient et la protégeoient. Preuves de cette protection. Un laboureur jouissoit des fruits de son travail, et ne craignoit pas d'être vexé. Les guerres n'étoient que des fléaux passagers, ou des irruptions momentanées, qui ne faisoient pas toujours autant de dommage qu'on seroit porté à le croire Ce n'étoit pas sur les campagnes que s'exerçoit le brigandage des gouverneurs de province. C'étoi sur les villes. Cependant le gouvernement n'étoufsoit pas toute industrie. Peuples tributaires des anciens empires de l'Asie. Ils étoient vraisemblablement exposés à de grandes vexations. Mais ils étoient d'ailleurs indépendans. Ils mettoient un haut prix aux choses de luxe, qu'ils fournissoient aux cours des grands empires. Alors il n'y avoit point de proportion entre le prix des choses de luxe et celui des choses nécessaires. Raison de cette disproportion. Autre raison de cette disproportion. La grande population et le bas prix des choses nécessaires, faisoient la richesse et la puissance des anciens empires.

CHAPITRE IX.

Continuation du même sujet, page 459.

C'est le luxe qui a rendu le despotisme destructeur. Trois espèces de luxe. Luxe de magnificence des Assyriens. Il n'étoit par contagieux. Il n'étoit pas à charge au peuple. Le luxe de commodités est dispendieux. Il est contagieux, ruineux; d'autant plus qu'on veut jouir des commodités avec magnificence. Le luxe de frivolités achève la ruine des fortunes et des mœurs. La manière simple, dont vivoient les anciens, prouve qu'ils ne connoissoient ni le luxe de commodités ni celui de frivolités. Cette simplicité faisoit tout-à-la-fois la richesse de l'état et celle des particuliers. Les empires ont été successivement moins riches, à proportion qu'on a vécu avec moins de simplicité. Depuis les Perses, on voit croître le luxe en Asie, et on ne voit pas croître les richesses. Les arts de luxe enlèvent le nécessaire au peuple. Car ils font renchérir les choses nécessaires. Ce renchérissement est une preuve que l'état s'appauvrit. Pourquoi l'agriculture a toujours été plus florissante dans les monarchies qui ne connoissoient pas le luxe. Effet du despotisme dans les temps de luxe.

CHAPITRE X.

Des lois positives, qu'on nomme lois civiles, p. 474.

Ce qu'on entend par lois civiles. Objet de ces lois. Dans les anciennes monarchies il y avoit peu de lois civiles. Il y en a peu encore, lorsque le luxe a donné un libre cours au despotisme. Cependant le despote ne peut pas tout s'approprier. A Sparte tout étoit, de fait comme de droit, au souverain. Les Spartiates avoient peu de lois civiles. Les Athéniens en avoient un plus grand nombre. Mais le souverain qui les faisoit, étoit un despote absolu, aveugle et capricieux. Les lois civiles étoient en petit nombre chez tous les peuples de la Grèce.

CHAPITRE XI.

De la loi d'opinion, page 480.

La loi d'opinion statue sur les actions dont la loi civile ne prend pas connoissance. Pourquoi on la met au nombre des lois positives. Défaut de cette loi. En Perse, la loi d'opinion tendoit à dépouiller de toute vertu, et elle écartoit toute idée de justice. En Grèce, elle pouvoit être une source de vertus sociales. Cependant elle rendoit les Spartiates cruels, durs et injustes. Elle a rendu les Athéniens plus justes et leur a donné des mœurs plus douces. Il a été un temps où l'opinion enrichissoit la république d'Athènes de toute l'opulence des citoyens riches. Une révolution dans l'opinion appauvrit la république et les citoyens d'Athènes. Opinion qui mit le comble aux malheurs des Athéniens. Pouvoir de l'opinion. Il dépend des dénominations qu'elle donne à nos actions. Il n'y a point de peuple exempt de reproches à cet égard. Les opinions se corrompent avec rapidité, et se corrigent lentement. Les plus dangereuses sont les plus durables. Il faut bien des circonstances pour amener dans les opinions une révolution utile.

CHAPITRE XII.

Des réglemens de police, page 492.

Objets des réglemens de police. Les mœurs des Spartiates avoient peu besoin de réglemens de police. Les Athéniens en avoient besoin, et ils leur étoient presque inutiles. Réglemens de police dans les anciennes monarchies.

CHAPITRE XIII.

Du droit public, page 495.

Tout gouvernement porte sur quatre espèces de

lois. Comme les usages fondent le droit des gens, les traités fondent le droit public. Le droit public est naturellement variable. Le droit public est mal assuré sur des traités libres. Il est mal assuré sur des traités forcés. Les garanties ne l'assurent pas toujours.

CHAPITRE XIV.

Des lois naturelles, page 423.

Quand on a observé les lois positives, il ne faut plus que quelques abstractions, pour concevoir l'état de nature. Ce que c'est que l'état de nature. Lois naturelles qui sont le principe de toute justice. Erreurs des hommes à ce sujet. Les peuples les plus barbares n'ignorent pas entièrement la loi naturelle. Les lois positives peuvent expliquer ou modifier la loi naturelle.

CHAPITRE XV.

Continuation du même sujet, page 428.

Comment se fait le contrat social. Les hommes sont égaux au moment qu'ils achèvent le contrat social. Comment ils deviendront inégaux. En quoi ils doivent continuer d'être égaux. Les abus qui s'introduisent, n'autorisent aucun membre de la société à troubler l'ordre établi. Les lois positives sont censées les conditions expresses du contrat social. Idée complète du juste et de l'injuste. La volonté de Dieu se manifeste dans la loi naturelle. Les nations sont par elles-mêmes dans l'état de nature. La loi naturelle est la règle de ce qu'elles se doivent mutuellement. Cette loi se nomme *droit de la nature ou droit naturel.* Le droit de premier occupant, dépouillé du titre que donne la culture, est un droit sans fondement. Un état n'a par lui-même aucun droit sur les terres, ni sur les citoyens d'un autre état. Le droit du plus fort est une contradiction dans les termes. Comment le droit de conquête peut-être un droit légitime. Combien en général les nations sont injustes les unes à l'égard des autres.

CHAPITRE XII.

Considérations générales sur la législation, p. 436.

Les législateurs n'ont fait qu'achever l'ouvrage des circonstances. Pourquoi les premiers gouvernemens ont été monarchiques. Loi fondamentale des monarchies. Pourquoi l'Asie a eu de bonne heure de grands empires. Pourquoi les peuples n'y ont pas pensé à se gouverner en républiques. Les empires de l'Asie devoient être despotiques. C'étoit un obstacle aux progrès de la législation. Difficultés que les Grecs avoient à se donner des lois. Méprises des premiers législateurs. Sagesse des législateurs qui ont fait époque. Ils ont tous regardé l'égalité naturelle comme une loi fondamentale. Solon jugea, avec raison, que l'inégalité de fortune n'est pas par elle-même contraire à l'égalité naturelle. Elle le peut devenir. Solon donna tous ses soins à l'empêcher. Tôt ou tard le luxe détruit tout-à-fait l'égalité naturelle. Quel doit être en général l'objet de tout législateur. L'étude de l'histoire est un cours de législation.

FIN DE LA TABLE DES MATIÈRES.

www.ingramcontent.com/pod-product-compliance
Lightning Source LLC
Chambersburg PA
CBHW070833230426
43667CB00011B/1782